# 大宅壮一の「戦後」

Hiroshi Sakamoto
阪本博志

人文書院

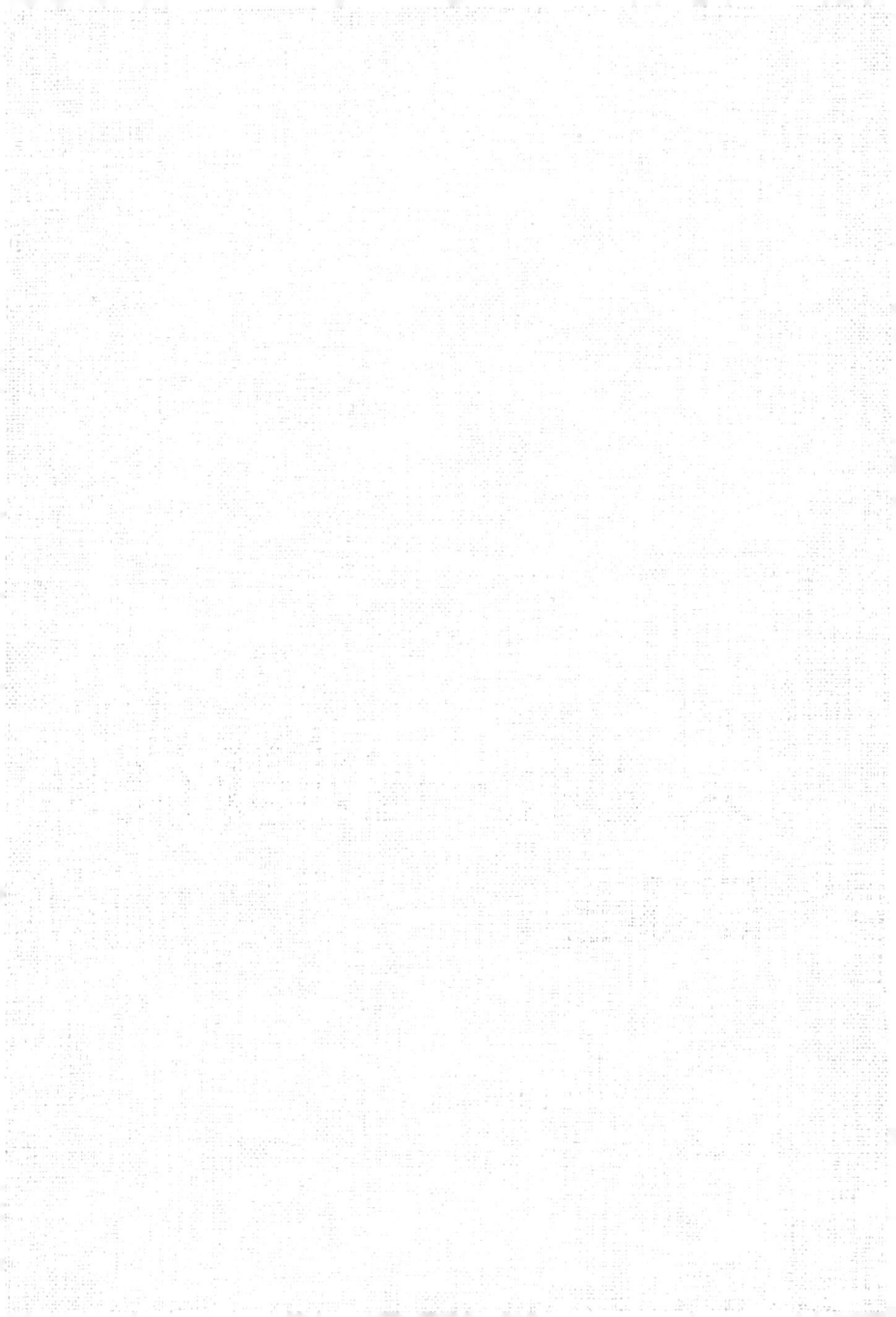

もくじ

# 凡例

・大宅壮一の著作物からの引用は、原則として、初出・初刊に拠る。大宅本人が編纂したと考えられる『大宅壮一選集』全一二巻（筑摩書房、一九五九年―一九六〇年）からの引用については、この限りではない。

・雑誌記事等を引用・紹介するときに目次でのタイトルと紙面のそれの表記に違いがある場合には、後者を記載している。付録資料の大宅壮一週刊誌連載対談一覧の対談相手の人名表記は、当該誌面に拠る。

・引用においては、原則として、旧かなづかいは新かなづかいに、旧字体は新字体に改めている。

・引用文中の活字のうち、■は判読困難を示している。太字・傍点は、原文のままである。漢字のふりがなは、適宜省略している。

・引用文中の［ ］は、著者による補足である。

・引用文中の傍線は、著者によるものである。

・インタビュー・データの紹介においては、その調査を実施した日付を併記している。

・引用・紹介している文言等には、今日においては差別的ととりうる表現があるが、それが表現された歴史的背景にかんがみ、そのままとした。

# 第一章　大宅壮一の「戦後」をどうとらえるか——大衆社会化／転向／戦争体験

## 一　はじめに——大宅壮一の時代

### 大宅壮一の時代

昭和三〇年代は大宅壮一（一九〇〇～一九七〇）の時代である。

たとえば『週刊新潮』一九五九年七月一四日号は、「現代の顔　マスコミ選手　評論家・大宅壮一」と題した巻頭グラビアで、彼の日常を五頁に渡って紹介している。そこでは次のように大宅のコメントのあと文章が続けられている。

「新聞　月刊誌を中心とする旧マスコミと　この二、三年来のテレビ　週刊誌を加えた新マスコミとあるんだが　戦前活躍した人でもこの新マスコミの中では打率が落ちて来るということもあるわけだ。まあ僕なんかその両方へまたがった　マスコミ十種競技の選手といったところかな」

新聞　週刊　月刊雑誌の連載物に　飛入りを加えて　原稿が　月に五十本。ラジオ・テレビ　対談

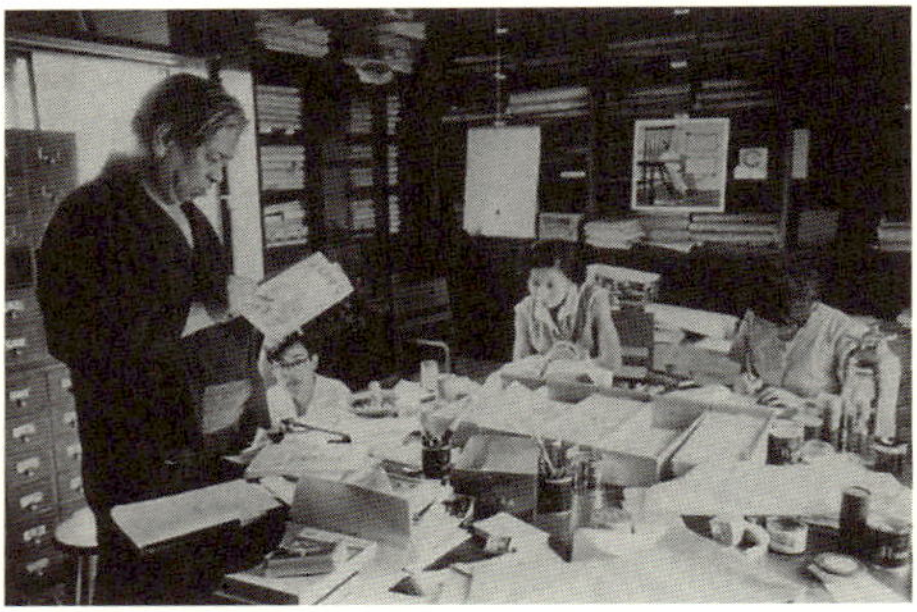

図 1-1　雑誌を見る大宅壮一とカードを整理するスタッフたち（公益財団法人大宅壮一文庫提供、『大宅壮一全集』第14巻、蒼洋社、1980年、口絵3頁）

図 1-2　書斎の大宅壮一と息子の歩（1955年ごろ）（『大宅壮一全集』第6巻、蒼洋社、1981年、口絵1頁）

座談　講演等のおしゃべりがこれも月に五十本。平均して高打率をあげている。ジャーナリズムの　首位打者とも言うべきだろう。(1)

昭和三〇年代は、戦前から存在するマスメディアに加え、新たなメディアが台頭した時代であった。具体的には、ラジオ民間放送開始（一九五一年）、週刊誌ブーム（一九五六年の『週刊新潮』を皮切りとした出版社系週刊誌のあいつぐ創刊）、テレビ本放送開始（一九五三年）、テレビの普及（一九五〇年代末から一九六〇年代前半）である。そのなかにあって「何か事件があると、即座に、氏の声が、新聞、ラジオ、テレビ、少しおくれて週刊誌の時評欄から聞こえてきた(2)」のである。よく知られているように、浅沼稲次郎は「カラスの鳴かぬ日はあっても、大宅壮一の声を聞かぬ日はない」と言ったと伝えられる。

現在の公益財団法人大宅壮一文庫のもとになる資料収集を大宅が始めたのは、一九五一年頃である。(3)

大宅は一七万冊の雑誌を遺したが、収集した雑誌の記事のカード化に着手したのは一九五六年頃である[4]（図1-1）。半世紀に渡る活動期間のなかでこの年を、大宅の弟子・大隈秀夫は「最も脂が乗ってきたころ」としている。また松浦総三によると、大宅が「マスコミの王様」とよばれるのは、一九五五年前後からである。[5][6][7]

一九六三年には、ライフワーク『炎は流れる――明治と昭和の谷間』の連載を開始した。しかし執筆のあいだに肥満体になりそれを解消するべく「コンニャク療法」を行った結果、栄養失調に陥る。そのため一九六四年には連載を断念した。副題に掲げた「明治と昭和の谷間」という本題にとりくめず維新の内乱で作品が終わっていると神島二郎も指摘するように、この作品は未完となった。さらに一九六六年、「七〇年の生涯におそらく最も深い悲しみ」（川端康成の弔辞）が大宅をおそう。期待をかけていた長男・歩（一九三二～一九六六）の病死である（図1-2）。肉体的原因としては『炎は流れる』が、精神的原因としては歩の死が、大宅を疲弊させた。[8][9][10]

昭和三〇年代は、彼個人のコンディションにおける最盛期と重なるとともに、マスメディアの基盤が整地された時代でもあった。図と地の両方に、「大宅壮一の時代」の成立に不可欠な要因が整っていたのである。[11]

## 二　昭和三〇年代と大宅壮一

### 昭和三〇年代の「大衆文化」

「大宅壮一の時代」の地を考えるにあたり、「昭和三〇年代」の「大衆文化」について、枠組を示しておきたい。

よく指摘されるように、日本語の「大衆」には、消費者の集合体としての「マス」と、エリートの対極としての「庶民」「民衆」との、両方の意味合いが含まれる。[12] 鵜飼正樹・永井良和・藤本憲一は、「大衆文化」を二つに図式化している。それは第一に、「権力や地位、知識を持つ少数者であるエリートに対して、権力や地位から遠く、学歴も低い多数者」である「大衆が生み出した文化」「大衆が担う文化」である。第二に、「マス・メディアを媒介として、エリートから労働者まで、上層から下層まで、老人から子どもまで、広く浸透した文化」である。[13] ここでは便宜上、前者を第一の大衆文化、後者を第二の大衆文化と呼ぶこととする。

鵜飼らは、一九七〇年代までに限れば、第二の大衆文化の文脈は有効だとし、その例として、美空ひばりを挙げている。ある時代までは彼女を知らない日本人はほとんどいなかった。それに対し、近年のヒットチャートに登場する歌手を知らない人は相当数にのぼる。[14] ここでこの議論に対し留意しておきたいのは、第二の大衆文化が一九七〇年代まで成立していたとしても、今日につながるメディアの細分化は昭和四〇年代以降にあたる一九六〇年代後半からすこしずつ進行しつつあったことである。[15]

戦後日本の大衆文化に関する古典的な作品に加藤秀俊の「中間文化論」（『中央公論』一九五七年三月号）がある。これは、総合雑誌を主なメディアとする高級文化と娯楽雑誌をメディアとする大衆文化がへだたって存在しているあいだに、中間文化が誕生していることを、一九五七年の時点で指摘したものである。これは、新中間層を担い手とし、主要なメディアを週刊誌とする。加藤は一九五〇年代前半を大衆文化中心の時代（彼は Low-brow dominant と併記している）、一九五〇年代半ば以降を中間文化中心の時代（Middle-brow dominant）としている。そして中間文化が新中間層以外にも担い手を拡大し国民的な広がりを持つ文化になると[16]、高度成長の末に一九七〇年代初頭に到来した平準化された社会状況[17]を予見した。加藤の言う「大衆文化」は第一の大衆文化に、「中間文化」は第二の大衆文化に該当しよう。これに鑑みても、第一の大衆文化を中心とする時期から第二の大衆文化を中心とする時期への移行期こそが、昭和三〇年代である。「大宅壮一の時代」の背景を考えるときに着眼すべき「大衆文化」は、第二の大衆文化である[18]。本書ではこれを加藤にならい「中間文化」と呼ぶ。

## 教養主義と大宅壮一

さらにこれ以降、一九七〇年に亡くなるまでの大宅を、歴史的にはどのように位置づけられるであろうか。近現代日本の知識人をめぐる筒井清忠・竹内洋の図式を参考にしたい[19]。筒井は、知識人を「主として知識や情報の発信をする人[20]」とし、主に大学で専門研究に従事する専門知識人、マスメディアとくにテレビによく出るタレント文化人、マスメディアとくに活字媒体で活躍する総合的知識人の三種類に類型化している（竹内の議論では、筒井のいう「総合的知識人」が「公共知識人《パブリック・インテレクチュアル》」に、「タレント文化人」が「テレビ文化人」にあたり、「公共知識人」の淵源が古代ギリシャにたどられている）。

明治時代には福沢諭吉にせよ夏目漱石にせよ圧倒的に総合的知識人が有力であった。福沢が慶應義塾を作り、漱石が東京大学に籍を置いていたように大学知識人という面も含んではいたがそれは一面に過ぎず、日本の近代化をめぐる諸課題に取り組む彼らは内外の問題に対する総合的視野を持った総合的知識人たるところにその特性があった。大正後期活字メディアの急速な発達のなか、総合的知識人は、大学で専門研究に従事する専門知識人と活字メディアで活躍する総合的知識人に二分された。

戦後、総合的知識人は『世界』『中央公論』といった論壇誌を中心にメッセージを発信する。そのいっぽうで一九五〇‐六〇年代にテレビが発達するとともに、そこでコメントなどをするタレント文化人が登場し始める。最初彼らは限定された専門分野に関して発言することが多かったが、ワイド・ショー等の発達により次第にあらゆるジャンルについて発言するようになり、ついにはお笑い番組などのバラエティ番組にも進出することになる。こうして、専門知識人・タレント文化人・総合的知識人の三者鼎立の状況が続いた。総合的知識人を代表する丸山眞男はほとんどテレビに出ることはなくそれが当然視され、大学生であれば論壇誌を読むことが当然視された。

やがて大学生の支配的な文化であった教養主義が一九七〇年ごろから衰退を始め、それとともに論壇誌は部数を減らし総合的知識人の存在は影が薄くなっていった。大学の専門知識人以外に、総合的知識人＝「テレビに出ない知識人」とタレント文化人＝「テレビに出る知識人」が並立していた状況は終わり、総合的知識人が姿を消した。こうして現在の日本には大学の専門知識人とタレント文化人が残った。

このプロセスのなかで、芸能人の文化人化も進んでいった。総合的知識人の衰退に呼応するかのように芸能人の中から政治・社会問題に対してもコメントをするような人々が現れはじめ、タレント文化人化していった。

以上の図式において、活字媒体（総合雑誌）の衰退と電波メディア（テレビ）の隆盛と並行して総合的知識人とタレント文化人のたどった道を見ることができる。大宅が他界した一九七〇年ごろから論壇誌は衰退していった。それとともに総合的知識人が姿を消していったのは既述のとおりである。すなわち、後述するように「「無思想人」宣言」（『中央公論』一九五五年五月号）において「タレント」たることを宣言した、一九五五年から一九七〇年までの期間は、（テレビと論壇誌という）マスメディアの状況からも、総合的知識人とタレント文化人が並立していた時代であった。そして『中央公論』にも執筆していたいっぽうで「テレビに出る知識人」であった大宅は、「総合的知識人に近いタレント文化人」というポジショニングであったといえる。

## 大宅壮一と造語・比喩

ところで多田道太郎は、大宅壮一と美空ひばりを対比している。それは、「庶民的興味というのがこの世でいちばん大事だ」という思想のもと「幅広くてバラエティがあるもの」である「庶民的興味」を「一人の人格がとり込んでいろいろ変化してみせる」という点においてである。[21] 大宅がその思想を「いろいろ変化して見せる」際の文体を、『炎は流れる』の第一巻から若干紹介してみたい。

大石〔良雄〕が示した手腕は、まったくあざやかなものである。右の不純分子をきり、左の行きすぎをおさえ、五十人に近い人間のたづなをしっかりとにぎってはなさなかった。労働争議にたとえれば、規模の点では中小企業の域を出ないけれど、オルグとしての腕は大したものだったということになる。[22]

幕末維新の風雲いよいよ急をつげたころ、薩長土をはじめ、各藩の〝志士〟たちも、続々京都にのりこみ、藩の機密費で大いに遊んだものである。いわば〝藩用族〟だ。[23]

こうした大宅の文章を、大宅歩は次のように批判している。

父の文章を私はうまいとは思わない。泡の消えたビール、薄いカルピスの味である。もっともその周りに、比喩、逆説、引用、体験、造語などさまざまの七味唐辛子がふりまかれてある。学者のようにかたくもなく、作家のようにアクがない、といって新聞のザラ紙記事でもない。それがテレビ文化と共立する週刊誌ブームに、父がのっている所以だろう[24]。

歩が批判的に述べるように、造語と比喩を駆使した独特のわかりやすさを持つ表現が、大宅の特色である。その影響力は、大宅に批判的なこの短い文章にもはっきりと表れている。大宅が電波メディアでも重宝された大きな要因のひとつは、この特色のゆえである[25]。

中間文化において〈エリート〉対〈大衆〉という図式が消滅したことは、「大衆文化がエリート層まで浸透した状態として、あるいはエリート文化が大衆化した状態として考えることができる」。そのときに「社会のあらゆる階層にいきわたるためには、だれもが受け入れられるように、平易で、娯楽的でなければならない[26]」。大宅の発する言葉は、これに合致するものであった。周知のように「一億総白痴化」「駅弁大学」といった造語は、流行語となった。「くちコミ」は『広辞苑』にも収録されている。

植田康夫も指摘するように、それまでは知識人と大衆のあいだに深い断絶があり、知識人の側から大衆に語る言葉をもたなかった。その空洞を埋めたのが、大宅の比喩だったのである。そして、大宅が知識人の世界の抽象的な問題を大衆に伝達しようとした結果が、数々の流行語となった[27]。大宅の言葉は、学者の言葉のように一握りのエリートにしか受容されないメッセージではなかった。エリート文化がマスメディアを通し大衆化されていくなかで、テレビ・週刊誌を通し伝えられうるものであった。このことが、「大宅壮一の時代」の到来を可能にした。

青地晨も言う。大宅の「造語や語録は」「端的な表現で時代の特徴をとらえ、あるいはその病巣をついたものであった。しかもその言葉はわかりやすく、具体的だったから、国民の幅のひろい層によろこばれ、口から口へつたえられた」。そのあと彼はこう述べている。

こうした国民的評論家、スケールの大きな評論家は、当分あらわれることはあるまい(28)。

多忙な評論家は今日も存在するが、そのメッセージはごく限定された人びとに受容されるのみである。誰もがひばりを知っているように、大宅は「国民の幅のひろい層」に知られている評論家、言い換えれば「国民的評論家」であった。この意味では、多田の観点の前提として、多くの人に知られているという点でこのふたりをパラレルにとらえることができる。

## 「大宅壮一の時代」のメディア史的背景

この青地のことばで注意しておきたいのは、大宅が「国民的評論家」になりえた要因が大宅の個人的スケールに還元されていることだ。大宅が亡くなったとき、出版総合誌『出版ニュース』の時評欄は、大宅の死とともに「「評論家」の時代は終わった」としている。それによると大宅は、「〇〇評論家」という専攻分野のつかない「最後の評論家」であったという。評論家が専攻を持つようになったことについて同欄は、「人物の幅が狭くなったのかもしれないし、世の中が複雑になって、専門的知識を持たないと分析しきれなくなってきたためかもしれない(29)」としている。「世の中の複雑化」は、一九七〇年代までは中間文化が中心ではあるものの、この時期にはメディアの細分化が進行していたことと重なる。大宅といえば幅ひろい人たちが知っていた時代は、細分化がまだじゅうぶんに進行していないメディア史的背景のもと成立しえた。その意味でも、大宅という存在の独特さという図と、昭和三〇年代において中間文化が中心であったという地があいまってはじめて、「大宅壮一の時代」が成立しえたのである。

一九五九年当時鶴見俊輔は、「大宅の仕事は」「大学教授の書く評論とか学問的エッセイをしのぐ実証性をもつ」とし、次のように述べている。

五十年たってからの学者たちは、昭和時代を研究するのに今日の学者の学問的評論でなく大宅のエッセイを利用するだろうと思う[30]。

それから五〇年になる今日、彼がつくったとされる「一億総白痴化」「駅弁大学」といった流行語[31]を除いては、鶴見が予測した事態にはなっていない。この状況のなかで大宅の業績が顧みられることさえ少ない。戦後昭和とくに三〇年代に対する近年の注目の集まりを考え合わせると、これは不思議にすら思える。

本章は、そうした事態にも鑑みて新たな大宅壮一研究を志向するものである。彼の活動は半世紀に渡るが、次節ではまず、昭和三〇年代に至る彼のライフヒストリーとそのメディア史的背景との結びつき——とくに戦間期からの連続性／非連続性——を、先行する議論に依拠し整理する。

## 三　大宅壮一の「戦後」をとらえるために

### 大宅壮一に関する時期区分と先行研究

大宅は一九〇〇年に大阪府三島郡富田村（現高槻市）の醤油醸造小売業者の三男に生まれている。生家は父方の祖父が興した事業を手広く営んでいたが、父親の浪費により家運は傾いていた。大宅は一二歳のときに姉の嫁ぎ先の質屋に手伝いに行ったほか、家業に励む。

それからのライフヒストリーを見るとき、次の三つの時期に、メディア史的に重要な事項との重なりを見出せる。

それは第一に、尋常小学校高等科から中学校にかかる一九一二－一九一七年である。大宅は、『少年』『少年世界』『日本少年』『少年倶楽部』などの雑誌に頻繁に投書し掲載に至っていた。『少年』は時事新報社発行のもの、『少年世界』は明治期を代表する出版社博文館発行のもの、『日本少年』は大正期を代表する実業之日本社発行のもの、『少年倶楽部』は昭和戦前期を代表する講談社発行のものである。すなわち、彼が文章力を培った投稿活動は、近代日本を代表する出版社の勃興ならびに出版活動と重なるものだった。

第二に、「日共シンパで、文芸批評というより、異色あるジャーナリズム批評家(32)」として編集・評論活動を展開した、一九二〇年代半ばから一九三〇年代半ばである。戦間期にあたるこの時期は、都市部を中心に大衆社会化状況が到来し円本ブームの起きた時代であった。この時期彼は、大衆社会化状況の萌芽をキャッチするとともに、小説・評論を商品ととらえる認識を抱き、大衆社会化状況のなかで活動を展開した。

　第三に、第二の時期のあと総力戦をはさんだ、「大宅壮一の時代」である、一九五〇年代半ばから一九六〇年代半ばである。彼はメディアを横断し、「もっともひろい守備範囲をもつ評論家」[33]として活動を展開した。その活躍ぶりとメディア史的背景との重なりは、既述の通りである。

　メディア史は、マクロな社会の歴史と表裏一体のものである。直線的なメディア史・社会史とそれぞれの時期における大宅の活動とのつながりを見出すとき、大宅のライフヒストリーにおける連続性をとらえることができる。

　ひるがえって、大宅に関する先行の議論に目を向けると、まず数多くの評伝を見出すことができる。管見では最も充実した評伝は大隈の『裸の大宅壮一――マスコミ帝王』（三省堂、一九九六年）である。これは大宅の生涯やその著作を知るのには便利であるものの、大宅のライフヒストリーに対してメディア史・社会史的背景と関連させた分析には乏しい。

　次に学術的研究にまなざしを移すと、まず、「マスコミの帝王」とまで言われた大物にしては、蓄積が意外に少ない。そのなかで代表的な論者には、第一・第二の時期の連続性を指摘した猪瀬直樹、第二の時期の批評活動を追った大澤聡、第二・第三の時期の連続性を指摘した前田愛・加藤・植田、第二・第三の時期の非連続性を指摘した鶴見がいる[34]。彼らによって三つの時期をめぐる連続性／非連続性の一部が指摘されているものの、これらの全てを踏まえて大宅の「戦後」をとらえた研究は皆無である。それを志向する序説が、本章である。

前田愛と鶴見俊輔の大宅壮一論

大宅の戦後を考えるとき、ふたつの重要な観点が存在する。

それは第一に、前田愛の大衆社会論的観点[35]である。前田は、一九二〇年代半ばから一九三〇年代半ば、一九五五年ごろから一九六〇年代にかけての二度の大衆社会化のなかで大宅が活動を展開したことから、大衆社会化状況と大宅のライフヒストリーの重なりを指摘している。この議論をもとに、ふたつの大衆社会化のあいだに存在する、総力戦時の大宅の戦争体験をふまえることで、二度目の大衆社会化における活動をより把握することができると考えられる。

第二に、鶴見俊輔の転向論である。一九五九年当時鶴見は次のように述べている。「大宅の最初の著作『文学的戦術論』（一九三〇年）と最近の著作「「無思想人」宣言」（一九五五年）とをくらべてみるならば、当時の前衛的団体のオルグとしての大宅の活動形態と、現在のマス・コミ諸機関のタレントとしての大宅の活動形態とのあいだにあるとおなじだけのひらきが見える[36]」。「彼の転向は、前衛的知識人から傍観者的知識人への転向のコースの典型であり、日本の新聞人・報道人の転向のコースの典型であり、またこの時代の日本の知識人としてはもっとも日本の大衆の転向のコースに近い[37]」。

鶴見はこの議論において大宅の戦争体験にも言及しているものの、「「無思想人」宣言」にいたる大宅を、転向とともに戦争体験もあわせて考える視点は、どちらかといえば希薄である。

この「戦争体験」について、小熊英二は次のようにいう。「戦後思想とは、戦争体験の思想化であったといっても過言ではない[38]」。「そこでふまえなければならないのは、戦争体験というものが、国民共通経験のような印象を与えていながら、じつは世代や階層などによって相当に異なっていたという事実である[39]」。「戦争体験は国民共通の経験という印象を創りだしてはいたものの、実際には世代だけでなく出身階層や居住地域、さらには戦闘や空襲の経験の有無といった偶然によって異なっていた。戦争は、国民全体を巻きこみはしたものの、均質な現象ではなかったのである」(40)。

## 大宅壮一の戦争体験

ひるがえって、大宅の戦争体験として挙げることができるものは、とくに次の二点である。第一に、日中戦争時の海外ルポルタージュである。第二に、日中戦争からアジア太平洋戦争にかけて従事したプロパガンダ映画である。

前者の海外ルポルタージュには、昭和三〇年代に著された「裏街道」シリーズとの連続性が見られる。この海外ルポルタージュについて、さらに考えたい。一九五〇年代の大衆社会化状況における週刊誌の拡大のなかで、(大学教授による「重評論」ではなく)読み物としての「軽評論」とルポルタージュが週刊誌に求められていたことを、植田康夫は指摘している。前述のように植田は、大宅が比喩によって知識人の世界の抽象的な問題を大衆に伝達しようとした結果が数々の流行語となったと述べている。その流行語のなかで最もよく知られているのは、一九五六年に流行した「一億総白痴化」であろう。

このように、一九五〇年代の大宅が考えられるとき、「一億総白痴化」に象徴される造語とたくみな比喩を駆使した評論家という認識が、今日では一般的だといえる。いわば、〝「一億総白痴化」の大宅壮一〟として、社会的に記憶されている。

たとえば、戦後日本のジャーナリズム史を専門とする根津朝彦の著書『戦後日本ジャーナリズムの思想』(東京大学出版会、二〇一九年)の「付録　近現代を結ぶメディアのキーワード」における、「大宅壮一」についての解説を見てみたい(初出は、安田常雄ほか編『日本生活史辞典』[吉川弘文館、二〇一六年])。根津は、こう綴っている。

一九〇〇－七〇年。評論家。一九〇〇年九月一三日、大阪府三島郡富田村に生まれる。少年期には少年雑誌の投稿に夢中になる。茨木中学時代には生徒日誌を書き残す。二二年、第三高等学校文科乙類卒業。二五年、東京帝国大学文学部社会学科中退。文壇で執筆活動を始め、翻訳集団も組織する。三三年には『人物評論』を創刊。四一年に満洲映画協会啓民映画部の責任者、四二年にジャワ映画公社理事長。戦後は「駅弁大学」「一億総白痴化」などの造語でも知られ、五五年には「無思想人」宣言」を発表。総合雑誌では『文藝春秋』『中央公論』に精力的に執筆する一方、『世界』には寄稿がなかった。五七年にはノンフィクション・クラブを結成し、青地晨、草柳大蔵、丸山邦男、村上兵衛、梶山季之らが関わった。七〇年に大宅壮一ノンフィクション賞が創設。同年一一月二二日に死去。七〇歳。七一年に大宅壮一文庫が設立。『大宅壮一全集』全三〇巻・別巻（蒼洋社、一九八〇－八二年）がある。(41)

第三章で見るように大宅が『世界』に寄稿していないことや、ノンフィクション・クラブの主要メンバーにまで言及された、ていねいな説明だといえる。このような解説において、「戦後は「駅弁大学」「一億総白痴化」などの造語でも知られ」と、「一億総白痴化」に代表される造語と大宅の知名度の高さが結びつけられている。

## 大宅壮一の海外ルポルタージュ――〝「一億総白痴化」の大宅壮一〟と〝「裏街道」の大宅壮一〟

そのいっぽうで、ライフワークとした『炎は流れる――明治と昭和の谷間』第一巻（文藝春秋新社、一九六四年）の「まえがき」において、大宅は次のような自己呈示をおこなっている。

大宅は、「戦後にわたくしが書いたもののなかから、単行本になって出たものをひろいあげてみると、ざっとつぎの通りである」として、それまでの単著を「旅行記およびその副産物」「人物・企業に関するもの」のふたつに分類している。前者には、後述する『世界の裏街道を行く』『世界の裏街道を行く――南北アメリカ篇』『黄色い革命』『ソ連の裏街道を行く』『東欧の裏街道を行く』『小国の裏街道を行く』『共産主義のすすめ』『フルシチョフ遠征従軍記』『この目で見たソ連』ほか『日本の裏街道を行く』『僕の日本拝見』が挙げられている(42)（図1-3）。

海外をはじめとするルポルタージュと評論活動のふたつの流れが合流してライフワーク『炎は流れる』に結実した、と大宅本人は自己呈示していた。

この海外ルポルタージュの総決算ともいえる、『この目で見たソ連――世界旅行五ヵ年計画の決算報告』（光文社［カッパ・ブックス］、一九六二年）の「まえがき」の冒頭、大宅は次のように述べている。

> これまで私の書くものは、いつもあわただしい時代の動きと四つに取りくんできた。それが四十年近くもつづいた。毎日、天秤棒をかついで魚河岸へ行くようなものであった。
>
> 戦時中、これが中断された。戦争の前半は、報道班員として徴用されて戦地でくらし、後半から戦後にかけて数年間、百姓をした。そのあいだに、私は、人生プログラムの再検討をおこなった。その結果、還暦を期して、私のすべての経験、すべての知識を投入できるような新しい仕事に取り

くむことを考えた。作家なら、さしあたり自伝的な長編小説を書くところだが、もっと別な形で、私の生きてきた時代を描きたいと思った。それから、しゃにむに、その準備にとりかかった。その準備は、つぎの三つの面に集中された。

第一、なるべく多くの文献的資料をあつめること。

第二、興味のある人物、特色のある人物には、あらゆる機会に会って話をすること。

第三、旅行の範囲を最大限におしひろげ、土地感を豊富にもつこと。

第一の面は、主として古本屋通いで、ほぼその目的を達した。そのために、いくたびも書庫の増築をしなければならなかった。

図 1-3　公益財団法人大宅壮一文庫埼玉越生分館に展示されている「裏街道」シリーズの単行本と大宅のパスポート（著者撮影）

第二の面は、ラジオ、テレビ、週刊誌の発達、普及によって、首相から世に出たばかりの少女歌手にいたるまで、前にはちょっと会えそうもない人物でも会うことができた。古くから新聞や雑誌で手がけてきた人物論の方も、いっそう精力をそそいだ。『日本の人物鉱脈』『昭和怪物伝』『人間裸像』『仮面と素顔』『大学の顔役』『女傑とその周辺』『日本新おんな系図』『群像断裁』などはその産物である。

第三の面では、『日本拝見』『日本の裏街道を往く《ママ》』などで、日本国内はだいたい見つくしたから、こんどは世界中の国をのこらず見る決心をして、さっそく実行にうつした。『世界の裏街道を往く《ママ》』『フルシチョフ遠征従軍記』『黄色い革命』と、さらにこんどのソ連および共産圏の旅行で、どうにかその目的を達したことになる。[43]

ここでも、『炎は流れる』にいたる三つの大きな活動のなかに、海外ルポルタージュが位置づけられている。

これらの大宅の言説に対し、現在における大宅に対する認識においては、造語のかげにかくれて、海外ルポルタージュが顧みられることはすくない。

大宅の戦後を把握するには、大衆社会化状況下に造語や比喩を用いて評論活動をしたということに加えて、一九六四年四月一日の海外旅行自由化以前の時期に海外ルポルタージュを精力的に著したことに目を向ける必要がある。この一九六四年が昭和三九年にあたり、「裏街道」シリーズの一冊目の『世界の裏街道を行く』(文藝春秋新社)の刊行が昭和三〇年にあたる一九五五年である。このことから、大宅の最盛期は、中間文化が主流となる時期と重なるとともに、海外旅行自由化の前の一〇年間と重なっていたことを認識できる。最盛期の大宅は、〝「一億総白痴化」の大宅壮一〟であるとともに、〝「裏街道」の大宅壮一〟でもあったのである。

## 本書の構成

以上から本書で大宅の戦後を検討するにあたり、「一億総白痴化」に象徴される造語・比喩を駆使した評論だけでなく、海外ルポルタージュにおもに光をあてる。

この海外ルポルタージュを考えるとき、欠かすことができないのは、写真をはじめとする複製技術との結びつきである。

大宅は戦後の旅行でネガ七〇〇〇枚に及ぶ写真を撮影した。そこから精選されたものが、大宅没後、『メディア・レビュー』編集部編『大宅壮一のカメラ万年筆――メモを撮る1954→1961』（平凡社、一九八二年）にまとめられている。この本を編集した櫻井朝雄は当時、大宅の「健筆のなかに、じつはカメラというもう一つの万年筆があったという点は、ごく近しい人びとを除き、残念ながら今日までほとんど世に知られていなかった」と述べている。[44] 大宅が写真撮影にたくみであったことが、一九八二年の時点ですでに社会的には忘れられていたことを読みとれよう。

さらにこの写真集の発売に先立ち、写真週刊誌『ＦＯＣＵＳ』は大宅が撮影したアウシュヴィッツのユダヤ人強制収容所の写真を二枚紹介している。この記事は次のように始まっている。

図1-4　ボルネオにてカメラをかまえる大宅壮一（1967年）（『大宅壮一全集』第20巻、蒼洋社、1981年、口絵１頁、撮影は渡部雄吉）

「自ら「野次馬」を標榜し、人物論から紀行ルポまで縦横にこなして戦前前後のジャーナリズムのリーダーだった評論家・大宅壮一氏が亡くなってから、今年で12年になる。／そのペンから生み出された「駅弁大学」「一億総白痴化」などの流行語は、いまだに折にふれて持ち出されるほどだが、そんな大宅さんの文筆以外の知られざる〝才能〟に、このほど初めてスポットが当てられることになった。／「カメラ」である」。[45]

ここからも、没後一二年の段階で、大宅についての社会的な記憶は、「一億総白痴化」に代表される流行語を生みだした評論家というものが強く、写真についての記憶は薄いものであったことが窺い知れよう。

第一の戦争体験である海外ルポルタージュと密接にかかわる写真は、複製技術であるという点で、第二の戦争体験であるプロパガンダ映画と関連性がある。次章以降、このふたつの戦争体験をとおし、大宅の「戦後」を検討していく。その構成は次のとおりである。

第二章では、二度の大衆社会化状況の概要を記述する。第三章では、大宅のライフヒストリーを、転向を含めて記述する。その際には、ふたつの大衆社会化状況と大宅のパーソナルヒストリーとの重なりに重点を置く。とくに二度目の大衆社会化状況との重なりについては、本書の問題関心からも紙幅をさく。

そのうえで、第四章から第七章において、戦時中から「大宅壮一の時代」にいたる大宅の活動を、戦争体験という観点からクローズアップする。具体的には、第四章では、大宅と、第二の戦争体験である、日中戦争時からアジア太平洋戦争にかけてのプロパガンダ映画とのかかわりを記述する。第五章では、占領期(とくに一九四〇年代後半)の大宅の活動を記述する。第六章では一九五〇年前後の大宅を記述する。ここにおいては、再度転向に言及する。そして第七章では、第一の戦争体験である、戦時中の海外ルポルタージュと冷戦下の「裏街道」シリーズとの連続性を記述し、結論をみちびく。

# 第二章　近現代日本における二度の大衆社会化

大宅壮一は、一九二〇年代に左翼的な立場で編集・評論活動を開始した。そして戦後は、一九五〇年ごろから本格的にジャーナリズムに復帰し、『中央公論』一九五五年五月号に「「無思想人」宣言」を発表する。このなかで大宅は、「世間に通用している主義主張を決してもた」ず「厳正中立、不偏不党、徹底した是々非々主義で押し通す」「名実ともに〝無思想人〟（〝無思想家〟というと〝無思想〟という思想をもっているように誤解される恐れがある）であることを天下に宣言[1]」した。これに象徴されるように、冷戦下の一九五〇年代から一九六〇年代において左右どちらにも所属しない立場を標榜して活動した。

本章では、大宅が活躍した背景となる、一九二〇年代と一九五〇年代の大衆社会化状況を概観したい。

## 一　一九二〇年代の大衆社会化状況

### 一九二〇年代の大衆社会化状況

第一次世界大戦後から一九二〇年代における大衆社会化状況は、都市部を中心に到来したものである。

筒井清忠が整理するように、産業化・都市化を基底として進行する大衆社会化状況は、平準化を並行して促進させる傾向をもつ。第一次世界大戦後一九二〇年代以降の日本においても、都市化・産業化を軸とする大衆社会化が進行し、同時並行的に平準化の傾向がみられた[2]。

ここでまず留意しておきたいことは、「日本における大衆社会の原型が成立した[3]」と筒井が述べる一九二〇年代という時期区分について、筒井がこうことわりをいれていることである。「第一次大戦が終了し、米騒動の起きた一九一八年頃から大きな政治社会の変化が始まる。小稿でいう一九二〇年代とは厳密には一八年以降のことを指す[4]」。

その平準化は、次の三点を柱として確実に進行していった。それは第一に、大量生産方式により規格化・画一化された商品の大量販売・大量消費である。第二に、同一の情報を一挙に大量の人間に伝達することを可能にするマス・コミュニケーションの発達である。第三に、教育、とりわけ高等教育の普及である[5]。

第二の点は具体的には、「ラジオ、新聞、映画、雑誌、単行本（全集）といったジャーナリズム、マス・コミュニケーションの発達[6]」である。このマスメディアと複製技術の進歩は、たとえばオルテガが『大衆の反逆』のなかで「写真入りの新聞や映画が、こうした世界の遠い断片のすべてを、大衆の眼前に直接的にもたらしたのである[7]」と指摘していることに鑑みても、重要である。

筒井は、加藤秀俊「交通・通信網の発達」（『思想』六二四、岩波書店、一九七六年六月）、『昭和国勢総覧』（東洋経済新報社、一九八〇年）をひもとき、ラジオと映画について、次の事実を紹介している。一九二五年三月の放送開始時には約五〇〇〇であったラジオ受信者数は、一九二八年には五〇万、一九三一年には一〇〇万に至った。また、一九二六年頃には、全国の映画館総数一〇五七館、総観客数は実に一億五三七三万五〇〇〇人に達していた。

第二の点における活字メディアについてまず新聞では、一九二四年に『大阪朝日新聞』『大阪毎日新聞』が元旦の発行部数が百万部を突破したことを発表した。(8)「もちろん、この手の公表部数は実売部数とは違う」が、「初めて「発行部数・百万部」を公称する新聞が相次いで二紙登場した」一九二四年は、「日本の新聞の歴史において記憶すべき年」(9)であろう。一九三一年には全国の新聞の総発行部数は一〇〇〇万を突破した。このほか、『週刊朝日』(創刊時は『旬刊朝日』)『サンデー毎日』が一九二二年に創刊されている。

雑誌においては、発行部数二三〜二四万部の『主婦之友』など婦人雑誌の延長上に、一九二四年一二月に五〇万部発行された『キング』創刊号(一九二五年一月号、大日本雄弁会講談社)は増刷を重ねて七四万部に達した。一九二七年新年号は一二〇万部、同年一一月号は一四〇万部、一九二八年一一月の御大典臨時増刊号「国民修養絵巻」は一五〇万部に達した。(10)

単行本(全集)としては、改造社が一九二六年一二月に刊行を開始した『現代日本文学全集』に端を発し、『世界文学全集』(新潮社)、『明治大正文学全集』(春陽堂)をはじめ、出版界は円本と呼ばれる全集ブームに沸くこととなった。(11)

改造社研究会のメンバーのひとりである庄司達也によると、改造社が『現代日本文学全集』出版の際に展開した宣伝活動については、他と比較しても特筆すべき事柄が二点ある。それは第一に、圧倒的な量の広告を全国の新聞紙上に短期間のうちに一斉に掲載したことにある。第二に、作家をはじめとした多くの文学関係者を動員した「講演」を全国規模で一斉に行い、さらにその講演会をこの時期に新たなメディアとしてその活用が各方面で図られていた「映画」の上映とセットにして開いたことである。(12)

第三の点に関しては、原敬内閣下の一九一九年予算において、六カ年計画の高等教育諸機関の創設・拡張計画がたてられた。一九二〇年から三〇年の一〇年間で学校数の増加にあわせ、教員数、生徒数も二〜三倍に増加した。こうして読者階層が飛躍的に増大した(13)。

これらの三点から筒井は、「物質・情報の複製化と「大衆化」→平準化という巨大な潮流が渦巻きはじめていた(14)」と述べている。

## 「大衆」概念の登場

言説世界のなかで以上の事態に対応する事柄としては、関東大震災前後から、現在われわれが使う意味で「大衆」という言葉が使われるようになったことがあげられる。

有馬学によると、massにあたる言葉として仏教用語の「大衆《だいしゅ》」を訳語にあてたのは、高畠素之である。高畠らは、一九二一年に「大衆社」を組織した。その機関紙は『大衆運動』である(15)。なお一九二五年には『大衆』という雑誌が大衆劇作家聯盟によって創刊されている。この創刊号は『大宅壮一文庫創刊号コレクションCD－ROM大正編(三)』で見ることができる。

大衆の構成要素・質的特色について、有山輝雄の議論を見たい。有山によると、明治末期の都市社会は、工場労働者・書生といった単身若年者が流入するとともに、伝統的町民の生活と文化が崩れ、住居条件・労働条件などが立ちおくれるなど不安定さを抱えていた。

そこに蓄積された社会的不満・鬱屈は攪拌され、点火されると焼打などとなって爆発しやすい状況であった。こうしたかたちでの都市民衆の登場は、当時「民衆的傾向」などと呼ばれた。「民衆」は、新しい時代を象徴する言葉として使われたのである。この「民衆」の内容は、日比谷焼打事件の逮捕者三〇八人の職業をもとに、職人・職工、学生といった新しい都市住民階層と人足・車夫・馬力、営業主、店員・雇人などの旧都市住民階層との混成であったと考えられる[16]。

大正中期以降、労働者層・俸給生活者層が急速に膨張する。これらが新しい社会の動向として、関東大震災後、「大衆」という言葉で表されるようになっていった[17]。たとえば『中央公論』一九二六年七月号は「大衆文芸研究」「大衆文芸論」を特集し、一九二八年四月号は「大衆観」を特集した。

後者の特集の巻頭を飾った長谷川如是閑「政治的概念としての大衆」では冒頭、「「大衆」というのは、一種の量的勢力をいい現わしたものである[18]」と書かれている。

だが、「民衆」と「大衆」は量的規模だけでなく、社会的組成においても異なっていると、とらえられていた。「民衆」は、伝統的都市商工業者と新しく台頭した労働者（職工）との混成であり、古い生活文化を引きずっていた。これに対し、「大衆」の中心と考えられたのは、この頃おこなわれるようになった家計調査では「労働者」・「給料生活者」、一九二〇年から始まった国勢調査では「工業」・「公務自由業」といった新しい分類概念で呼ばれるようになった、新興の階層であった[19]。たとえば映画『東京行進曲』（溝口健二監督、日活、一九二九年。原作は、『キング』に連載された菊池寛の同名小説。主題歌を佐藤千夜子が歌いヒットしたことでも知られる）の現存するフィルムには、丸の内に通勤する俸給生活者《サラリーマン》が映し出されている。主題歌の歌詞の二番には「丸ビル」「ラッシュアワー」という文言がある。

これらの新興の階層は、産業化による社会の大きな地殻変動によって出現しているものであり、否応ない趨勢としてますます膨張していくと考えられていたのである[20]。

有馬は、「大衆」という概念の特質として、「平民」「民衆」「労働者」「下層階級」「労働階級」といった従来の言葉ではぴったりしないものを表現するためのものであることを挙げている。また、「労働者」が生産という行為と結びついて理解されるのに対して、「大衆」は、消費者としての側面が意識されていることを指摘している。[21]

有山はいう。「社会学的概念の大衆は、その規模が大きいことと、空間的には散在し間接的にしか接触しない集合体であることを特徴とする。大衆は、マス・メディアの介在によって成立する[22]」。

## 江戸川乱歩作品に見る「大衆」

「大衆は、マス・メディアの介在によって成立する」ことのひとつの事例として、江戸川乱歩が一九三〇年から一九三一年にかけて『報知新聞』に連載した「吸血鬼」という作品をとりあげたい。

作中、殺人犯が国技館の屋根の広告風船につかまり、風船を係留している縄を切って、大空に逃亡する場面がある。乱歩はつづっている。

「この絶好のナンセンス種に、喜んだのは社会記者だ。ソレッというので、写真器《ママ》を摑んで、国技館へと自動車が飛ぶ[23]」。「その日第一回のラジオ・ニュースで、このことが、東京は勿論、全国に伝えられた。／「賊をのせた風船は、遂に雲の中に隠れました。……」／という、アナウンサアの一句が、全国のラジオ聴取者を、ドキンとさせた[24]」。「今や、風船賊のうわさは、全国に知れ渡っている[25]」。

この場面が執筆されたのは、ラジオ受信者数が一〇〇万に至り、全国の新聞総発行部数が一〇〇〇万を突破するころである。ゆえに、東京上空のひとつの広告風船について、空間的に点在する人びとが知ることができる、というそれ以前の時代にはありえなかったことに、同時代の読者はなんらかのリアリティを覚えることができたと考えられる。

## 二　一九五〇年代の大衆社会化状況

### 一九五〇年代の大衆社会化状況

一九五〇年代の大衆社会化状況をマスメディアの面からみると、一九五三年に本放送が開始された白黒テレビが一九五九年の皇太子ご成婚を契機に普及していった。白黒テレビの普及率は一九六〇年に三三・二%、一九六五年に七五・七%、一九七〇年には八一・九%に至っている。また、一九五一年にはラジオの民間放送が開始された。

活字メディアにおいては、まず一九二三年一月号（前年一二月に発売）を創刊号とする『文藝春秋』の月平均発行部数が、一九四七年に六万一七〇〇部であったのが、一九五一年には四〇万五七〇〇部、一九五二年には四八万六〇〇〇部にいたった[26]。

次に、「歌と映画の娯楽雑誌」を標榜した『平凡』の一九五三年一月号が「百万部突破記念特大号」として発行され、一九五五年八月号は一四〇万部が発行された。同誌の主な読者層は全国の中卒の若い男女の勤労者であった[27]。一九五二年に創刊された競合誌『明星』は、一九五〇年代に発行部数八二万部を記録した[28]。橋本求は『平凡』『明星』について、こう述べている。「両誌によって新しい雑誌購買人口の開拓されたことはおびただしいもので、次に来る週刊誌ブームの地ごしらえをしたともいえよう[29]」。

さらに、ともに一九二二年に創刊された『週刊朝日』『サンデー毎日』が、一九五四年にあいついで百万部を突破した。前者は一九五四年九月五日号が一〇一万四〇〇〇部を発行し、一九五八年一月五日号が一五三万九五〇〇部を発行した。後者は一九五四年一月三日新春特別増大号が「百万突破記念」とされ、一九五九年四月二六日号が一五六万七〇〇〇部を発行した。

当時の他の週刊誌としては一九五二年創刊の『週刊読売』『週刊サンケイ』、一九五三年創刊の『週刊東京』があり、いずれも新聞社発行のものであった。出版社は週刊誌をつくれないと考えられていたのである。そして一九五六年に新潮社から創刊された『週刊新潮』を皮切りに一〇年間で五〇誌以上が創刊され、そのほとんどが出版社から刊行されるという「週刊誌ブーム」が起こった。週刊誌ブームは、前章で論じた中間文化と重なるものである。

ここでは、次章で言及する、大宅壮一との関係性という観点から、『週刊朝日』についてすこし詳しく述べておきたい。

『週刊朝日』は『旬刊朝日』として一九二二年二月二五日に創刊された。第五号・四月二日号から週刊化し、敗戦時に発行部数は一〇万部程度に落ちていた。一九四七年七月扇谷正造が副編集長に就任し、一九四九年七月いったん編集局に戻ったあと、一九五〇年一二月副編集長に復帰する。そして一九五一年五月編集長に就任し、一九五八年九月まで務めた。このかんの部数の記録は先述のとおりである。『朝日新聞』の発行部数が四〇〇万部のころの『週刊朝日』一〇〇万部であった。

『週刊朝日』が黄金時代を築いた要因は大まかに言って、巻頭特集と固定欄にあったとされている。後者は具体的には、吉川英治の『新・平家物語』（一九五〇年四月二日号から一九五七年三月一〇日号まで連載）と徳川夢声の対談『問答有用』（一九五一年三月一一日号から一九五八年一二月一四日号まで連載）である。一九五三年に復活した菊池寛賞は、菊池の「日本文化の各方面に遺した功績を記念するため[30]」のものであるが、同年受賞した五者に、「吉川英治氏『新平家物語』」と「扇谷正造氏を中心とする週刊朝日編集部」が含まれている[31]。当時の『週刊朝日』の影響力の大きさを窺い知れよう。また、『週刊朝日』のほうに

『サンデー毎日』よりも影響力の大きさがあり代表性があることを見出すことができる。
なお、『週刊朝日』一九五〇年六月一一日号で募集された「第一回「朝日文芸」募集　百万円懸賞　百万人の小説」では、五味川淳（純平）が優賞を受け松本清張・南条道之介（範夫）が入選している。[32]
単行本では、光文社の神吉晴夫によって一九五〇年一〇月に刊行された波多野勤子『少年期』が四〇万部を突破した。神吉は一九五四年一〇月、新書判の「カッパ・ブックス」を創刊する。さらに神吉によって、一九五八年、松本清張『点と線』『眼の壁』が刊行され、ベストセラーとなった。一九五九年一二月には推理小説を中心にした新書判の「カッパ・ノベルス」が創刊された。このときに刊行されたのは松本清張『ゼロの焦点』と南条範夫『からみ合い』である。[33]ふたりとも、さきの「第一回「朝日文芸」募集　百万円懸賞　百万人の小説」からデビューした作家である。

## 週刊誌ブームと「大衆社会」

一九五〇年代の大衆社会化における重要なメディアのひとつである週刊誌に関する同時代の先駆的な研究成果である、[34]週刊誌研究会編『週刊誌――その新しい知識形態』（三一書房［三一新書］、一九五八年）を紹介したい。

この冒頭、加藤秀俊は、次のように述べている。「「週刊誌ブーム」という言葉をはじめてきいてからもう三年ほどたつが、「ブーム」（俄景気）の名に似合わず週刊誌が日本のジャーナリズムのなかで占める位置はますます大きくなってきているように思える。じじつ、最近の資料によると現在日本社会に流通する週刊誌は、総発行部数七百万をこえるといわれており、機械的割算によると、およそ三世帯に一冊の割で普及してきている。この普及率は、ミシンやコールド・クリームの普及率にほぼ匹敵する」[35]。そして週刊誌について注意すべきことのひとつは、「このジャーナリズム形式が、大衆のもったさいしょの読書習慣と関係しているという事情である。新聞以外の印刷物で、これだけの規模で読まれたものは日本の歴史のうえでこれまでなかった[36]」と加藤は指摘している。

また加藤は「「一週間」という生活時間の単位について[37]」述べている。「敗戦後の放送文化が「週」感覚をそだてた」ことに加え、給料生活者のなかに「W・ミルスなどのいうように、土曜、日曜のタノシミを目当にしてして月曜から金曜まで働く、という生活設計がうまれてくる」。「週刊誌は、こうした「週」感覚によって迎えいれられた[38]」。

『週刊誌――その新しい知識形態』は、『週刊朝日』を中心に実証的研究がなされたものであるが、じっさいこれによると、週刊誌の主要な読者層は、高等学校卒業の非専門的ホワイトカラーである。

戦後の教育改革は、新制高校・大学の増加など「教育の大衆化」を招いた。週刊誌の受け手の八五％が高校以上の教育の修了者であり、高校卒業者が毎年七〇万人ずつ量産される当時の状況は、週刊誌の受け手階層を、力強く保証している。教育の大衆化の過程と週刊誌の発展過程がほぼみあっていることから、週刊誌発展の大きな要因は、新制高校の設置とそれに伴う卒業者の増加である。そして、高校進学者数は相対的にも絶対的にも増えつつあるが、中学から二人に一人の割合で進学した高校の卒業者の八一％が、非専門的ホワイトカラーとして社会に出ている（大学は専門的ホワイトカラーを輩出している[39]）。さらに同書においては、働き盛りの青壮年層を中心に、男女とも家庭で週刊誌に接していることと、読者の分布は都会が中心であることが指摘されている[40]。

ここで想起されるのは、一で見た、一九二〇年代の大衆社会化における高等教育の普及とそれに伴う読者階層の増大である。一九五〇年代の大衆社会化における『週刊誌』と学校教育の関係を見ても、共通することがいえる。大衆社会化状況におけるマス・コミュニケーションの拡大と教育の普及が重なっているのである。

以上の事態に対応する、言説世界のなかでの事項として、一九五〇年代後半から「大衆社会」という言葉が用いられるようになったことが挙げられる。清水幾太郎『社会心理学』（岩波書店、一九五一年）のなかで「マス・ソサイティ」という言葉が紹介され、[41]『思想』一九五六年一一月号が「大衆社会」を特集し大衆社会論争が起きる。一般書では、一九五六年にカッパ・ブックスの一冊として刊行された南博『社会心理照魔鏡――1956年版』のなかで「大衆社会」についての解説がなされた。[42]

同誌に「大衆国家の成立とその問題性」を寄せた松下圭一の「大衆社会論」においても観察されるように、大衆社会は都市の新中間層の登場と関連して語られた。この主題は、一九五〇年代の特徴ともいえる。[43]まさに「教育の大衆化」によって生まれた、週刊誌の読者層と重なっていよう。次章で述べるように、この層が、戦後の大宅壮一の主要な読者層となるのである。

# 第三章　大宅壮一のライフヒストリー

## 一　誕生からデビューまで

### 「大宅壮一生誕の地」

阪急京都線の富田《とんだ》駅から南へ約一五分歩くと、「大宅壮一顕彰碑」にたどりつく（図3-1）。顕彰碑の説明の冒頭には「大宅壮一生誕の地」と記されている。

この碑は、一〇の散策コースが設定されている「高槻　歴史の散歩路」のひとつ「町家・酒造コース」の途中にある。このコースを紹介している、高槻市教育委員会のリーフレットでも、碑が写真入りで説明されており、「昔の住まい近くに顕彰碑が建てられています」と結ばれている。

駅からコースを五分ほど歩くと、寿酒造の建物が見える（図3-2）。位置的にも、大宅は旧制中学校への通学路から、この建物を毎日目にしていたのではないかと、想像をかきたてられる。江戸時代に創業した寿酒造と清鶴酒造が、このコースに含まれている。

教育委員会発行のガイドブック『高槻の史跡』では、こう述べられている。「富田は、阿武山山系の豊かな地下水脈に恵まれ、酒造りに代表される商工業の町である。一七世紀には二四軒の造り酒屋が軒を連ね、江戸にまで聞こえた銘酒の産地として隆盛を極めた」。「江戸時代後期には富田の酒造業は徐々に衰退したが、現在も「清鶴酒造」と、「寿酒造」の二軒の造り酒屋が富田伝統の地酒を造り続けている」(1)。

## 少年雑誌への投稿

大宅は一九〇〇年九月一三日に大阪府三島郡富田村（現・高槻市）の醤油醸造小売業者の三男に生まれた。一九〇六年四月、村立富田尋常小学校に入学し、一九一二年四月、高等科へ進んだ（図3-3）。生家は父方の祖父が興した事業を手広く営んでいたが、父親の浪費により家運は傾いていた。大宅は一二歳のときに姉の嫁ぎ先の質屋に手伝いに

図 3-1 「大宅壮一顕彰碑」（著者撮影）

図 3-2 寿酒造（著者撮影）

図3-3　高等小学校卒業のころの大宅壮一（1915年）（『大宅壮一全集』第29巻、蒼洋社、1982年、口絵1頁）

行ったほか、家業に励んだ。

先述のように富田は江戸時代から醸造が盛んな地域であった。顕彰碑の周囲の住宅街を歩いても、当時の名残とおぼしき倉を目にすることができる。祖父が起こした事業について、「わが珍商売往来―文化と商業主義の間―」（一九五四年）のなかで、大宅は次のように回想している。

> 私の生まれた家は醤油屋で、何町歩もある広い屋敷の中に醤油蔵がいくつもあって、大勢の使用人がいたことをかすかに覚えている。だが、私の成長に反比例して屋敷も建物も小さくなるばかりで、中学に入るころには、母屋と最小限に醤油をつくるのに必要な施設しか残っていなかった。
>
> 私の祖父は八右衛門といったが、小型の河村瑞賢だった。洪水で淀川が決潰したときに、ありったけの金を胴巻に入れて船を出し、水につかってもてあましている米をタダみたいな値段で買いあつめて、それで醤油をつくった。炒って麴にすれば臭気はぬける。醤油は普通麦でつくるのだが、米を原料にすれば味は格段の相違で、たちまち人気を博し、莫大な金をもうけた。(2)

一九一四年（大正三年）四月大宅は府立茨木中学校に入学する。三学年上に川端康成が在学していた。大宅は、『少年』（時事新報社）、『少年世界』（博文館）、『日本少年』（実業之日本社）、『少年倶楽部』（講談社）などの雑誌に頻繁に投稿し掲載に至っていた。

たとえば『少年倶楽部』一九一七年（大正六年）一月号掲載の「大正五年本誌文壇優勝番附」の三番目に「大阪　大宅壮一」が記載されている(3)。大宅が最も活躍したと思われる『少年』において発表した作品、投稿活動と学業成績との関連、これらがのちの活動にもたらした影響については、補章をご覧いただきたい。

上記「わが珍商売往来」で大宅は書いている。「父はいよいよ何もしなくなり、最後まで残っていた番頭も、あいそをつかして出て行った。私は同年輩の小僧一人を相手に、何もかも切りまわして行かねばならなかった。それでいて投書などをする暇をどうしてひねり出したかというと、和歌や俳句のような簡単なものはもちろん、相当長い作文でも、すべて歩きながらつくったのである(4)」。

別の自伝ではこう述べている。中学入学後「家は没落に瀕」し、「家業をほとんど一手に切りまわさねばならぬ」ようになった。「醬油屋というのは、醸造の面では激しい重労働を伴い、販売の面では純然たる商人にならねばならぬ。そのわずかな間隙を縫って、知識欲が猛然と起ってきた。／毎朝四時ごろに起きて学校へ行く前に、米を二斗搗くのが私の日課になっていた。そこでいろいろ工夫して書見台のようなものを考察し、その上に書物を立てて、二宮金次郎流に、読みながら米を搗いた。それは私にとって一番楽しい時間だった。それから約一里の道を歩いて中学へ通うのであるが、天気のいい日は歩きながら読み、雨の日は英語の単語を覚えたり頭の中で文章を書いたりした(5)」。

## 大宅壮一と同級生たち

茨木中学校では明治末年より、その日のできごとや所感・意見を五年間毎日「生徒日誌」に書き記し、週に一度は担任に提出することが義務づけられていた(6)。

図 3-4　大宅壮一が茨木中学校に在籍した最後の年である1918年（大正７年）の「生徒日誌」（大宅映子事務所提供）

大宅のそれは、没後、『大宅壮一日記』（中央公論社、一九七一年）『青春日記』（上）（下）（中央公論社〔中公文庫〕、一九七九年）『大宅壮一全集』第二九巻第三〇巻（蒼洋社、一九八二年）として公刊されている。

大宅壮一の「生徒日誌」をひもとくとき、家業が父の浪費のために傾きまた兄が放蕩するなか、家業を手伝いながら勉学に励む少年大宅が目に浮かぶ。父の死を描いた一九一八年（大正七年）七月二日の日記は、単行本・文庫本の解説で青地晨が述べるように、「圧巻」[7]である。この全文については、巻末の資料3-1をご覧いただきたい。

この「生徒日誌」ならびに大宅の旧制中学時代に言及がなされるとき、家業が傾くなかでの大宅の苦学や少年雑誌への投稿に重点が置かれることが多かった。

それに対し、本節では、次のような記述に光をあてておきたい。

一九一七年六月一一日

又僕は境遇上、学生を始め、丁稚や百姓等あらゆる階級に亘って友を有している。又父があまり交際をしなくなったので、一寸した葬式や其の他の家の交際にはいつも僕がやらされる。金儲の話ばかりする人、善人の皮を被った僧や神主、親類の金をかっ浚って洋行し、帰朝後は大新聞の社説記者としてえらそうなことをいいながら、裏では新聞社を種に銀行に押しかけて、ゆすり的に金を借りて払わぬ人、此等が皆僕の近い親戚なんだ。(8)

一九一七年一一月八日
修身の時間、男女の関係、性欲論、手淫の弊害等を承り候。皆々平和なる田舎の良家に育ちたる者なれば、かかる事は初耳にして奇異の眼を見はって、耳を傾け候。さりながら小生は不健全なる家庭に育ち、早くより世に出でて多くの人に接したるが為、善悪に関らず知り尽し候。思えば小生は罪深き者に候。彼等は実にうぶなる少年に候。(9)

これらの記述について、次の二点を確認しておきたい。

第一に、周囲と自身とが違うという感覚に由来するいわば違和感を、読みとることができる。大宅が周囲よりも早熟であったことについては青地が述べるように、大宅が高等小学校を卒業してから中学校に入学したため尋常小学校出身の生徒よりも年上であったことや彼の家庭環境によるものも大きいだろう。(10)

自身の生活について大宅は、「東京に在る友に近況を報ずる文」という題の夏季休暇宿題の作文において、次のように表現している。「或時は制服制帽いかめしき学生となり、或時は田園に鋤鍬を把って農夫となり、或時は腰に矢立をさして商人となる我生活は三段返しと申すべくや候わん」。(11)

草柳大蔵は、「大宅氏の生涯をつらぬく感覚は、まぎれもなく」「自作農兼しょう油醸造という、社会の底辺で精一杯に生きている生産者のもの」だと述べている。(12)この感覚の連続性は、二冊目の著書『モダン層とモダン相』（一九三〇年）所収「円タク助手の一夜」（初出は一九二九年）、戦時中の『外地の魅惑』（一九四〇年）、戦後の「裏街道」シリーズ（一九五五－一九六二年）に一貫する、地を這うようなまなざしに見出すことができる。

さらに、この「感覚」は、ジャーナリズムにおける彼のポジショニングにも関わっている。鶴見俊輔は『文学的戦術論』（一九三〇年）について、「左翼文化官僚の文体のさけがたくもっている画一性を帯びて」おらず、「大宅個人としての肉声を保ち得ている」理由を次のように述べる。

> それは、この論集刊行の一〇年も前にすでに大宅が自分でひたいに汗してはたらいて味噌しょう油店を経営する少年としてのくらしをとおっていたからである。学生らしい無責任な左翼的言動を、それだけのものとしてつきはなして見るしたたかな性根をもっていたからである。(13)

「つきはなして見る」という距離感覚の萌芽を、日誌から読みとることができよう。

第二に、大阪府立茨木高等学校校史編纂委員会編著『茨木高校百年史』（創立百周年記念事業実行委員会、一九九五年）によると、当時の茨木中学校の生徒の半数は農家の出身であり、「おそらくは地主層の子弟であったと思われる」(14)。対して大宅は、そうした生徒たちのなかで、周囲の生徒とは違い幅広い階層の人間たちと日常的に接していたことを、日記の記述から読みとることができる。

これは本章第四節で触れる、大宅が晩年に開講した「大宅壮一東京マスコミ塾」において、〝人間牧場〟〝異種交配〟を発想しえたルーツになったのではないかと考える。

## 米騒動との遭遇と放校処分

一九一六年九月大宅は漢文の時間に「教育勅語」の文法上の誤りを指摘し、注意を受ける。一九一八年（大正七年）中学四年生の時、母校の小学校で米騒動を礼賛する演説をしたとして、茨木中学を放校処分になった。

大宅は、初めての著書『文学的戦術論』（中央公論社、一九三〇年）冒頭二頁にわたる「序」の後半で、次のように述べている。

かえりみれば、大正八《ママ》年、例の米騒動に異常なショックを受けて遂に学校を追われた一人の多感な少年が、満十年の後に、自分の仕事として示しうるものはわずかにこれのみで、まことに慚愧に耐えない。(15)

「例の米騒動に異常なショックを受けて遂に学校を追われた」と大宅は述べているが、大宅は晩年に書いた自伝的文章のなかで、自身のことをこう書いている。「生年からいうと明治人だが、人間形成のなされたのは大正時代である」「中学生の私を思想的に開眼したのは、ロシア文学と賀川豊彦だが、大正七年の〝米騒動〟も大きなショックだった(16)」。

米騒動を記述した、『茨木中学校生徒日誌』の八月一三日は、以下のように綴られている。ここからも、米騒動の印象が大宅にとって大きなものであったことを確認できるとともに、そこから影響を受けたことがうかがえよう。

富山県の女房一揆が、神戸、京都、大阪、名古屋、東京、横浜、呉、広島と、殆ど全国に飛火して、軍隊が出動しても容易に治らぬような有様で混沌たるロシヤの革命が忍ばれる。神戸の鈴木商店が焼かれた。米屋への襲撃は、薪炭商、八百屋、醤油屋、屋主、富豪と、どこまで及んで行くか知れない。

青年会が終ると、すぐ上本町の姉の家へ出かけた。電車は上本町二丁目で停ってしまった。姉の家の前通りは身動きもならぬ程の群衆である。辛うじて家に入って、尋ねると、丁度筋向いが、鈴木商店の宿寮だからだ。騎兵の発砲に驚いて退いた群集は空砲と知って、また押し寄せたのだそうだ。僕は再び出て、出来るだけ捕われずに此の群集を観察しようと努めた。警察の自動車が来た。群集は鬨の声をあげて突撃して硝子窓を破った。併し騎兵が馬頭を揃えて進んで来た時はどうすることも出来なかった。

群集の一人が言った。

「あの兵隊や巡査の中に、親兄弟や妻子の飢えているものが沢山あるだろう。」

何という悲惨な言葉だろう。

けれど、我々はもっともっと深く民衆を洞察しなければならぬ。(17)

ここで「大衆」ということばではなく「民衆」ということばが用いられていることに留意しておきたい。第二章で見たように、「大衆」という概念の浮上は関東大震災前後のことであり、この時点では「民衆」という文言が使用されている。

この二日後、大宅は出身校の富田高等小学校の同窓会に出席し、米騒動を煽動したとみられる「生存より生活へ」と題した演説をおこなっている(18)。中学校からの退学処分を〝猶予〟されていた大宅は、これが〝決定打〟となり、茨木中学を追われることになるのである(19)。

## 第三高等学校へ

大宅は、一九一九年二月に専門学校入学者検定試験を徳島中学で受験し、百人中ただひとり合格する（図3-5）。そして同年九月に第三高等学校文科乙類に入学している(20)（図3-6）。

ちなみに一九一九年に茨木中学から現役で高等学校に進学した者は一名である。一九二〇年三月卒業生の進路は、高等学校四名、実業専門学校三名、専門学校三名、早稲田大学予科一名、農科大学予科一名、大阪医科大学予科一名、同志社大学予科三名、学校職員五名、官吏公吏一名、実業従事一八名、死亡一名、自宅療養中一六名

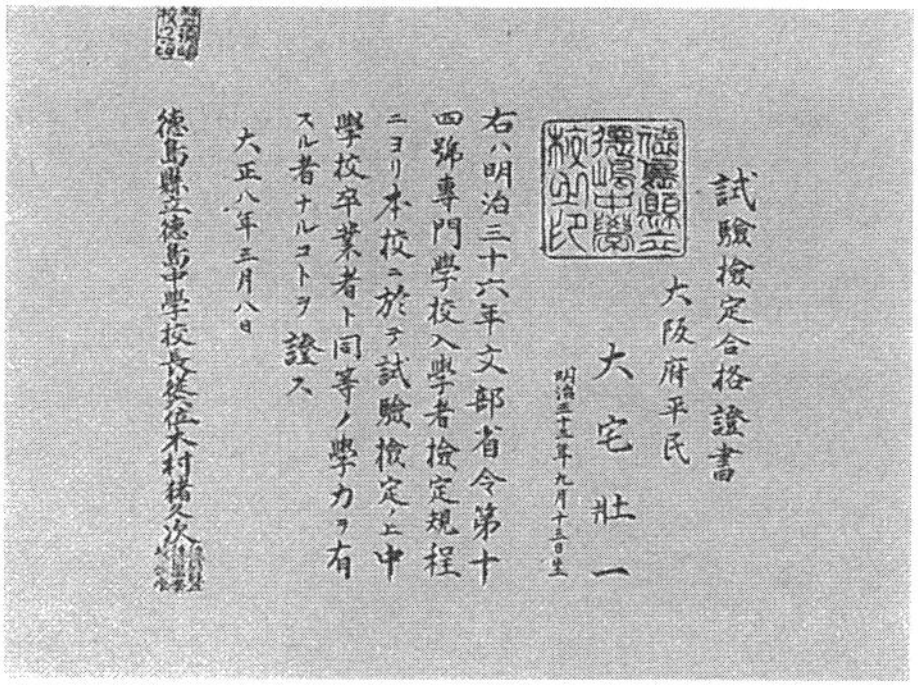
試験檢定合格證書
大阪府平民
大宅壮一
明治三十三年九月十三日生
右ハ明治三十六年文部省令第十四號專門學校入學者檢定規程ニヨリ本校ニ於テ試驗檢定ノ上中學校卒業者ト同等ノ學力ヲ有スル者ナルコトヲ證ス
大正八年三月八日
徳島縣立徳島中學校長従木村橘久次

図3-5　大宅壮一の専門学校入学者検定試験の合格証（『大宅壮一全集』第30巻、蒼洋社、1982年、口絵3頁）

図3-6　三高時代の大宅壮一（1919年）（『大宅壮一全集』第30巻、蒼洋社、1982年、口絵1頁）

の計五七名となっている[21]。

専検を経て中学校の同級生よりも一年早くそれも三高に入学した大宅の早熟の秀才ぶりが窺えよう[22]。

一九五〇年に『文藝春秋』に発表した「放浪交友記」では、次のように述べられている。


大正七年、「米騒動」直後、〝危険思想〟の故をもってこの中学を追われた私は、検定試験をうけて京都の三高に入った。お蔭で私は一年半ばかり早く中学を卒業した結果になったのであるが、まもなくこの中学にストライキが起った。或る朝毎日新聞に、「退学中学生の背後に潜む赤い手」と題し、トップ四段抜きの記事が出ているので、読んでみると自分のことである。さっそく私は、自分の思想的立場を明らかにした論文めいたものを原稿紙五枚位に認めてもって行くと、翌日それを囲いものにして掲載してくれた。これが私の最初の新聞寄稿である。後に阿部真之助の学芸部長時代、高田保、横光利一、木村毅などと共に、この新聞の「社友」になったのも、何かの因縁であろう[23]。

母校のストライキと「最初の新聞寄稿」

右記「放浪交友記」には、母校・茨木中学校でストライキが起き、それを報じる『大阪毎日新聞』の記事のなかで大宅に言及がなされたことが記されていた。そして「自分の思想的立場を明らかにした論文めいたもの」を同紙に持ち込み掲載にいたったことを、「私の最初の新聞寄稿」と述べている。

最も詳細な大宅の評伝である大隈秀夫『裸の大宅壮一――マスコミ帝王』にも、「最初の新聞寄稿」への言及はない。

ストライキが『大阪毎日新聞』で最初に報じられたのは、一九二〇年一月一二日七面（一二日朝刊）の四段の記事「服制改革問題から突如三生徒を退校　加藤校長の独断処分端なく問題となる　茨木中学校不穏」である。

この日の夕刊にあたる一月一三日六面には、「茨木中学　生徒退校事件　各方面に於るその批評は斯うだ」と題した三段の記事が出ている。

大宅の名前が登場するのは、翌一三日朝刊にあたる『大阪毎日新聞』一月一三日一一面の「退校中学生の背後《うしろ》に　恐るべき黒い手　危険思想の伝播を恐れて　断然この処分に出づ　多門教諭曰く――加藤校長曰く」と題した二段の記事である。この全文については、は巻末資料3-2をご覧いただきたい。三高在学中「毎日新聞に、「退学中学生の背後に潜む赤い手」と題し、トップ四段抜きの記事が出」たという大宅の記憶は、おおむね正確である。記事では、加藤校長・多門教諭（大宅の担任だった多門力蔵）もストライキの背後に大宅の存在があることを認めている。

そのほか、「服制問題は単に表面の理由で前記三名の生徒の背後には或る一人の教唆者がある、ソレは一昨年同校在学中危険思想を宣伝したという廉を以て加藤校長から諭示退校を命ぜられ目下第三高等学校に在学中である三島郡富田村大宅壮一（廿）なるもので壮一は学校の冬季休暇後十二月二十七日まで神戸の賀川豊彦氏方に滞在同日帰郷した」という文面から、賀川との人間関係をうかがえよう。

それでは、「最初の新聞寄稿」はどうだろうか。一三日の夕刊（『大阪毎日新聞』一月一四日八面）の「安全弁〔投書歓迎〕」という投書欄に、それとおぼしき六段の記事が出ている。署名は大宅のものではない。全文は、巻末資料3-3をご覧いただきたい。大宅の署名はないものの、大宅の回想からも、この文章に大宅がかかわっていることは確かであろう。「要するに改革とは丁度蛇の脱皮の様なものです、生活の様式が硬化して行詰って進歩発達が全く阻止された時に自然に行われるものです」など四箇所に比喩が用いられている。

さらに一月一五日六面（一月一四日夕刊）に「母校を根本的に改革すべく　茨木中学の卒業生起つ」と題した二段の続報が出ている。冒頭には次のように書かれている。「既報茨木中学校の生徒退学問題は其後校友間の問題となり来り在京都の同校卒業生は十三日午後二時より京大基督教青年会館に会合し善後策に就き寄々協議する処ありたる」。全文については、巻末資料3-4をご覧いただきたい。

京大基督教青年会館という場所からも、この会合にも大宅が関与していた可能性が高い。

一月二〇日六面（一月一九日夕刊）の「安全弁（投書歓迎）」には、遂に、茨木中学の加藤校長が二段で登場している。文章の内容は、報道に対し批判的なものである。全文については、巻末資料3-5をご覧いただきたい。文中の「半途にて退学せし者」は大宅を指しているとも、解釈することができる。

## 『社会問題講座』を企画・編集

大宅は三高入学後、弁論部に所属するとともに、マルクス主義経済学者・河上肇の労学会に参加。弁論部主催の講演会にアナーキスト・石川三四郎を招き、官憲から注意人物とされる。

一九二二年東京帝国大学文学部に入学し、新人会に所属する。一九二四年には日本フェビアン協会の創立に参加し主事となり、機関誌『社会主義研究』の編集に従事した。

同協会の解散後、一九二五年新潮社嘱託となり、『社会問題講座』（全一三巻）の企画・編集に携わった。同書は一九二六年三月より刊行された。猪瀬直樹によると「文芸出版の新潮社が、河上肇を除く全左翼を総動員して『社会問題講座』を発売する、という試みが意表をついた」[24]。同書は、ベストセラーとなった。そのような全巻の構成は、巻末資料3-6をご覧いただきたい。

大宅を新潮社社長・佐藤義亮に推薦した木村毅は、「円本の旋風の最も早い予兆は、この時にあったとも云える[25]」とのちに述べている。大宅の編集助手を務めた橘徳は、「私は大宅さんに教えられた講座の経験がものをいって改造社に移り、円本の始まりとなった『現代日本文学全集』の編集部員となった」という[26]。これらからも、『現代日本文学全集』をはじめとする円本ブームと『社会問題講座』との連続性を見いだすことができる。

大宅は一九二五年、授業料未納のため東大を除籍された。

図3-7　一高三高弁論部連合懇親会（前列右より３人目が大宅壮一、1921年）（『大宅壮一全集』第30巻、蒼洋社、1982年、口絵２頁）

図3-8　新人会50周年記念撮影（1969年１月18日、学士会館）（公益財団法人大宅壮一文庫提供）

## 二　戦前における活動

### 戦間期におけるデビュー

大宅の本格的なデビュー作は『新潮』一九二六年一二月号に掲載された「文壇ギルドの解体期――大正十五年に於ける我が国ジャーナリズムの一断面」である。これは、「上部構造の進化は基底の進化に遅れることを原則とする」「唯物史観」の「見地から従来の我が国の「文壇」を考察」[27]したものである。大宅は、大家を中心とした徒弟ギルドに、文壇をなぞらえる。その上で、第一次世界大戦後の大衆社会状況到来にともなう文芸作品の市場の拡大とともに、小説が（芸術作品ではなく）商品となり市場の判断が重要性を高めるなかで、「ギルドがまさに解体に瀕している」[28]模様を活写する。

これを収録した大宅の一冊目の著書『文学的戦術論』（中央公論社、一九三〇年）の「序」は、「階級対立の社会におけるすべての作家批評家は、イデオロギー的戦線において、いずれかの所属階級のために働いている一人の階級的技師である」[29]という書き出しで始まっている。これらからも窺えるように、大宅は、マルクス主義の影響を受けた日本共産党シンパの文芸評論家として戦間期に活動を展開した。

『文学的戦術論』の半年後に刊行された『モダン層とモダン相』（大鳳閣書房、一九三〇年）では、大衆社会状況到来の波頭を、都心の新中間層の「相」にとらえている。たとえば、「キネマ、レビュー、ラジオ、レコード、スポーツ等々」[30]に新中間層の「モダン・ライフなるもの」[31]を見出す。[32]第二章で見た「給料生活者」もその中心とする「大衆」の登場や『東京行進曲』に登場する俸給生活者《サラリーマン》を思い起こされたい。彼は左翼的視点から「モダニズムは最も発達した享楽哲学である」[33]と批判を加えている。

加藤が述べるように大宅は、第二の大衆文化につながる大衆社会状況の「初期的微動を敏感にそのアンテナのなかにとらえていた」。『モダン層とモダン相』の内容の戦後への連続性を加藤は、「かれの著作には戦前・戦後をつうじて、いささかのよどみもない連続性がかがやいているのである[34]」と指摘している。このことから、大宅が自身の感性・認識を抱いたまま二度目の大衆社会化状況を迎えたことが考えられる。

## 中央公論社出版部との関係

大宅の最初の著書『文学的戦術論』は、上記のように、中央公論社から一九三〇年に刊行された（図3-9）。

図3-9　1930年ごろの大宅壮一（『大宅壮一全集』第1巻、蒼洋社、1981年、口絵4頁）

よく知られているように、中央公論社は、一八八六年に京都西本願寺普通教校内で一八八六年四月に結成された「反省会」が、一八八七年八月に創刊した、『反省会雑誌』（一八九二年に『反省雑誌』、一八九九年に『中央公論』に改題）を淵源とする。同社は一九一六年に『婦人公論』を創刊する。

『中央公論』『婦人公論』の二誌のみの刊行であった同社は、「円本ラッシュに置き去りをくった[35]」。同社は一九二九年一月に『中央公論』

五〇〇号記念として出版部を創設する。出版部を創設するにあたり、社長の嶋中雄作は最初、出版部長に大宅を招聘するつもりであった。このかんの事情について、杉森久英の筆による『中央公論社の八十年』（中央公論社、一九六五年）は、大宅の次のような談話を紹介している。

「あの頃嶋中さんはぼくのところにもたびたび相談に見えた。いろいろ話をしているうちに、それではぼく自身に来て出版をやってくれという話があった。ところがちょうどその頃、ぼくはとにかく自分の名前でものを書きはじめて間もない時代だったので、どうも今さら勤め人になるのも気が進まなかった。それで嶋中さんは今度は、長谷川海太郎（谷譲次、牧逸馬、林不忘の三つのペンネームで活躍した作家）のところへ行って相談された。しかし長谷川もちょうど売り出したところなので勤め人になりたくないという。そこで当時東洋大学の講師をしていた服部之総を推薦して、これが初代の出版部長になったわけです[36]」。

出版部は一九二九年一〇月にエリヒ・マリア・ルマルク（レマルク）（秦豊吉訳）『西部戦線異状なし』を出版し、同書はベストセラーとなった。同年一二月から一九三〇年一二月にかけて次に紹介する「綜合翻訳団」で大宅が訳した『千夜一夜』全一二巻を刊行した。

円本ブームに乗ることができなかった中央公論社は、「出版部創設の成功によって、経営の基礎を固めることができた[37]」。

出版部長を打診された中央公論社から最初の著書を出版したところに大宅と中央公論社との関係の深さをうかがえよう。それとともに、円本ブームに代表される「出版大衆化」（大澤聡）のなかで出版部創設を検討するにあたり嶋中がまず大宅に白羽の矢を立てたところに、大宅が「出版大衆化」における重要人物だという認識が存在したことを読みとることができる。

## 「智的労働の集団化」

戦間期における大宅の社会主義的活動のうち、本節では「智的労働の集団化」を取り上げたい。大宅は『新潮』一九二八年六月号に「智的労働の集団化に就て」を発表する。ここでは、「芸術及び文学の生産原理及び生産様式に関する唯物的超個人主義的解釈[38]」として、集団分業による芸術・文学の制作を提唱する[39]。そして、これによる一大プロレタリア長編の制作を提案している。その方法は、「先ず一人乃至数人の努力によって大体の筋を決定して、多くの同人が各々得意の分野を受け持って、適当なコンダクターの指揮の下に、仕事を続けて行[40]」くものである。

図3-10　「綜合翻訳団」（1930年ごろ、吉祥寺）（『大宅壮一全集』第1巻、蒼洋社、1981年、口絵3頁）

翌七月号では、「智的労働の集団化の実例」を発表している。そのなかで智的労働の集団化は「翻訳の場合には一層適切にあてはまるであろう[41]」とし、「翻訳に於ける集団化[42]」を提唱している。この年に彼は「綜合翻訳団」を結成し（図3-10）、理論を実地に移す。これは、最初の下訳をするもの・誤訳を見つけ訂正するもの・生硬な表現をやわらげ用語を統一するもの・韻文専門のもの・最後の仕上げをするもの、といった順序で、流れ作業を行うものである[43]。

大宅はさらに、人物論も集団で作成することを提唱する。彼は言う。「新しい人物論の形式としては、或る重要な一人物を論ずる場合に」、「数人でそれぞれの材料をもちよったり、或は彼の思想、経歴、性格、業績を各自分業的に調べあげて、

図3-11　『人物評論』時代の大宅壮一（1932年、日本橋茅場町）（『大宅壮一全集』第3巻、蒼洋社、1980年、口絵2頁）

一つの綜合的な人物論を完成する方法が、今のような時代には、もっと盛んに行われていいと思う。それによって」「人物論の困難や陥穽を可及的に克服しうるのである(44)」。一九三三、三四年にかけて雑誌『人物評論』を主宰・刊行し、集団での人物論の制作を行う（図3-11）。

『人物評論』は、先述のように材料の収集・下書き・アンカー（としての総まとめ）の分業でつくられ、大宅はアンカーを担当した。東京帝大在学中にこの取材に携わった扇谷正造は、戦後『週刊朝日』の編集にあたった際、このときのことを思い出す。そして共同執筆による人物論という方法を開拓する（一九四九年八月二八日号「或る保守政治家・犬養健論」）。扇谷は、共同執筆による人物論を社会現象のリポート（たとえば、一九五二年一月二〇日号「「三越にはストライキもございます」」）にまで拡大し、週刊誌のトップ記事の制作方法を確立。同誌は一五三万九五〇〇部まで躍進した。

これに対し、一九五一年に大宅の弟子となった草柳大蔵は、『週刊新潮』創刊の際、データだけを集める者とアンカー役を分け、アンカーを務めた。取材とまとめを分業化するこの「アンカー・システム」は、大宅壮一が『人物評論』で用いたシステムである（『週刊朝日』の場合は、共同執筆者が取材とまとめ役というかたちで分業化せず、章ごとの分担執筆）。

「アンカー・システム」は、これまで記者を持っていなかった出版社でも週刊誌の発行を可能にし、

『週刊新潮』成功以後、そのシステムを採用しながら、続々と出版社から週刊誌が創刊された。この方法は、新聞社系週刊誌の章ごとの分担執筆と違いアンカーが第一章から最終章まで一貫して執筆するゆえに、ストーリーにスムーズな流れが生まれ、読みやすい記事となった。これによって、出版社系週刊誌は、新聞社系週刊誌よりも部数を伸ばした[45]。

このように、「大宅壮一の時代」の地たるメディア史的背景そのものの形成には、戦間期の大宅の活動との連続性が見られる。唯物論で理論武装しプロレタリア文学に提案した「智的労働の集団化」が、東西冷戦下の資本主義圏におけるメディア環境の形成につながるという、逆説的なものが見出される。

## 婦人公論愛読者旅行と大宅壮一の結婚

図3-12　新婚当時の大宅壮一（1931年ごろ、吉祥寺）（『大宅壮一全集』第1巻、蒼洋社、1981年、口絵2頁）

大宅は一九三一年に、生涯連れ添う昌と出会い、三度目の結婚をしている（図3-12）。一度目の相手山本和子とは離婚、二度目の相手近藤愛子とは死別した。二度目と三度目の結婚には共通点がある。地方での講演旅行で知り合ったことである。

一九三一年一月から中央公論社は、『婦人公論』大衆化路線の一環として、婦人公論愛読者訪問旅行を展開した。

第二章で紹介した改造社の『現代日本文学全集』の講演会のやり方が、同社から中央公論社に転職した牧野武夫と松元常治により、そのままこの読者訪問旅行に適用された。

訪問旅行は一九三一年一月から、全国を、九州・山陽四国・近畿山陰・中部・北海道樺太・東北・関東・満鮮・台湾の九地区に分けて実施された。各地区に社員を一名ずつ派遣し重要都市では作家・評論家両三名の講演会、座談会を開催して、読者との交流をはかり、つぎの号の『婦人公論』にはその記事をのせるとともに、その地区ごとの特集頁が設けられた(46)。

大宅のプライベートの領域における結婚という事柄についても、一度目の大衆社会化を背景とし、これと結びついたものであった。

なお大宅は、一九三二年一〇月五日には、共産党員にカンパをしたかどで検挙され一週間勾留されている。

## 戦中から敗戦まで

『大宅壮一全集別巻　大宅壮一読本』所収の「大宅壮一年譜」には、大宅が一九三五年に朝鮮・満州・香港、一九三六年に南洋諸島、一九三七年から翌年にかけて中国・香港、一九四〇年蒙古、一九四一年満州へと渡った旨が記載されている(47)。また第四章で見るように、一九四〇年に理研科学映画常務取締役兼製作部長に、一九四一年一〇月に満州映画協会啓民映画部次長となっている。

一九四一年一二月太平洋戦争不可避の状況下、大宅はジャワ派遣軍宣伝文化部隊に徴用された。一九四二年一〇月ジャワ映画公社が成立し、大宅はその理事長となった。同社は一九四三年三月末をもって解散し、業務を日本映画社ジャカルタ支局と映画配給社ジャワ支社に譲渡・移管した。大宅は、同年四月に設立された啓民文化指導所の総務に就任する。その後一〇月に帰国した。

翌一九四四年年初から東京都世田谷区八幡山で本格的な農業に従事した（図3-13）。妻・昌によるとこれは、「自給自足を目ざしてはじめた農耕であ」り、「米を作り、麦がとれ、いも、野菜類がとれ」「養蜂、養豚、養鶏と発展していった」[48]。この生活を大宅は一九四九年まで続けたと考えられる。

## 三　「マスコミの王様」へ

### 占領期――大宅壮一と猿取哲

占領期の大宅についてはある通説が存在する。それは、大宅は敗戦後しばらく沈黙を続け一九四八年から翌年にかけて（「サルトルの哲学」をもじった）「猿取哲」のペンネームで復帰し、一九五〇年頃から本名での活動を本格的に始めたというものである（図3-14）。しかし第五章で述べるように、大宅は占領初期から本名で著述活動をしており、一九四八年から一九五〇年ごろまでは本名とペンネームを使い分けて活動している。そして第六章で述べるように、本名で発表した文章とペンネームでのそれをまとめた

図3-13　長男・歩の疎開を前に（1944年、八幡山）（『大宅壮一全集』第28巻、蒼洋社、1982年、口絵1頁）

図3-14　占領期の大宅壮一（1949年、八幡山）（『大宅壮一全集』第7巻、蒼洋社、1981年、口絵1頁）

『人間裸像』（板垣書店）を一九五〇年六月に刊行している。この作品によって、「大宅壮一」としての再登場を完全に果たしたと言えよう。

大宅は一九五〇年ごろからジャーナリズムに本格的な復帰を遂げる。復帰後も大宅は、中立的な立場の標榜を続ける。『東京日日新聞』に連載した「蛙のこえ」では次のようにいう。「雨蛙のこえは、天気予報の役目もする」「日本は今のところ、エンジンを撤去してしまった大型汽船のようなものである」「その船に乗り合わせているすべてのものにとって、「天候を見る」ということが、何よりも重大な生活の要素となってくる」「今の日本では、新聞を読むということは、実は漁師が浜に出て空を見るのと同じである。そこで雨蛙の声も馬鹿にならぬということになるわけだ[49]」「私がこの欄で果してみたいと思うのは、実はこの雨蛙の役目である[50]」。

## 「「無思想人」宣言」の発表

そして一九五五年には、戦後のマニフェスト的論文として有名な「「無思想人」宣言」を『中央公論』五月号（創刊八百号記念特大号）において発表する。大宅は、「世間に通用している主義主張を決してもたず「厳正中立、不偏不党、徹底した是々非々主義で押し通す」「名実ともに〝無思想人〟」「であることを天下に宣言」した。

第七章で述べる戦後の第一回の世界旅行から大宅が一九五五年一月に帰国してから大宅の初代秘書を務めた奥田史郎にインタビューした際[51]、奥田は私に、「「無思想人」宣言」というタイトルは『共産党宣言』をまねたものではないかと思う旨を、語ってくれた。

「「無思想人」宣言」の冒頭は、「貴さまはエタイの知れぬ奴だ。右か左かハッキリしろ」という、取調室での特高刑事の大宅に対する言葉から始まっている。これに対し「あなたの方できめて下さい。実はぼく自身にもよくわからないんですよ」「ぼくが転向すると共産党になりますよ」と大宅が答えたというエピソードが紹介されている。[52]

さらに大宅は、「私が共産党に同調しようと努力していたときでも、私の内部にはこれに反撥するものがつよくはたらいていた[53]」と述べている。

取調室での会話が事実かどうかはともかく、戦前から大宅が共産党に違和感を抱いていたことは事実であろう。二冊目の著書『モダン層とモダン相』の表紙カバーには、タイトルと大宅の名の下に、「私は自分が「野蛮人」であることを表明する勇気をもっている　レーニン」と書かれている。このことについて鶴見俊輔はこう述べている。「これは学生マルクス主義のさかんな当時、レーニンからの引用ばかりで論文をつくる風習へのパロディーだったわけだが、レーニンにそんな文句はないと誰かに反駁されると、レーニンにそんな文句はないということをどうして証明できるかと批判にむくいたそうだ[54]」。ここに見られるのは、中学生時代から大宅が周囲に対して抱きつづけた違和感や距離感覚ではないか。なお「猿取哲」というペンネームも、鶴見のいう「パロディー」である。このことについては、四章で言及したい。

ともあれ、冷戦下の日本における左右の二項対立を背景とするなかで無思想であると宣言することは、インパクトを持つものであった。

### 「マスコミの王様」へ

大宅は「「無思想人」宣言」において、「〝二つの世界〟の思想的というよりも実際的対立があまりハッキリしすぎて、これにも解説の必要があまりないしそれ以外の思想は無用というご時世である」「それだけにまた一方では、どっちにも属しないものの需要も増大しつつあるのだともいえよう」と述べたあと、以下のように締めくくっている。

〝無思想〟というのは、〝無個性〟〝無人格〟ということではない。いや、逆に今のような社会で〝無思想〟で生きぬくためには、非常に強い個性と人格を必要とするのだ。でないとすぐ、強そうな〝思想〟にひきずりこまれ、その中に溺れてしまう。

私の〝無思想〟というのはこういったもので、私はプレヤーにも審判にもコミッショナーにもなろうとは思わない。といってただのアナウンサーにはなりたくないし、またなれもしない。〝タレント〟であることに満足し、許されるならば生涯それをつづけて行きたいと思っている。そして最終のそしてもっとも有力な審判者は目に見えない大衆だと信じている。[55]

「目に見えない大衆」というところで、第二章で見た、「大衆」は「空間的には散在し間接的にしか接触しない集合体であることを特徴とする。大衆は、マス・メディアの介在によって成立する」という定義を想起されたい。ここでは米騒動のときに大宅が用いた「民衆」という言葉は、使われていない。

さらに「タレント」という言葉について大宅は、次のように説明している。「ラジオ放送には、アナウンサーのほかに〝タレント〟と呼ばれているものがある。例えば野球試合の実況を伝えるのはアナウンサーの役目だが、アナウンサーの質問に応じて、両チームの批評などをしたりするのが〝タレント〟である。〝その道の専門家〟という意味である[56]」。したがって、今日の「お笑いタレント」「アイドルタレント」といった「芸能人」という意味よりも、「コメンテーター」「解説者」といったところになろう。大宅はこの一九五五年ごろから「マスコミの王様」などと呼ばれるようになる。

## 大宅壮一と『文藝春秋』

一九五〇年代活字メディアにおける大宅の活動の特色としては、松浦総三も指摘するように、『文藝春秋』と『週刊朝日』を主要連載の媒体としていたことが挙げられる。

「大宅壮一の時代」たる昭和三〇年代と両誌について、松浦はこう述べている。「表面はともかく、「昭和」二十年末から三十年代にかけて、国民は建前はともかく本音では、保守党の現実政治に満足した。国民が心配していたのは、昔のような絶対主義天皇制に戻ることや、戦争だけはもうゴメンということであった。／大宅の常連ライターであった『週刊朝日』や『文芸春秋』が飛躍的に売れたのは、こういう大衆社会をよく把み、むずかしい理屈や高遠な理想を捨て、面白くやさしく実用的でしかも人間くさくて、あまり権力批判をしない、どちらかといえば保守的な読物を沢山のせたからであった。そして、そういう読みもののチャンピオン・ライターが大宅壮一だったのである[57]」。

大宅と『文藝春秋』との結びつきについては、半藤一利も指摘するように、大宅は昭和三〇年代の『文藝春秋』の常連寄稿者であった[58]。大宅は戦後昭和において同誌に九八回寄稿しているが[59]、これは大宅が一九七〇年に亡くなったことにかんがみても高い頻度だといえる。

『文藝春秋』では、「放浪交友記」（一九五〇年一月号・三月号・四月号）、「昭和怪物伝」（一九五五年五月号から一二月号まで）、（「日本の裏街道を行く」（一九五六年一月号から一二月号まで。第一〇回昭和三一年度上半期「文藝春秋読者賞」）、「現代女傑論」（一九五七年一月号から一二月号まで[60]）、「ガイガー管片手に地方の人物鉱脈を探る」

（一九五八年一月号から一二月号まで）、「大学の顔役」（一九五九年一月号から六月号まで）を連載している。

そのいっぽうで（最も売れた一九五一年一〇月号「講和問題特集号」の発行部数が一五万部であり、[61] 両誌と部数に開きがあったとはいえ）「『世界』の時代」（奥武則・竹内洋[62]）とまで言われる黄金時代をこの時期に迎えた『世界』には、松浦・半藤も述べるように、[63] 大宅は一度も寄稿していない。大衆娯楽雑誌『平凡』『明星』にも、身の上相談の頁等も含めて、一度も登場していない。[64]「マスコミの王様」と耳にすると、活字メディアにおいてどの媒体にもまんべんなく登場していたと思いがちだが、大宅は独自の位置にいた。

『文藝春秋』と『世界』との差異について、武田徹は、次のように述べている。一九四九年に編集長になった池島信平により『文藝春秋』は「論壇誌というよりも娯楽を含めた総合誌に変わっていった」。「国民雑誌を標榜するようになった『文藝春秋』は、先鋭な理想主義を目指す『世界』とは対照的に現実主義的となる」。「この『文藝春秋』を舞台に復活、活躍したのが大宅だった」。[65] 中立を標榜しおもに知的中間層に向けて（松浦・武田のことばを借りれば）理想主義的ではなく現実主義的なメッセージを発信する位置に大宅はいたといえよう。

## 大宅壮一と『週刊朝日』（一）

『週刊朝日』に大宅が登場（寄稿以外に談話も含む）した記事は、『大宅壮一文庫雑誌記事索引総目録　人名編』にも網羅されていない。『週刊朝日』に大宅が登場していく概要を示したい。[66]

一九四〇年代後半における登場は、『週刊朝日編　陽春読物集』（一九四八年四月五日発行）に寄稿した「戦後知識人の生態」、一九四九年三月二七日号の「新興宗教「戦後版」」である。一九五〇年代に入って初めての寄稿は、一九五一年八月二六日号の「ニュースの背景　斜陽族は離婚がお好き」である。巻頭特集への登場は、一九五一年四月一五日号巻頭特集「新サラリーマン読本―インテリ社会学―」への談話掲載が初めてである。この年、一二月二日号巻頭特集「1951年〝当たり屋〟列伝」に「当たり屋社会学」を寄稿し、一二月二三日号巻頭特集「愛情に関するノート〝幸福なる家庭〟林房雄氏の場合」に「ひとごとではない」と題した文章が掲載されている。『週刊朝日』巻頭特集・記事への本格的な登場はこの年からといえよう。

一九五三年四月五日号では徳川夢声の「問答有用」に登場している（第一〇五回）。そこでは、「戦後、得意の毒舌をもって、社会評論に花々しい活躍をはじめ、一貫した野党精神は独得の風格を築きあげている」と紹介されている[67]。同年一一月八日号巻頭特集「私たちの社会時評　草月流ブーム」では「天狗俳諧の味」と題した談話が掲載され、同じ号の別の頁では、「猿取哲」のペンネームで「ヒットラーに敬礼する男　動く〝台風の眼〟をさぐる」を寄稿している。ペンネームの使用は、大宅名での登場が重ならないための配慮だと考えられる。

一九五四年二月二一日号ではついに、巻頭特集「ルポルタージュ奄美大島―敗戦日本の再現―」を単独で執筆するにいたっている。このあと一九五五年一月三〇日号巻頭特集「開かれた窓々―53カ国をまわって―」も単独で執筆している。百万雑誌において大宅の単独による特集が巻頭を飾ったのである。後者については第七章で詳しく見ていきたい。

### 大宅壮一と『週刊朝日』(二)

大宅は『週刊朝日』においては、「日本拝見」（一九五三年一一月一日号から一九五五年一二月二五日号まで浦松佐美太郎・花森安治らと交代で執筆、一覧は巻末資料3-7）、「日本の断面」（一九五六年一月一日号から一二月三〇日号まで交代で執筆、一覧は資料3-8)、「新・日本拝見」(一九五七年一月六日号から六月三〇日号まで交代で執筆、一覧は資料3-9)、「日本の企業」(一九五七年七月一四日号から一九五八年一二月九日号まで単独で執筆、一覧は資料3-10)、「群像断裁」(一九五八年一二月一四日号から一九五九年九月二〇日号まで単独で執筆、一覧は資料3-11)を連載している。

「日本の企業」までの連載は、活版頁三頁と、三頁から五頁にわたるモノクログラビア頁の組み写真が、連続して掲載されている。

「日本の企業」第一回目が掲載された『週刊朝日』一九五七年七月一四日号の巻末には、この企画の「三つのねらい」を編集長・扇谷正造が綴っている。その第一のものと第三のものを紹介したい。

> 第一は、日本の国民は、案外日本の実力(特に工業生産)を知るところが少ないのではあるまいか。たとえば進歩的文化人といわれる人が、ソ連や中共へ招待旅行されると、すぐ「素晴らしい哉中ソ圏」などと感嘆しますが、これはご本人が、書斎人で、日本の工場をごらんになったことがないからだろうと思うのです。「日本を知らない日本人」というのは、ちょっと悲しいと思います。
>
> (略)
>
> 第三に、本誌はこの企画によって、一文も物一品も、相手方からうけとらないし、無思慮な業者から申込みをうけても、ハネつけるつもりです。[68]

「「無思想人」宣言」の「〝二つの世界〟の」「どっちにも属しないものの需要も増大しつつあるのだともいえよう」という文言が想起される。冷戦下における中立的な立場が、大宅に求められていたことが

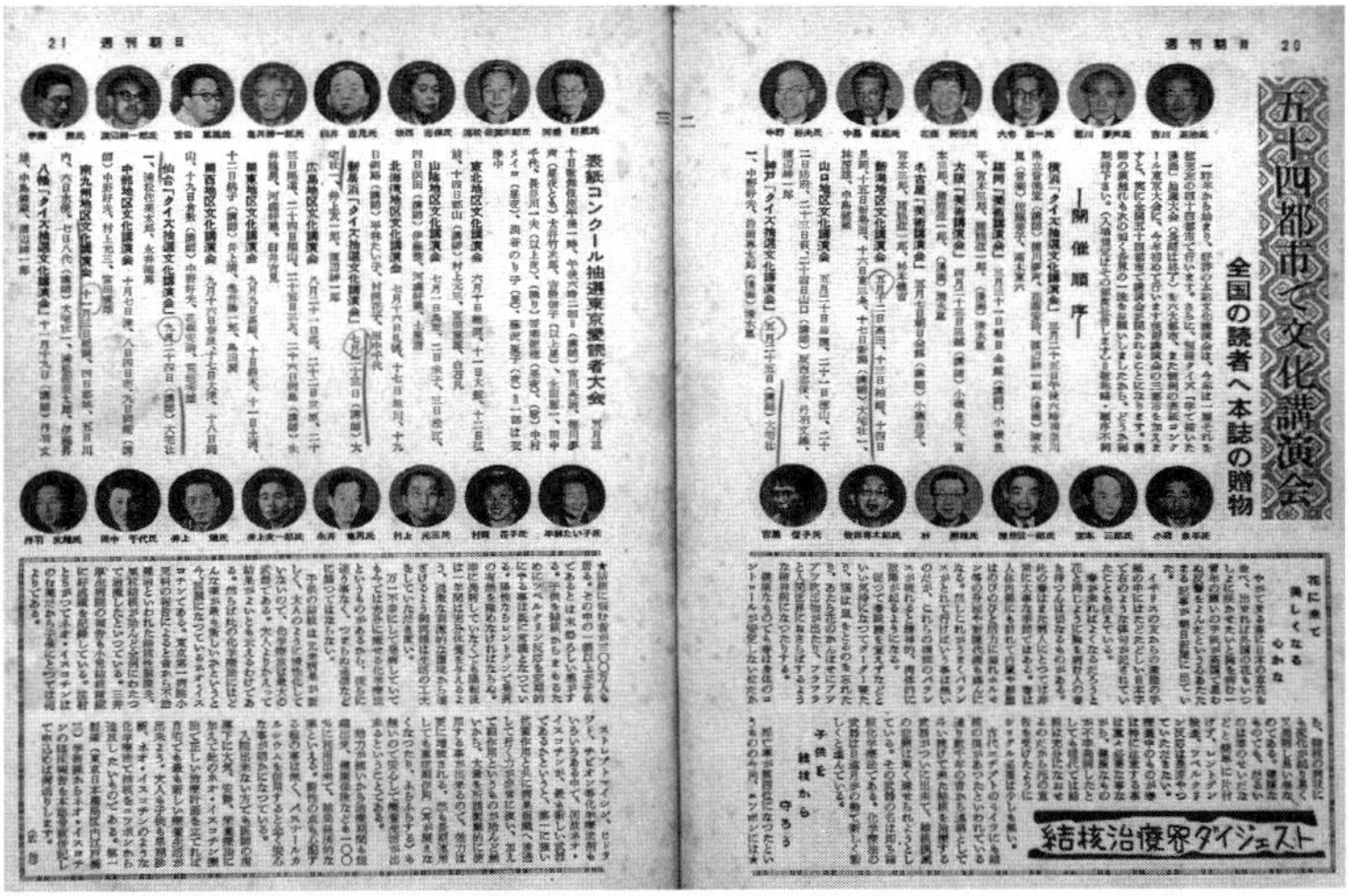
五十四都市で文化講演会
全国の読者へ本誌の贈物
結核治療器ダイジェスト

図3-15　「五十四都市で文化講演会　全国の読者へ本誌の贈物」『週刊朝日』1955年3月13日号（大宅によるものと思われる書き込みが入っている）（公益財団法人大宅壮一文庫蔵）

理解できよう。

なお大宅が登場したのは『週刊朝日』の誌面だけではない。同誌が一九五三年から始めた「文化講演会」の講師としても各地をまわっている[69]。活字のみならず音声をも通して大宅はメッセージを読者に伝えていた。図3-15は一九五五年三月一三日号に掲載されていた「文化講演会」の告知である。上段の写真は右から吉川英治、徳川夢声、大宅壮一である。図3-15の『週刊朝日』は、公益財団法人大宅壮一文庫所蔵のものであり、大宅のスケジュールに彼自身によるものと思われる赤鉛筆の印が入っている。記載された全五四都市のうち一四都市に大宅の名を見ることができる。

## 「群像断裁」の連載開始

「日本の企業」に続く連載「群像断裁」（一九五八年一二月一四日号〜一九五九年九月二〇

日号）を読んでみたい。

「群像断裁」第一回「憲法調査会のめんめん　またの名を〝憲法改正会〟」は、『週刊朝日』一九五八年一二月一四日号に掲載された。三頁で構成され、「憲法調査会の第一回公聴会」の写真と、今回俎上に載せられている人物のうち八名の顔写真が掲載されている。本文が次のような書き出しで始まっているように、やはり、左右いずれの勢力のところにも立たない立場が示されている。

立場や出所のちがう人間をたくさんあつめ、二つの混成チームをつくって、何かゲームをおこなうことを〝紅白試合〟という。今の日本は、いたるところでこの〝紅白試合〟がおこなわれている。それもクジ引きやジャンケンで二つにわかれるといったような無邪気なものではなく、たいてい裏に利害関係があり、立場があり、思想があって、文字通りに〝赤〟と〝白〟の試合である。安保改正、勤評問題、警職法改正問題など、すべてそうで、今や日本ぜんたいが〝紅白試合〟化しつつある。(70)

また第二六回の結びでは、「戦後の日本は自主性を失って、〝二つの世界〟の対立が、日本社会のすべての面にそのまま投影し、共通のルールをなくしてしまった」「言葉をかえていえば、日本のほんとの審判は、太平洋と日本海のかなたにいて、日本の指導層は、どっちかのサインがないと動けなくなっているのだ」(71)としている。このように、「「無思想人」宣言」にも見られた、特定のイデオロギーの側に立たないことが、全体を貫くスタンスとして読者に伝えられていよう。

ここには、日誌に見た距離感覚、鶴見のいう「つきはなす」眼また「傍観者的知識人」のありようを読みとることができる。これらの点については、第四章・第六章において大宅の戦争体験をとおして検討したい。

### 二度目の大衆社会状況の描写

大宅は、「群像断裁」において二度目の大衆社会化状況を次のように描写している。第五回の書き出しを見てみたい。ここでは、加藤秀俊が指摘していた「「週」感覚」（第二章）と重なるものが見られよう。

> ここ数年の間に、日本のマス・コミ界の勢力分布図がかきかえられたといってもいい。少々大ゲサな表現をもってすれば、十九世紀の植民地獲得競争で、世界地図に大改訂がなされたのに似ている。その原因は、いうまでもなく、ラジオ、テレビの発達、普及にある。週刊誌の驚異的な発展も、これと切りはなすことのできないものだ。つまり日本人の生活の基準が、ラジオ、テレビの番組編成につながって、月から週に切りかえられたからだ。
>
> こういったマス・コミの革命的な変動は、形の上ばかりでなく、質的にも大きな変化をもたらし、これまでとちがったマス・コミ人をつくり出した。(72)

「マス・コミ界の勢力分布図がかきかえられた」のみならず、ここで大宅は、マス・コミの変化が「これまでとちがったマス・コミ人」をうみだしたという。この「これまでとはちがったマス・コミ人」について次に考えていきたい。

## 芸能人と文化人のあいだ

先の引用では植民地という比喩が用いられていたが、これは第三三回の書き出しでも使われている。

近年、ラジオ、テレビは異常な発達をとげたが、これはマス・コミの世界に、新しい植民地ができたようなものである。かつて映画が驚異的な威力をふるいはじめたときにも、手もちの人間ではまにあわなくて、当時の劇壇、文壇から多くの人材を吸収した。いま、同じようなことが電波マス・コミの面でもおこっているのだ。

ラジオ、テレビは、それ自身のタレントを養成するとともに、既成のマス・コミ陣からも、タレントを大量にスカウトしている。その中には、この数年間のテストで、放送タレントとして落第したものもあれば、立派に合格してその方が、むしろ本職のようになっているのもある。

（中略）かつての文壇には〝通俗作家〟と〝純文芸作家〟の差別意識が強かったけれど、いまはその境界がほとんどくずれてしまった。同じような現象が〝芸能人〟と〝文化人〟のあいだにも、少しおくれておこっているのである。(73)

「〝芸能人〟と〝文化人〟のあいだ」の「境界がほとんどくずれてしまった」という文言から想起されるのは、丸山眞男が、「特にテレビによって代表されるようなマス・メディアの急激な発展」を背景に「「インテリの芸能人化」と「芸能人のインテリ化」という二つの傾向が合流して、その両方を共通に括る言葉が必要になり、「文化人」という言葉が出て来た(74)」と述べたことである。大宅は、そこにタレントが現れたと整理していよう。

## 「タレント文化人」という選択――「「無思想人」宣言」再考――

「タレント」という言葉で想起されるのは、大宅自身が「「無思想人」宣言」のなかで「〝タレント〟であることに満足し、許されるならば生涯それをつづけて行きたい」と述べていたことである。大宅のこの「タレント」という語の使用は、早いものである。

たとえば、『広辞苑』において一九五五年発行の第一版には、「タレント」の語義として「①古代ギリシャ及びヘブライの衡量及び貨幣の単位。②才能。才幹。技量」のみが示されている。「才能のある人の意で、テレビ・ラジオなどの出演者」の意味が加えられるのは、一九六九年発行の第二版からである。

辞典の例をもうひとつ挙げると、「その意味・用法について、もっとも古いと思われるもの」を用例として採用している『精選版　日本国語大辞典』（小学館、二〇〇六年）において「タレント」には「①才能。特に芸術上・学術上の才能。才幹」「②才能・特技を持つ人。現在では芸能人、特に「テレビタレント」のようにテレビの売れっ子の意で用いることが多い。さらに広く、文化人、芸術家などを含めてもいう」のふたつの意味が示されている。②の用例として紹介されているのは一九五六年のものである。

いっぽう『朝日新聞』の記事見出しに「タレント」という語が最初に登場したのは一九五七年九月二二日付有馬頼義「何百万の聴衆がタレントを殺す」である。一九五八年にはなく、一九五九年に一五件現れている。また、『読売新聞』の見出しに初めて登場したのは一九五六年七月一五日付朝刊「クイズ演芸あの夢・この夢　ＮＨＫ　タレントと一緒に芝居や歌」である。一九五六年には二件、一九五七年には二件、一九五八年には三件、一九五九年には一三件にのぼっている。これらからも、大宅の「タレント」という語の使用は、早いものであったことが確認できる。

そして、大宅自身が「タレント」になっていったのである。『週刊朝日』一九五七年三月一〇日号は

「あなたは忙がしすぎる　石橋さんの場合の教訓」と題した九頁の巻頭特集を組んでいる。これは、老人性急性肺炎がこじれ二ヶ月間の静養を必要としたため内閣総辞職した石橋湛山を取り上げたものである。この特集中、「忙しさと戦う人々」三名が紹介されている。うちひとりが「大宅壮一氏」である。

評論家大宅壮一氏(56)のいそがしさはおもに原稿書きだ。それもひとむかし前までは、月刊雑誌向きで、したがっていそがしさは月末に集中していたが、近ごろのように週刊誌時代ともなると、いそがしさは慢性化している。それに新聞用の原稿も毎日、二、三本は書く。月刊雑誌用のは二十ないし四十枚で、これを毎月三本から五本。結局一カ月の原稿の量は、二百枚から三百枚。ラジオ、テレビもいそがしい。この方は合計すると月に五十回から六十回で、一日二本の勘定になる。このほか文化講演会や原稿を書くための取材旅行も月に何回かやる。これが一週間から十日にもわたると、その前後のいそがしさはまた格別。そうでなくても、毎日の仕事をなめらかに回転させてないと、すぐ次にひびく。(75)

この前半からは、週刊誌時代の到来にともない彼の「いそがしさ」が「慢性化」していることがわかる。そして後半の「ラジオ・テレビ」への出演が「月に五十回から六十回」で「一日二本の勘定になる」のは、「カラスの鳴かぬ日はあっても大宅壮一の声を聞かぬ日はない」と言われたゆえんである。これは、(「文化人、芸術家などを含め」た)「テレビ・ラジオなどの出演者」としてのタレントという道をも大宅が歩んでいたということである。(76)

「群像断裁」の連載のまえに大宅は、「「無思想人」宣言」において「タレント」たることを主体的に選択していた。これは、コメンテーター的、解説者的な執筆者という大宅の比喩もあろうが、大宅は大衆社会的メディア状況の国民的ひろがりのなかで、みずからがタレント文化人たることを選択していったのである。言い方をかえれば、比喩にとどまらず、大宅自身がほんもののタレント（タレント文化人）になっていくのである。

## 『炎は流れる――明治と昭和の谷間』連載へ

図3-16　ノンフィクション・クラブ（1965年）左から杉森久英・三鬼陽之助・青地晨・藤島宇内・草柳大蔵・大隈秀夫・村上兵衛（『大宅壮一全集』第8巻、蒼洋社、1980年、口絵2頁）

この昭和三〇年代大宅は、一九五四年から翌年にかけて中近東・ヨーロッパ・アフリカ・中南米・アメリカ合衆国に、一九六〇年東南アジア・中近東・アフリカに、一九六一年ソ連・東欧諸国へと、精力的に取材旅行をしている。また大宅は一九五一年頃から資料収集を始め一七万冊の雑誌を遺したが、一九五六年頃から、収集した雑誌の記事のカード化に着手している。そのほか、一九五七年八月にはノンフィクション・クラブを発足させた（図3-16）。このとき青地晨、蘆原英了、藤原弘達、村上兵衛、丸山邦男、末永勝介、草柳大蔵、大隈秀夫らが集まった。

この時期の連載の主要なものとしては、「昭和怪物伝」（『文藝春秋』一九五五年四～一二月号）、「世界の裏街道を行く」（『サンケイ新聞』一九五五年二月一日～九月二〇日）、「日本の裏街道を行く」（『文藝春秋』一九五六年一～一二月号。第一〇回昭和三一年度上半期「文藝春秋読者賞」)、「日本の企業」(『週刊朝日』一九五七年七月一四日号〜一九五八年一一月九日号)などが挙げられる。「世界の裏街道を行く」に始まる「裏街道」シリーズについては、七章で詳しく触れる。

そして大宅は、一九六三年元日から、ライフワーク『炎は流れる――明治と昭和の谷間』の連載を『サンケイ新聞』紙上で開始した。

## 四　晩年の大宅壮一

二大連載と大宅考察組

この『炎は流れる』執筆のあいだに大宅は肥満体になり、それを解消するべく「コンニャク療法」を行った結果、栄養失調に陥ってしまう。そのため『炎は流れる』の連載を一九六四年一〇月三日をもって断念した。さらに一九六六年二月一三日未明、期待をかけていた長男・歩が心不全で他界した。享年三三歳であった。肉体的原因としては『炎は流れる』が、精神的原因としては歩の死が、大宅を疲弊させた。

これらからも、昭和三〇年代は、マスメディアの基盤が整地されるとともに、大宅個人のコンディションが最盛期を迎えた時代であった。この最盛期を過ぎた一九六五年以降を、本節では大宅の晩年と位置づける。

この一九六五年大宅壮一は、「マスコミにおける評論活動生活五十年」により、第一三回菊池寛賞を受賞した。

この年、大宅の晩年のいわば二大連載と言えるものが始まっている。一つは、「大宅壮一人物料理教室」「大宅対談」（『週刊文春』一月四日号〜一九七〇年一一月三〇日号）であり、もう一つは「サンデー時評」（『サンデー毎日』一〇月一七日号〜一九七〇年一一月一日号）である。両者を一覧表にまとめたものが、巻末資料3-12、資料3-13である。

大隈秀夫は、「六五歳を過ぎてからの大宅は体調をくずし、ほとんど文筆活動から遠ざかっていた。トーキング・マシンに徹しているふうがある」[77]としている。「大宅は対談の名手で、巧みに相手を自分のペースへ引っ張り込む」とし、この対談を「代表作の一つ」としている。[78]

また大隈は、「大宅が「サンデー時評」だけには身命を賭していたような気がしてならない」とし、[79]大宅との会話のなかで聞いた「あの時評はおれの遺言みたいなものだからな」という大宅の言葉を紹介している。[80]

資料3-12を最初から見ていくとき、「大宅壮一人物料理教室」「大宅対談」がさまざまなジャンルを大胆に横断し多彩な人たちをゲストに迎えていたことがうかがわれる。実際に一九六五年一月四日号の連載開始から「大宅壮一人物料理教室」をひもとくとき、次の三点に気づかされる。

第一には、社会や社会的出来事との強烈な結びつきである。たとえば、一九六五年二月一日号（第五回）では児玉誉士夫が登場している。この回は表紙にも「大宅壮一「人物料理教室」　昭和の怪物・児玉誉士夫」と記載されている（この連載が表紙に記載されているのは第一回と第五回のみ。ちなみに第一回の際の記載は、「新連載企画　大宅壮一の人物料理教室」）。七月二六日号（第三〇回）では河野一郎逝去の夜に河野邸に電話をかけ中曽根康弘を呼び出し、対談をおこなっている。五月一〇日号（第一九回）では政財界を巻き込んだ巨額の詐欺事件である吹原事件の渦中の田中角栄を招き、五月二四日号（第二一回）では容疑者の森脇将光を呼んだ。森脇はその夜に逮捕されている。

第二には、世界との結びつきである。これはとくにベトナム戦争に象徴される。三月一五日号（第一一回）では前月ベトナムで拉致された開高健を招き体験を聞いている。ベトナム関係については、六月一四日号（第二四回）の鈴木博彦、六月二八日号（第二六回）の南ベトナムから来た四人の若者、一一月一日号（第四四回）の大森実が挙げられる。

第三には、文化・芸能・スポーツへも幅広い目配りがなされていることである。たとえば四月五日号（第一四回）では東京オリンピックの記録映画の監督・市川崑が委員会との見解の違いを述べている。五月一七日号（第二〇回）では新作「赤ひげ」をひっさげた三船敏郎が、一〇月二五日号（第四三回）ではやくざから映画俳優になり主演第一作目が公開中の安藤昇が登場している。(81)

「大宅壮一人物料理教室」「大宅対談」がなみなみならぬ体制で進められたものであることが容易に想像がつこう。(82)

一九六六年七月に大宅は建国記念日審議会委員の一〇名のなかに選ばれた。大宅の出席は九回の審議会のうち一回で、一二月八日に審議会が「二月一一日」を答申する直前に辞任した。(83) 政府は九日の閣議で建国記念日を二月一一日とする政令を公布した。大宅は辞任にいたる経緯を、『サンデー毎日』一二月二五日号の「サンデー時評」において説明した。

同年九月、大宅は中国の文化大革命の最中に大宅考察組を組織し、三鬼陽之助・大森実・藤原弘達・梶山季之・小谷正一（電通顧問）・秦豊（ニュース・キャスター）とともに訪中する。彼らは招待客としてではなく一般旅行客として自費で一七日間中国各地をめぐり、詳細なルポ『サンデー毎日臨時増刊　大宅考察組の中共報告』を発表した（図3-17）。これは売り切れ、増刷にいたった。(84)

藤井淑禎によると、当時、「巨人大宅が激動の中国を探訪したことは、最大級の話題だった」[85]。また、馬場公彦も「紅衛兵運動を、たんなる論壇ネタではなく、一般市民の関心事へと拡げ、大衆の文革イメージ形成に決定的な作用を果たした」「論壇時評でも」「高く評価された」と述べている[86]。

### 大宅壮一東京マスコミ塾

歩が他界した翌年の一九六七年一月大宅は、大宅壮一東京マスコミ塾を開講した（図3-18）。ここではノンフィクション・クラブの多くのメンバーが指導に当たった。同年五月には、青地晨・大森実・梶山季之・草柳大蔵・藤原弘達・渡部雄吉・金子智一と同塾第一期（一九六七年一月二四日〜四月一八日）の優秀者（植田康夫・山岸駿介）で東南アジアを訪問している。同塾は一九七〇年の閉講までに八期四八〇名の修了者を送り出した。

図3-17 『サンデー毎日臨時増刊 大宅考察組の中共報告』書影

巻末の資料3-14は、第七期（一九七〇年一月一六日〜四月七日）の塾生であった鳥山輝所蔵の『大宅壮一東京マスコミ塾　要項』の「講師およびカリキュラム」の一覧に記載されている、講師とそのテーマをまとめたものである。受講当時『週刊読書人』の編集者であった植田康夫は、「〝大宅マスコミ塾〟入門記――聴講レポート」第一回〜第三四回（『週刊読書人』一九六七年三月一三日号〜一一月二〇日号）「〝大宅マスコミ塾〟入門記――東南ア視

図 3-18　大宅壮一東京マスコミ塾講師陣（1967年）右より青地晨・扇谷正造・大宅壮一・三鬼陽之助・大森実（『大宅壮一全集』第24巻、蒼洋社、1981年、口絵３頁）

察旅行取材メモ」第三五回～第三八回（同一一月二七日号～一二月一八日号）を同時代に記録している。前者の連載では、大宅・扇谷正造・大森実・小和田次郎・小谷正一・藤原弘達・牛山純一（日本テレビ・ディレクター）・嶋中鵬二・池島信平・黒崎勇・三枝佐枝子・神吉晴夫の講義について読むことができる。

植田はのちに、次のように述べている。「第一期生は大学生、マスコミ人、主婦など十七歳から六十歳までいて、大宅さんのいう各大学、各職場の老若男女を精神的に異種交配し、新たな人間の品種を生み出すにふさわしいものでした」。「大宅さんはそれらの様々な人間をひとつの教室に集める」「精神的異種交配によって新しい人間のタイプを造型しようとした[87]」。このほか他の文献における同塾出身者の記録や[88]同塾の卒塾者へのインタビューでも、大宅は、塾生たちの前で、「ここは人間牧場だ」と言い、異なった考え方の人間を集めて交わらせることで新しいものが生まれるという旨のことを述べていたという。これらに、さまざまな考え方の人間を集めることが創造につながるという発想を見出すことができる。

さまざまな考え方の人間を集め創造に結び付けるという発想のルーツを求めることができる重要な文献が、第一節で見た「生徒日誌」であろう。「僕は境遇上、学生を始め、丁稚や百姓等あらゆる階級に亘って友を有している」「皆々平和なる田舎の良家に育ちたる者」とし、「小生は不健全なる家庭に育ち、早くより世に出でて多くの人に接したるが為、善悪に関らず知り尽し候」といった記述を想起されたい。生徒の多くが地主層の子弟であったなかで大宅が、周囲の生徒とは違い幅広い階層の人間たちと日常的に接していたことを、第一節で紹介した。

以上、「大宅壮一東京マスコミ塾」には、異なった考え方の人間を集めて交わらせることで新しいものが生まれるという大宅自身の考え方が色濃く反映されていた。これは、第一章第三節で紹介した、『この目で見たソ連』の「まえがき」にあった、ライフワークに向けて「興味のある人物、特色のある人物には、あらゆる機会に会って話をする」という発想とつながっていよう。さらに、大宅が少年時代に幅広い階層の人間たちとつながりを持っていたことが、自らとも相互に異なる考えを持つ人間たちの「集団」をつくりえたことのルーツに位置づけることができると考えられる。

## 大宅壮一ノンフィクション賞と大宅壮一文庫

一九六九年九月文藝春秋社長・池島信平より、「大宅壮一ノンフィクション賞」の創設が発表された。これは大宅の「半世紀にわたるマスコミ活動を記念して」設けられた、「ノンフィクション分野における〝芥川賞・直木賞〟を目ざすもの」であった[89]。

一九七〇年一〇月二四日大宅は午後から三本の対談とテレビの収録を終え、山中湖の別荘に向かったが、二六日息苦しさを訴え東京女子医大附属心臓血液研究所に入院した。一一月二二日午前三時三四分、大宅は東京女子医科大学心臓血圧研究所で心不全のため帰らぬ人となった。

三島由紀夫事件の三日後の二八日、日本新聞協会・日本雑誌協会・日本書籍協会・民間放送連盟・日本放送協会による、わが国で初めての「マスコミ合同葬」(葬儀委員長は池島信平)というかたちで青山葬

図3-19　現在の大宅壮一文庫外観（公益財団法人大宅壮一文庫提供）

儀所で大宅の葬儀がいとなまれ、約三五〇〇人が参列した。

一一月二九日朝刊の『読売新聞』によると、葬儀ではまず川端康成（茨木中学校［現・大阪府立茨木高等学校］と東京帝国大学文学部の同窓）が弔辞をのべた。続いて新聞通信界を代表して福島慎太郎がこう故人をしのんだという。「三島事件の時、君だったら何というかと、だれしもが思った[90]」。同じ日の『朝日新聞』でも葬儀の模様がこう報じられている。「会場の話題は、もっぱら三島事件。大宅氏が生きていたらどんな表現で、どう評価したか、という声がしきりだった[91]」。

一九七一年五月一七日、蔵書をマスコミ共有の財産にしてほしいという遺志を継ぎ、財団法人大宅文庫（現・公益財団法人大宅壮一文庫）が設立された[92]（図3-19）。

# 第四章　戦中の大宅壮一——プロパガンダ映画

## 一　大宅壮一の戦争体験の把握にあたって

第一章で述べたとおり本書は、前田愛の大衆社会化の観点・鶴見俊輔の転向の観点に加え、総力戦時の「戦争体験」という観点から、大宅壮一の「戦後」を把握するものである。この戦争体験は、第一に海外ルポルタージュ、第二にプロパガンダ映画であった。本章では、後者を扱う。具体的には、日中戦争時からアジア太平洋戦争時のジャワにおいて大宅が従事したプロパガンダ映画に焦点をあてる。この過程では、東南アジア史や映画史等の先行研究の知見を、本書のコンテクストのなかでとらえなおす。

「戦争体験」という観点から大宅を見ると、上記先行研究においては早い段階から、日本占領下のジャワで大宅が啓民文化指導所（後述）に関わっていたことに言及がなされている。具体的な著作としては、早稲田大学大隈記念社会科学研究所編『インドネシアにおける日本軍政の研究』（紀伊國屋書店、一九五九年）と倉沢愛子「日本軍政下のジャワにおける映画工作」（一九八九年）『日本占領下のジャワ農村の変容』（草思社、一九九二年）「宣伝メディアとしての映画——日本軍占領下のジャワにおける映画制作と上映」

（二〇〇九年）がある。(1)そのほか国文学の領域で、及川敬一「第十六軍宣伝班員　大宅壮一」（一九九七年）がある。(2)これは、上記の先行研究がじゅうぶんに踏まえられたものではない。

大宅の戦争体験の再構成にあたっては、宣伝班活動に関するものを中心に幅広く収集した文献を、活用する。宣伝班の体験として大宅の著作や評伝にたびたび登場するのは、乗っていた船が上陸直前に魚雷を受け沈没し、海上に投げ出されたというものである。(3)逆にいえば、大宅自身が戦後、宣伝班での活動体験をそれほど活字にはしていない。そのため、宣伝班での活動を知ることのできる重要な資料としては、同時代の大宅の言説をまとめた木村一信編『南方徴用作家叢書⑪ジャワ篇――大宅壮一・群司次郎正・北原武夫』（龍渓書舎、一九九六年）、宣伝班の班長を務めた町田敬二の回想録である『戦う文化部隊』（原書房、一九六七年。大宅が序文を書いている）が挙げられる。(4)本章においてはこのふたつを参照しつつ、『大宅壮一全集』『大宅壮一文庫雑誌記事索引総目録』にも掲載されていない著作や記事も含めて広範囲に収集した文献をもちいる。

## 二　大宅壮一と映画

### 大宅壮一と写真

戦中の大宅壮一を考えるうえで重要なキーワードのひとつは、「映画」である。大宅は、写真や映画といった複製技術に比較的早くから関心を寄せていた。

写真については、大宅の妻・昌によると、一九三一年、一九三二年いよいよ左翼に対する弾圧がはげしくなってくる気配を感じ、「もうそろそろ僕にも、ものが書けない時がやってくる。これからはグラ

図 4-2　『写真週報』1938年 6 月29日号表紙

図 4-1　大宅が撮影した昌の写真（『大宅壮一全集・第 7 巻・月報19』蒼洋社、1981年、197頁）

フの時代が来るから、僕はこれから写真をやるよ」と写真に凝りはじめたという。昌は次のように述懐している（図4-1）。

> ライカは日本へ輸入されて最初に手にした部類に入るようであった。はじめたとなると、徹底的にとことんまでやるのが気性である。暗室を作り、現像、焼付、引伸、全部一式も二式も道具をそろえた。暗室へ入ると何時間も出て来ない。そして次から次と、部品や、ちがったカメラを購入した。ライカの部品など、ものすごい数であった。望遠、広角レンズ、三脚、照明ランプ、閃光を出す器械、私にはわからないものばかり。（略）大変な凝りようで引越し先でもかならず、どこかが暗室に改造された[5]。

実際、一九三〇年代半ば以降、大宅の写真がグラフ雑誌を飾っている。たとえば、『写真週報』一九三八年六月二九日号（内閣情報局）（図4-2）では、「内蒙防共戦」と題し大宅の写真が一一頁にわたって掲載されている（表紙も大宅の手による写真と思われる）。第七章でも触れるように『文藝春秋』時局増刊一一号（一九三八年）では、大宅の写真が表紙に使われている。そのほか、パウル・ヴオルフ撮影井上鍾編『ライカによる第十一回伯林オリムピック写真集』（シュミット商店、一九三七年）には、木村伊兵衛「スポーツ写真の撮影」とともに大宅が「ライカと万年筆」と題した一文を寄稿している。ヴオルフ著井上編『ライカ写真』（番町書房、一九四一年）にも序文を寄せている。[6] 写真については、海外ルポルタージュとも関連するため、第七章で再度言及する。本章では映画をおもに見ていく。

## 理研科学映画と大日本映画協会への関与

映画については、一九三九年一〇月五日に封切られた大都映画『地平線』の原作を手がけ、モンゴルでのロケーションにも同行している（図4-3、この映画の冒頭には、考古学者がライカで写真を撮るシーンがある）。[7] 録音を担当したのは理研科学映画である。ロケーションに同行したことについて大宅は、第七章で紹介する、日中戦争の海外ルポルタージュである『外地の魅惑』（萬里閣、一九四〇年）所収の「戦時下の蒙古草原」に綴っている。

この一九三〇年代の映画をめぐる動きを簡単に追うと、次のようになる。

一九三四年、帝国議会での映画の国家統制に関する建議にもとづいて、内務大臣を会長とする映画統制委員会が発足した。同委員会は一九三五年官民合同の財団法人大日本映画協会をつくり、機関誌『日本映画』を三六年から発行して、映画法の必要をキャンペーンした。この映画法は、三九年に帝国議会を通過し、施行された。このなかで映画館は、長編劇映画の上映にあたって、文化映画と呼ばれた短編記録映画を併映することを義務づけられた[8]。

この文化映画と大日本映画協会に、大宅はかかわっていく。

文化映画についてはまず、一九四〇年四月一一日に認定を受けた『躍動する回教徒』（東亜発声映画製作所）の企画のクレジットには「大宅荘一」とある（『昭和十五年版日本文化映画年鑑』）。これは大宅壮一の誤植であろう。そして大宅は同年「理研科学映画」に入社し、さらに文化映画にたずさわることとなる。

理研科学映画・大日本映画協会と大宅とのかかわりを知るべく、『昭和十六年度日本映画年鑑』所収の「昭和十五年度映画日誌」ならびに『昭和十七年版日本映画年鑑』所収の「映画界日誌篇昭和十六年度」をひもときたい（この引用にあたっては、明らかな誤植には修正をほどこしている）。

図 4-3　『地平線』ロケーションに同行した大宅壮一（右側のワイシャツ姿の人物）。左側に遊牧民の住居「パオ」が見える（ノーベル書房編集部編・池田督監修『写真集　もう１つの映画史　懐しの大都映画』ノーベル書房、1992年、111頁）。

まず一九四〇年七月一日のところに「理研科学映画に評論家大宅壮一氏常務取締役兼製作部長として入社」とある。続いて七月八日に、「理研科学映画重役並に担当新陣容」が発表されている。「取締役会長兼社長企画委員長大河内正敏」らとならんで「常務取締役製作部長大宅壮一」と記されている。

一九四一年になると、一月二九日に大日本映画協会機構拡大準備委員会民間側委員二五名が決定発表されている。このなかに大宅の名がある。五月五日には理研科学映画の人事異動があり、「業務部長（大宅壮一）」との記載が他の二名とともに見られる。翌五月六日には、「大日本映画協会改組第一着手」とあり、五月一九日には、「改組せる大日本映画協会、学士会館に初の理事会を開催、寄附行為並に事業につき協議し左の評議員を決定す」として大宅を含め二四名の評議員の名が記載されている。五月二三日には、大日本映画協会の第一回評議員会が丸の内中央亭にて開催された。六月一〇日には理研科学映画が、定時株主総会にて新重役陣を決定している。「取締役会長辻二郎」らとともに、「取締役業務部長大宅壮一」の名がある。

八月二〇日には「理研科学映画大宅壮一業務部長以下業務、製作両部員十数名連袂退社す」とある。退社の理由は不明である。そして一〇月一〇日には「元理研科学映画業務部長大宅壮一氏満映本社啓民映画部次長に就任」とある[9]（満映とは、満州映画協会の略である）。

## 「我等の兵器」を製作

「文化庁日本映画情報システム」で検索すると、理研科学映画で大宅は、九作品からなる「我等の兵器」シリーズなどを製作している[10]（図4-4）。同シリーズは具体的には、『我等の兵器戦車』（一九四一年一二月二四日公開）、『火砲　我等の兵器陣』（一二月三〇日公開）、『火薬　我等の兵器陣』（一九四二年一月一八日公開）、『機関銃　我等の兵器陣』（三月一二日公開）、『光学兵器　我等の兵器陣』（三月二〇日公開）、『銃と剣　我等の兵器陣』（四月三〇日公開）、『爆弾　我等の兵器陣』（同）、『砲弾　我等の兵器陣』（六月一八日公開）、『電気兵器　我等の兵器陣』（八月一三日公開）である。

これらの作品は次に見る新聞記事にあるように、大宅入社後の一九四〇年秋から製作され、大宅退社後に順次公開されたものである。

一九四一年八月二一日『朝日新聞』朝刊では、「「兵器シリーズ」特別公開　講演と映画「我が兵器陣」」が次のように告知されている。「皇軍の武威は大陸を圧し世界に皇威を宣揚した陰にわが陸軍の優れた兵器のあったことは言を俟《ま》たない。陸軍兵器本部では未曽有の国際危局に際し一般国民に正しい〝兵器知識〟を与えるため兵器映画の製作を企画し理研科学映画は昨秋から「兵器シリーズ」として十篇を製作中だったが、このほど完成、本社は陸軍省の後援を得、財団法人科学動員協会、社団法人日本映画社と共同主催し、一般公開に先立ち次の如く東京はじめ全国主要都市で「講演と映画―わが兵器陣」の会を開催することに決した、大方の参会を歓迎する」。

この企画は東京では八月二三日午後六時半より共立講堂で開かれる予定であり、横浜・名古屋・大阪・京都・神戸・小倉・福岡・熊本の八都市でも開催される[11]。

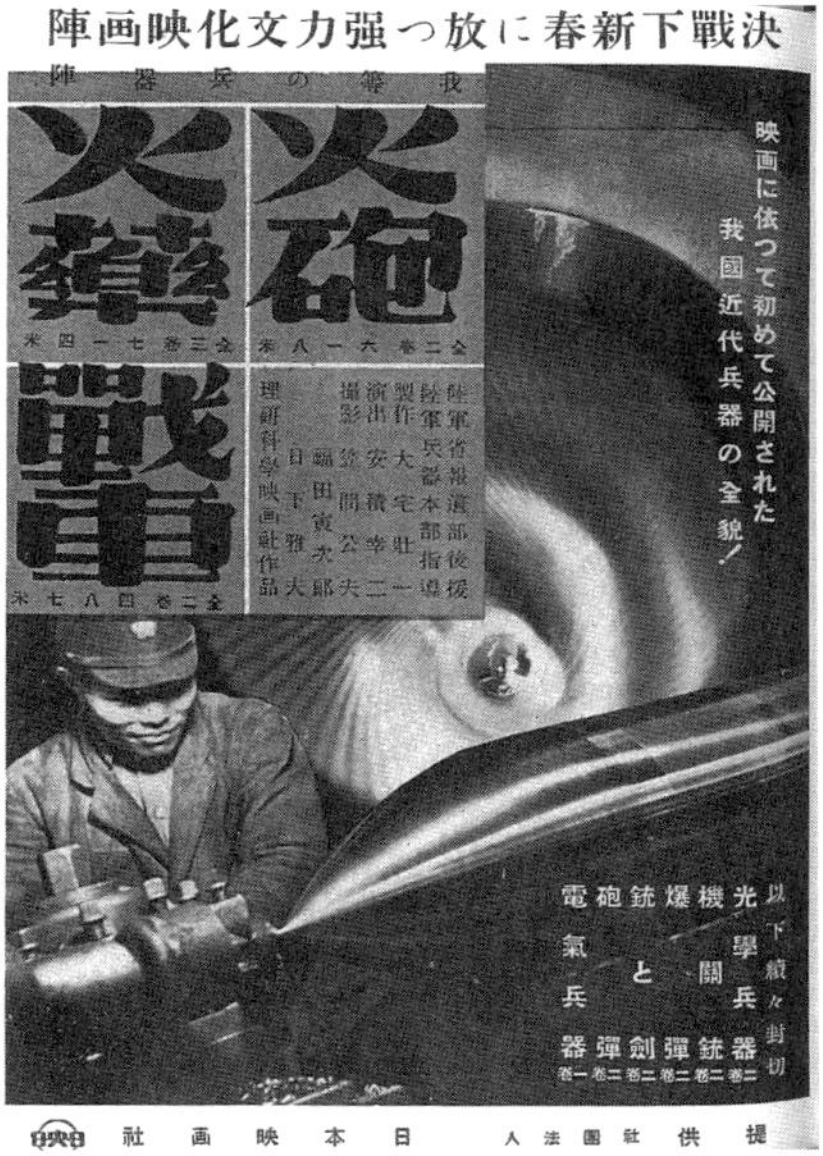

図 4-4　「我等の兵器」シリーズの広告。「製作大宅壮一」の文字が見える（『映画旬報』第35号、1942年 1 月 1 日、広告頁［復刻版：ゆまに書房、2004年］）

一〇月一日朝刊では、「「我が兵器陣」写真展」が七日より三日間、銀座松坂屋で開かれることが告知されている。これは朝日新聞東京本社主催、陸軍省報道部後援で、兵器の製作過程を撮影した百十余枚の写真を展覧するものである。そしてこの企画も横浜・静岡・新潟・札幌ほ

かに巡回する予定である。(12)

「我等の兵器」シリーズは、大阪市の田中宋栄堂の「(青少年のための) 文字で見る文化映画叢書」シリーズの一環としても刊行された。同叢書は国会図書館に一三冊所蔵されており、うち「我等の兵器」シリーズは六冊である。これらは一九四二年から一九四三年にかけて発行されている。同シリーズの著者はいずれも、演出の安積幸二である。(13)

このようにこのシリーズにおいては、この上映とセットになった講演会や、映画に登場する兵器の写真の巡回展覧会のかたちで、映画館の外においても、イベントに人びとが参加する企画が見られた。さらに書籍のかたちでも流通したのである。

### 「P・K部隊設立のために」

ところで、『改造』一九四一年七月時局版には、四五名の文化人に対する「時局設問　事変四年は貴方の生活を如何に変えたか」の回答が、回答順に掲載されている。大宅は「理研科学映画製作部長」の肩書で二番目に登場している。「P・K部隊設立のために」と題された回答は以下のとおりである。

> 事変勃発直後、山本改造社長と香港に行きそれから大場鎮陥落後の上海に戻り、そのまま南京攻略戦に従軍した。それ以後度々大陸の戦野を駆けめぐり、北から南まで重要な作戦地帯は大体歩いた。
>
> この数年間の経験は、僕の生活や思想に大きな影響を与えた。これまでのような考え方で惰勢《ママ》的にものを書いて生きて行く気にならなくなった。

去年から理研科学映画に迎えられて主として文化映画の製作に従事することになった。そしてこの仕事に大きな意義を見出し、情熱を感じている。文筆とカメラの結合によって近き将来に日本にも生れるにちがいないP・K（宣伝中隊）のために、必要な人的資源を供給し、幾分でも、地ならし的役目を果したいと心がけている。[14]

自身がたずさわっている映画というメディアがナチスの宣伝中隊に結びつきうるものであることを、大宅は認識していた。そして、宣伝中隊の影響を受けてつくられた組織に大宅が参加する事態が、現実のものとなるのである。

## 三　ジャワ派遣軍宣伝班への徴用と映画工作

### ジャワ派遣軍宣伝班とジャワ映画公社

一九四一年一一月太平洋戦争不可避の状況下、大宅は満州から呼び戻され、今村均中将を軍司令官とするジャワ方面軍である第十六軍の宣伝班に徴用された（図4-5）。これは、上記宣伝中隊に影響を受けてつくられた組織である。[15] 大宅を推薦したのは、『陸軍画報』社長を務めていた中山正男である。中山は、大宅を選ぼうと思いいたったときのことを、次のように回想している。

太平洋戦争の開戦不可避を知った私は、参謀本部の藤原少佐らと、宣伝文化部隊の編成を図った。そのとき、私の構想のなかに浮かんできたのが大宅壮一である。彼は宣伝に関する万能選手で新聞、

図4-5　宣伝班の会議（中央部奥に、白いシャツを着た大宅の姿が見える）（町田敬二『戦う文化部隊』原書房、1967年、口絵4頁）

雑誌、映画、放送なんでもこなせる。しかも、一流のセンスである。(16)

　中山が大宅を選んだ理由に、新聞・雑誌といった文筆面への評価のみならず、映画に関する能力やセンスへの評価があり「宣伝に関する万能選手」とまで述べていることに、留意しておきたい。

　宣伝班は一九四二年三月一日ジャワに上陸した。『ジャワ年鑑（昭和十九年）』（ジャワ新聞社、一九四四年［復刻版：ビブリオ、一九七三年］）によると、一九四二年一〇月ジャワ映画公社が成立し、大宅はその理事長となった。同社は、一九四三年三月末をもって解散し、業務を日本映画社ジャカルタ支局と映画配給社ジャワ支社に譲渡・移管した。(17)

## 啓民文化指導所総務に就任

『インドネシアにおける日本軍政の研究』によると、大宅は、一九四三年四月に設立された啓民文化指導所の総務に就任している（図4-6）。同書では、次のように述べられている。啓民文化指導所の「事業としてかかげられたところからにじみ出るものは、当時の日本内地における翼賛文化団体のあり方と非常に類似していることである。それは、その指導者の一人である清水斉氏の経歴経験と、他の指導者の一人である大宅壮一氏の経験とに基づくものとみるべきである」[18]。大宅の「経験」とは大日本映画協会におけるものだと推測されよう。

啓民文化指導所の開所式を報じる、日本占領下のジャワで発行された雑誌『ジャワ・バル』第九号（一九四三年五月一日［復刻版：龍渓書舎、一九九二年］）によると、四月二日に啓民文化指導所が開かれ日本指導員とジャワの芸能家との顔合わせがおこなわれた。この記事で大宅は「啓民文化指導所本部及び映画部指導委員」として紹介されている（図4-7）。そして一八日に開所式があった。開所式の最後に大宅が「大東亜建設の比類なき理念の下に原住民文化の華を咲かせん」と宣誓したという。

啓民文化指導所
POESAT KEBOEDAJAAN

図 4-6　啓民文化指導所の初顔合わせ（1943年 4 月 2 日）。最前列の一番左に大宅壮一が写っている（『ジャワ・バル』第 8 号、1943年 4 月15日、9 頁［復刻版：龍渓書舎、1992年］）

*Toean Soitji Oja Ketoea Badan Pimpinan Kantor Poesat Keboedajaän dan anggota Badan Pimpinan bahagian Film.*
啓民文化指導所本部
及び映畫部指導委員
大宅壮一氏

図 4-7　啓民文化指導所の開所式を報じる、『ジャワ・バル』第 9 号（1943年 5 月 1 日、8 頁［復刻版：龍渓書舎、1992年］）で、「啓民文化指導所本部及び映画部指導委員」として紹介されている大宅壮一

大宅は、「全馬来語圏向け映画製作に適する土地は、次の諸点から見て、ジャワ以外には求め難いと僕たちは考えている」として、以下の四点を挙げている。

一、映画製作の施設及び機械が比較的整備していること
一、インドネシア文化の伝統――固有の音楽、舞踊、美術、宗教その他が保存されていること
一、風景、天候その他の自然的条件が映画製作に適していること
一、原住民大衆が絶対に日本及び日本人を信頼しているから、多数のエキストラの使用が極めて容易なこと[19]

映画によるプロパガンダ

映画について、『読売新聞』一九四二年三月一七日夕刊「ジャバへ〝文化の尖兵〟」では【バタビヤにて武藤特派員十四日発】として、大宅のコメントを紹介している。肩書は「評論家」となっている。

　ジャバには文字の読める階級が少いから映画のような感覚的なもので民衆に訴えることが便利だ、バタビヤだけで映画製作所が八つもありその一つを除いては全部華僑がやっている、そして機械、フイルムなど全部を提供してわが方に協力を申し込んでおり、インドネシヤ随一の女優ヤーメル・キーヤーなどもいるからすぐ撮影を開始する、最初はニュース映画、次に文化物に手をつけることになるだろう[20]

倉沢愛子によると、戦時期日本の宣伝活動の主要な特徴は、主として視聴覚に訴えるメディアを積極的に活用したことである。軍政当局は、ジャワ社会の住民の大半を占める文盲の農民大衆に対しては、視聴覚に訴えるメディアが最も有効だと考えた。映画の重要性を痛感していた日本軍当局は、侵攻作戦に同行する宣伝班スタッフの中に映画関係者を加えており、ジャワ占領開始と同時に既存の映画会社を接収させ、直接映画界を掌握していた。ジャワ映画公社は、暫定的措置として一九四二年一〇月に設立されたものである。[21]

一九四三年四月に宣伝部の外局として作られた啓民文化指導所の主な目的と業務は、日本文化を紹介し普及させるとともに、インドネシア人芸術家を育成することにあった。[22]

ジャワでの映画制作に当たって日本映画社が使用した施設は、ジャティネガラにあったオランダのムルティ・フィルム社のスタジオならびに現像所であった。このムルティ・フィルムは、当時の日本国内の水準をはるかにしのぐ高度な設備を持っており、日本の関係者を驚かせた。カメラやフィルムも押収品を使用したが、高品質なものであったという。南方占領地で本格的に映画制作をおこなっていたのはジャカルタとマニラだけであり、しかもまともな現像設備があったのはジャカルタだけであったので、南方各地で撮影したフィルムの現像、編集作業もここでおこなったという。[23]

以上、ジャワという恵まれた地で大宅が映画に関する仕事にたずさわる経緯を見た。

## 四　ジャワにまつわる大宅壮一の回想と周囲の人物の証言

大宅はジャワでの体験を戦後多くは著していないが、宣伝班が当初民族歌のレコードを用いたがのちに民族歌が軍によって禁止されたことを、『黄色い革命』（文藝春秋新社、一九六二年）で次のように回想している。

### 占領政策の転換と大宅壮一の回想

昭和十六年十一月、真珠湾攻撃の直前、私は徴用令書をうけとって麻布三連隊に入れられた。さっそく部隊長の町田敬二中佐（町田経宇大将の息子で現在深夜放送重役）から、目的地はジャワで、現地人に独立心を吹っこんでオランダからひきはなすような宣伝対策を考えろという命令をうけた。私の相談相手になったのは、日本の敗戦後、インドネシア独立軍に参加し、ジャワに骨を埋めた市来竜夫である。彼の発案で、オランダから禁じられていたインドネシア独立の歌をインドネシア留学生にうたわせ、山田耕筰氏が曲にとり、日本の人気歌手にうたわせてレコードにおさめ、開戦と同時に、ＮＨＫから現地にむけてどしどし放送した。現地宣伝班でも、上陸と同時に接収した放送局からこれをジャンジャン流す一方、飯田信夫氏などがタクトをとって、あらゆる機会に現地人にうたわせた。

ところが、驚いたことに、この歌がジャワ全島に普及したころ、突如としてこの歌を禁止する命令が出て、日本の憲兵がこれをうたっている現地人を片っぱしからふんじばったのである。独立心を鼓吹するからいけないというわけだ。
これがインドネシア大衆に、日本不信感《ママ》をうえつけた最初であった。その後、日本側で何と弁解しても、信用されなくなった。かように〝大東亜共栄圏〟の理想は、日本人自身の方でぶちこわしたのである。現在、インドネシア共和国の国歌となっているのはこの歌だ(24)。

『インドネシアにおける日本軍政の研究』によると宣伝班は、民族歌のレコードや民族旗を利用しながら一九四二年三月に上陸した。しかし、同年六月に軍が民族歌・民族旗をインドネシア人に対して禁じた。その後実施された3Ａ（アジアの指導者日本、アジアの守り日本、アジアの光日本）運動、ジャワ攻略一周年記念日を期しておこなわれた「プートラ運動」のいずれもが、失敗に終わった。同書には、インドネシア人に対して日本人が横暴な態度をとっていたこと、民衆対策の主導権が（宣伝班を母体とした）宣伝部から軍政監部に移ったことなども記述されている(25)。

戦後大宅の担当編集者も務めていた半藤一利は、この民族歌の話を、大宅から直接聞いたという。大宅は、「日本軍の方針が突然に、大変化をとげた。この歌は住民の独立心と反抗心とを鼓吹する恐れがある、という理由で禁止となった。それからはもう話したくないほど変わってしまったんだな」と半藤に語った。さらに半藤によると、「「こんなことをやっていては、日本人は世界中から嫌われる。戦争を早く終結すべきだ」などと、軍にいちいち楯をついて、ついには憲兵から危険人物視されるようになっていたという(26)」。

この民族歌のエピソードを大宅は一九五六年に短いエッセイに綴っている。そのなかで大宅は、「その後「方針転換後」現地軍は、原住民と特に親しい関係にある日本人に猜疑の眼をむけ、ひそかに憲兵をつけて、監視しはじめた。それで私もずいぶん不愉快な思いをした[27]」と述べている。

## 中山正男らの回想

戦前に大宅が集団で翻訳した『千夜一夜』(中央公論社、一九二九年〜一九三〇年)において韻文を担当した大木惇夫もまた、宣伝班に徴用されていた。大宅の追悼文集に大木はこう書いている。「われら宣伝班に不穏の徴候があるように密告したものがあるというので、内地から飛行機で来た或る参謀将校とわれら四、五人が会見した時も、君は毅然として、言うべきは完膚なく言い、実に勇敢に全宣伝班員を守ってくれた[28]」。やはり宣伝班のメンバーのひとり浅野晃も、「軍に対する[宣伝班の]みんなの不平不満を代弁するのも、大宅の仕事になっていた。/あるとき中央から視察にきた参謀に、事態の改善要求をつきつけて、あやうく軍法会議に廻されかけたこともあった[29]」と一九五五年に回想している。

実際に中山は、一九四二年九月にジャワを訪れたときに「大宅から、いろいろと日本の占領政策に対する意見をきかされた」。中山はその意見を東条英機宛の書簡にするよう大宅に求め、大宅は手紙をしたためた。帰国後中山はそれを東条付の松村秀逸大佐に渡したが、手紙は松村の判断で握りつぶされた[30]。

中山の記憶によると、その手紙の内容は次のようなものだったという。

一、占領地における陸海軍の対立は醜態そのものだ。戦争の道はまだまだながい。わけ前のぶんどりなどで陸、海が争うときではない。オランダ人やインドネシア人の笑いものになっている。

一、占領政策であるが、軍がなんにでも口だしをせずそれぞれの特能者にまかすべきだ。経済のことや文化のわからぬ軍人が、万能の神のように出しゃばるのは、罪をつくる以外のなにものでもない。戦争は一時のこと、民族政策は百年、千年のこと、大いに反省されたし。

一、インドネシア人にまず与えるものは、医療機関の設置と文盲をなくすること。文化の低いこの国の人々を救う道は、上からの命令でなく、いっしょに肩をならべて歩くことである。友達になって教える態度がのぞましい。彼らもまたわれわれと同じ尊い人間であるということを忘れないでほしい(31)。

以上、ジャワにおける占領方針の転換とそれに大宅が批判的な意識を持ちマークされるにいたっていたことについて、大宅・半藤・大木・浅野・中山の著作と先行研究の記述が、相互に裏づけあうものであることを、確認できよう。

### 帰国後の大宅壮一

大宅は一九四三年一〇月に帰国する（図4-8）。帰国後大宅は農耕生活に入る。中山によると、農耕生活に入ったことには、次のような事情もあったという。「ジャワから帰還した大宅は、時局は決戦下というのに、なんらなすことなく暮らしていた。それはジャワ時代の言動が現地の憲兵から通報されて危険人物になっており、どこにも就職ができなかったからである。私の関係していた陸軍省報道部の若い士官たちも大宅をマークし、いつかは軍機保護法にひっかけて極刑にしてやるぞといっていたくらいである(32)」。

そのなかで、ジャワでの活動を次のようにかえりみている。

図 4-8　帰国後の大宅壮一（「座談会・闘う報道写真を語る」『報道写真』1944年 1 月号、45頁）

凡そすべての宣伝は、宣伝の対象が、宣伝と意識されたとき、その効果を著しく減殺し、ときには逆効果をもたらすものである。この点からいって、宣伝主体が直接矢面に立つ直接宣伝よりは、間接宣伝即ち第三の媒体を通しての宣伝の方が、より効果的である場合が多い。

この宣伝媒体にはいろ〳〵の種類があるが、宣伝の目標たる対象に、より近い、より親しみ深いものほど、より有効であることは、個人の場合も民族の場合も変りはない。例えば日本人がインドネシア大衆に向って何事かを宣伝しようとする際、インドネシア人自身をしてそれを宣伝せしむるに如くはない。

ジャワでは、皇軍上陸後満一ケ年後に、宣伝部の補助機関として啓民文化指導所というのが創設された。

これは内地の財団法人に似た組織で、文学、音楽、美術、演芸、映画の五部門に分れ、本部長を初め各部長以下部員はすべてインドネシア芸能人である。これまで軍宣伝班に配属されていた日本側芸能人は、指導員としてこれに参画し、各部運営の内面指導に当ることになっている。

この機関に課せられた使命としては、インドネシア文化の興隆、日本文化の移入、欧米文化の排撃、共産圏各地との文化的交流等を挙げることができるが、その主たる目的はインドネシア宣伝要

員の調査、登録、組織、育成にあることはいうまでもない。(33)

このように大宅は、「宣伝主体が直接矢面に立」たない宣伝を重視していた。先述のように、啓民文化指導所が当時の日本内地の翼賛文化団体のありかたと非常に類似していることと、その大きな要因のひとつとして大宅の存在が指摘されている。「内地の財団法人」と書いたときに、大日本映画協会のことを思い浮かべていたのではないだろうか。

第一章で言及した「前衛的知識人から傍観者的知識人への転向」(鶴見俊輔)に加え、本章では、映画という領域における戦時中の活動を見てきた。第二章・第三章で確認したように、大宅のライフヒストリーは、一九二〇年代・一九五〇年代の大衆社会化とそのあいだの帝国主義/総力戦とともに、とらえることができる。転向に加え、プロパガンダにかかわった経験を持つ大宅がオピニオンリーダーとして大衆を導いた大宅の「戦後」とは、どのようなものであったのか。これについては第七章で改めて考えることにし、第五章・第六章では占領期の動向へのつながりについて見ていきたい。

# 第五章　占領期の大宅壮一――「大宅壮一」と「猿取哲」

## 一　問題の所在――〈「猿取哲」から「大宅壮一」へ〉という図式

### 〈「猿取哲」から「大宅壮一」へ〉という通説

大宅壮一の占領期の活動については、研究が空白である。これは、ある「通説」の存在によるところが大きいと思われる。それは、この期間の彼の活動において、「猿取哲」というペンネームから「大宅壮一」という本名への転換が見られたという図式である。

第一章・第三章で言及した「「無思想人」宣言」（『中央公論』一九五五年五月号）のなかで、大宅は、次のように述べている。

終戦直後、民主主義と共産主義の大ブームがこの国に訪れた。私にはその方の実績が多少ないでもないので、多くの〝進歩的〟な思想団体から参加を勧誘された。だが、私はどこにも属さないで、戦時中からの農耕生活を戦後もずっとつづけていた。

数年たって、世の中が少し落着いてきた頃、毎日新聞の友人からもう一度筆をとるようにとすすめられた。そこで私はいろいろと考えた末〝猿取哲〟という仮りの名で再出発することになったのである。

（略）

そのうちに、〝猿取哲〟は大宅壮一だということが世間に知れてしまった。代って大宅壮一が再登場することになった。[1]

このように大宅自身が、「もう一度筆をとるようにとすすめられ」「〝猿取哲〟という仮りの名で再出発」し、やがて「大宅壮一が再登場」したと述べている。先述の図式は、この有名なマニフェスト論文の一節がその根拠となっていよう。

## 「大宅壮一年譜」とその踏襲

さらに、大宅没後に大宅サイドの人たちが作成した「大宅壮一年譜」も、この図式を支えるものとなっている。[2]

この「大宅壮一年譜」のあと、大隈秀夫が『裸の大宅壮一――マスコミ帝王』を著した。そこには大隈の手による「大宅壮一年譜」が収録されているが、これも「大宅壮一年譜」に依ってつくられている。このように大宅の年譜は「大宅壮一年譜」がほぼ決定版となっており、大隈の年譜以降、管見では新たな年譜がつくられた動きはない。また「大宅壮一年譜」に修正が加えられたという動きもない。

大宅がジャワから帰還し占領期にいたるまで、それも「大宅壮一」名で本格的に活動を展開し始めるまでの記載を「大宅壮一年譜」より抜粋すると、以下のようになる。

一九四三年
十月末、ほとんど最後と思われる飛行機に乗って無事帰還する。
一九四四年
この年から二十三年［一九四八年］ごろまで世田谷区八幡山で農業に従事。いわゆる文筆的断食時代の始まりである。夜が明けるのを待って、農業に励み、米、麦、馬鈴薯、西瓜、トマト、胡瓜、南京豆、砂糖黍、薩摩芋、南瓜、とうもろこし、養蜂、養豚、養鶏となんでも作り、近隣の百姓に「百姓泣かせ」といわせ、自給自足の生活を行った。
一九四五年
小説『日本の遺書』を『読物街』に連載、二十五年［一九五〇年］、ジープ社より出版。
九月、株式会社トッパン顧問となる。
一九四七年
「亡命知識人論」を『改造』十二月号に実名で執筆。
一九四八年
十二月より毎日新聞文芸欄に猿取哲のペンネームで人物短評を連載。
一九四九年
「同時代人」（人物短評）を『毎日グラフ』に連載、筆名猿取哲。
『デマの功罪』（大宅他共著・特集ジャーナル社）を刊行。

一九五〇年
この前後の年からジャーナリズムへ復帰活躍。本名で「わが無法者時代」などを発表する。[3]『人間裸像』（板垣書店）『新興宗教』（大宅他共著・ジープ社）『日本の遺書』（ジープ社）を刊行。
「文筆的断食時代」は、たくみな造語で知られた大宅の造語である。一九五七年に大宅は次のように述べている。

終戦になっても、モノを書くということは考えられなかった。（略）
ご時世に迎合するようなものをナンデモカデモ書かなくてもよかったというわけだ。（略）
左翼の天下になると、左翼から盛んに書け書けと勧められたが、戦地の経験から、変革の直後に動きまわる人間は、世の中が安定すると一掃されるということがわかっていたから、なにも書かなかった。
ボクは〝文筆の断食期〟だと思っている。人生のある時期にはこういうことも必要だ[4]

ちなみに大隈の年譜では、一九四八年のところに、「猿取哲」のペンネームがジャン・ポール・サルトルからとられたものであることが記されている。一九五〇年のところには、「本格的にジャーナリズムへ復帰し、「わが無法者時代」などを本名で執筆し始める」とある。本章では、この一九五〇年にいたる一九四〇年代後半をとくに射程に入れていく。
「大宅壮一年譜」の記載とくに一九四八・一九四九年のところと「「無思想人」宣言」の記述は、その後も踏襲されてきた。たとえば青地は「『毎日新聞』や『毎日グラフ』に連載した『人物短評』や『同時代人』（昭和二十三年〜二十四年）は猿取哲のペンネームで書いている」「『無思想人宣言』を書くまえに、猿取哲に変身して無思想の立場をつらぬくことを考えていた大宅は、敗戦直後から左翼団体の勧誘をことわって、静観をつづけていたのである」[5]としている。また山本明も、「大宅は同［昭和］二十三年十二月から『毎日新聞』文芸欄に猿取哲のペンネームで人物短評を連載した」[6]「戦後も時代の行く末を見きわめるまで舞台に登場しなかった」[7]と書いている。

## 通説の再確認

ここまで占領期の大宅についての図式の根拠となってきたものを見てきた。この裏づけとなるもうひとつの資料が存在する。『大宅壮一文庫雑誌記事索引総目録　人名編2』（財団法人大宅壮一文庫、一九八五年）である。この「大宅壮一」の項を見たとき、大宅の登場は、『改造』一九三七年一月号掲載の「座談時局と人物を語る」と大宅の筆による『文藝春秋』一九五〇年四月号掲載「翻訳工場の社長時代」のあいだが、空白になっている。この目録に続く『大宅壮一文庫雑誌記事索引総目録　1988-1995　人名編　第1巻』（財団法人大宅壮一文庫、一九九七年）においても、大宅の手による記事は、一九三七年一月の次は一九五一年四月のものとなっている。最後に刊行された『大宅壮一文庫雑誌記事索引総目録　1888-1987　追補』（財団法人大宅壮一文庫、一九九七年）では、一九三九年三月の記事の次は一九四九年八月の記事（表5-2の「世相と勝負事」）であり、同年一〇月の記事も記載されている。が、この間の記事の記載は皆無である。[8]

以上から、占領期の大宅についての「通説」を再確認できよう。すなわち占領期の大宅は文筆からはなれ農耕生活を送っていた。そして、「猿取哲」というペンネームから「大宅壮一」という本名への転換という図式が見られたというものである。以上見たように占領期の大宅に関する認識はおおむねこれにもとづいている。占領期の活動について研究が手薄なのは、この「通説」にいわば「安住」していたからではないか。次節ではこの通説を検証したい。

## 二　〈「猿取哲」から「大宅壮一」へ〉という図式の検証

### 通説の検証

本節では、占領期の大宅についての図式に二段階にわけて検討を加えたい。まず「大宅壮一年譜」を検証し、次に「占領期新聞・雑誌情報データベース」の検索結果等を紹介したい。

「大宅壮一年譜」では、一九四五年に『日本の遺書』という小説を『読物街』という雑誌に連載し、一九五〇年に単行本化されたことになっている。この『読物街』は、正確には高島屋出版部が刊行していた『小説読物街』という雑誌である。このバックナンバーは、公益財団法人日本近代文学館・公益財団法人大宅壮一文庫に所蔵されている。両館で調査を行った結果、『日本の遺書』は、一九四九年一二月号・一九五〇年一月号・二月号に掲載されており、連載は終わっていない。それ以降の号の所蔵がないものの、この連載が一九四九年からのものであることは確認できた。単行本は一九五〇年にジープ社から刊行されている。この作品の詳細は、次章で論じる。

「大宅壮一年譜」では一九四八年一二月から『毎日新聞』文芸欄に「猿取哲」の名で人物短評を連載したことになっており、これがそのまま引用されてきた。しかし筆者の紙面調査によれば、大宅は「猿取哲」名で『毎日新聞』に「同時代人」を一九四八年五月二四日付から一九四九年一一月二七日付まで連載している。その詳細な一覧は表5-1である。

この「同時代人」は、「大宅壮一年譜」では一九四九年に『毎日グラフ』に連載したことになっている。もちろんこれにも事実誤認が含まれていた。大宅は『毎日グラフ』には、「大宅壮一」名で一九四八年九月一日号「楠正成西郷隆盛銅像対談　陰の声」に初登場し、一九四九年の一年間「大宅壮一」名で「閑人帖　写真時評」を連載しているのである。同誌記事の詳細な一覧は表5-2である。

このあと紹介する表5-3にあるように、大宅は『サンデー毎日』一九四八年三月二八日号に本名で登場している。これらに鑑みると、大宅は同じ毎日新聞社の別々の媒体に、本名と筆名を並行して用い登場していたことになる。

次に「占領期新聞・雑誌情報データベース」[9]ならびに前掲目録での検索と主要雑誌（『文藝春秋』『改造』『サンデー毎日』『週刊朝日』）の誌面調査の結果を示したものが、表5-3・表5-4である。

これは先の『毎日新聞』『毎日グラフ』を除いている。これによると、「大宅壮一」名での雑誌への登場は、一九四五年一件（うちデータベース〇件、以下同じ）、一九四六年五件（五件）、一九四七年一一件（一一件）、一九四八年一三件（一三件）、一九四九年一六件（一四件）、一九五〇年三〇件（〇件）である。「猿取哲」名での雑誌への登場は、一九四八年一件（一件）、一九四九年一二件（八件）、一九五〇年七件（〇件）である。[10]

「大宅壮一」名での新聞への登場は、表5-5・表5-6のように一九四九年一四件（一四件）、「猿取哲」名での新聞への登場は、一九四九年一八件（一八件）である。

これらから大宅が、「猿取哲」使用以前から本名で活動し、筆名を用いるようになっても本名を並行

表 5-1 『毎日新聞』連載「同時代人」一覧

| タイトル | 掲載日 |
|---|---|
| 同時代人　永井荷風 | 1948年 5 月24日 |
| 同時代人　蠟山政道 | 1948年 5 月31日 |
| 同時代人　羽仁五郎 | 1948年 6 月 7 日 |
| 同時代人　森戸辰男 | 1948年 6 月14日 |
| 同時代人　湯川秀樹 | 1948年 6 月21日 |
| 同時代人　川端康成 | 1948年 6 月28日 |
| 同時代人　菊田一夫 | 1948年 7 月 5 日 |
| 同時代人　菅野圭介<br>三岸節子 | 1948年 7 月12日 |
| 同時代人　堀眞琴 | 1948年 7 月19日 |
| 同時代人　犬養健 | 1948年 7 月26日 |
| 同時代人　高橋誠一郎 | 1948年 8 月 1 日 |
| 同時代人　久米正雄 | 1948年 8 月 8 日 |
| 同時代人　近衛秀麿 | 1948年 8 月22日 |
| 同時代人　安倍能成 | 1948年 8 月29日 |
| 同時代人　奥むめお | 1948年 9 月 5 日 |
| 同時代人　鈴木文史朗 | 1948年 9 月12日 |
| 同時代人　平野義太郎 | 1948年 9 月19日 |
| 同時代人　梅原龍三郎 | 1948年 9 月26日 |
| 同時代人　小野秀雄 | 1948年10月 3 日 |
| 同時代人　松沢一鶴 | 1948年10月11日 |
| 同時代人　石坂洋次郎 | 1948年10月17日 |
| 同時代人　永田清 | 1948年10月24日 |
| 同時代人　有光次郎 | 1948年10月31日 |
| 同時代人　長谷川如是閑 | 1948年11月28日 |
| 同時代人　佐藤信衛 | 1948年12月 5 日 |
| 同時代人　川田順 | 1948年12月12日 |
| 同時代人　小宮豊隆 | 1948年12月19日 |
| 同時代人　物故文化人 | 1948年12月24日 |
| 同時代人　藤森成吉 | 1949年 1 月14日 |
| 同時代人　広津和郎 | 1949年 1 月30日 |
| 同時代人　藤田嗣治 | 1949年 2 月 4 日 |
| 同時代人　吉川英治 | 1949年 2 月13日 |
| 同時代人　木村義雄 | 1949年 3 月 6 日 |
| 同時代人　河原崎長十郎 | 1949年 3 月23日 |
| 同時代人　赤岩栄 | 1949年 4 月 5 日 |
| 同時代人　山本有三 | 1949年 4 月10日 |
| 同時代人　坂口安吾 | 1949年 4 月17日 |
| 同時代人　黒田寿男 | 1949年 4 月24日 |
| 同時代人　長谷川町子 | 1949年 5 月 3 日 |
| 同時代人　溝口健二 | 1949年 5 月 8 日 |
| 同時代人　野村胡堂 | 1949年 5 月22日 |
| 同時代人　金子洋文 | 1949年 5 月29日 |
| 同時代人　山室民子 | 1949年 6 月 5 日 |
| 同時代人　加藤閲男 | 1949年 6 月12日 |
| 同時代人　渡辺慧 | 1949年 6 月19日 |
| 同時代人　宇野千代<br>北原武夫 | 1949年 6 月28日 |
| 同時代人　吉田健一 | 1949年 7 月10日 |
| 同時代人　辻　二郎 | 1949年 7 月17日 |
| 同時代人　丹羽文雄 | 1949年 7 月24日 |
| 覆面の両批評子涼風対談 猿取哲 スーパー | 1949年 7 月31日 |
| 同時代人　横山大観 | 1949年 8 月19日 |
| 同時代人　淡徳三郎 | 1949年 8 月27日 |
| 同時代人　長田幹彦 | 1949年 9 月16日 |
| 同時代人　佐伯定胤 | 1949年 9 月25日 |
| 同時代人　早川雪洲 | 1949年10月16日 |
| 同時代人　前田山 | 1949年10月30日 |
| 同時代人　松岡駒吉 | 1949年11月 9 日 |
| 同時代人　木村毅 | 1949年11月20日 |
| 同時代人　富田常雄 | 1949年11月27日 |

表5-2 『毎日グラフ』記事一覧

| タイトル | 掲載号 | 占領期データベースのヒット |
|---|---|---|
| 楠正成西郷隆盛銅像対談 陰の声(大宅壮一・高田保) | 1948年9月1日号 | |
| 閑人帖 写真時評 | 1949年1月1日号 | |
| 閑人帖 写真時評 | 1949年1月15日号 | |
| 閑人帖 写真時評 | 1949年2月1日号 | |
| 閑人帖 写真時評 | 1949年2月15日号 | |
| 閑人帖 写真時評 | 1949年3月1日号 | |
| 閑人帖 写真時評 | 1949年3月15日号 | ○ |
| 閑人帖 防火宣伝写真応募作品より | 1949年4月1日号 | ○ |
| 閑人帖 写真時評 | 1949年4月15日号 | |
| 閑人帖 写真時評 | 1949年5月1日号 | |
| 閑人帖 写真時評 | 1949年5月15日号 | ○ |
| 閑人帖 写真時評 | 1949年6月1日号 | ○ |
| 閑人帖 写真時評 | 1949年6月15日号 | ○ |
| 閑人帖 写真時評 | 1949年7月1日号 | ○ |
| 閑人帖 写真時評 | 1949年7月15日号 | ○ |
| 閑人帖 写真時評 | 1949年8月1日号 | ○ |
| グラフ対談 世相と勝負事(広津和郎・大宅壮一) | 1949年8月15日号 | ○ |
| 閑人帖 写真時評 | 1949年8月15日号 | ○ |
| 閑人帖 写真時評 | 1949年9月1日号 | ○ |
| 閑人帖 写真時評 | 1949年9月15日号 | ○ |
| 閑人帖 写真時評 | 1949年10月1日号 | ○ |
| 閑人帖 写真時評 | 1949年10月15日号 | |
| 閑人帖 写真時評 | 1949年11月1日号 | |
| 閑人帖 写真時評 | 1949年11月15日号 | |
| 閑人帖 写真時評 | 1949年12月1日号 | |
| 閑人帖 写真時評 | 1949年12月15日号 | |

表 5-3　占領期「大宅壮一」名での雑誌記事

| タイトル | 掲載誌 | 掲載号 | 占領期データベースのヒット |
|---|---|---|---|
| 座談会　近ごろの娘気質 | 『週刊毎日』 | 1945年12月2日号 | |
| カメラ芸術 | 『写真手帖』 | 第1巻1号　(1946年1月) | ○ |
| 銅像の行方 | 『生活と文化』 | 第1巻第2号　(1946年2月) | ○ |
| 進歩的知識人 | 『中部文学』 | 22集　追悼号　(1946年6月) | ○ |
| 復興の構想　復興の美学 | 『トップライト』 | 第1巻第3号　1946年9月号 | ○ |
| 溥儀皇帝の悲劇 | 『光』 | 第2巻第12号　1946年12月号 | ○ |
| 有史以来の大試練 | 『月刊にいがた』 | 第2巻第4号　1947年4月号 | ○ |
| 片山委員長 | 『朝』 | 第1巻第2号　1947年3・4月合併号 | ○ |
| (寄せ書き) 消防の方々ありがとう | 『火』 | 第1巻第2号　1947年9月 | ○ |
| 両頭の蛇—社会党の生態— | 『政党』 | 第1巻第2号　1947年9月号 | ○ |
| 日本の国際的新生 | 『月刊にいがた』 | 第2巻第10号　1947年10月号 | ○ |
| 犯罪時評　性と犯罪 | 『Gメン』 | 第1巻第1号　創刊号(1947年10月) | ○ |
| 賭博と犯罪 | 『Gメン』 | 第1巻第2号　(1947年11月) | ○ |
| 座談会　新聞を批判する | 『政党』 | 第1巻第3号　1947年10・11月号 | ○ |
| 亡命知識人論 | 『改造』 | 第28巻第12号　1947年12月号 | ○ |
| 座談会　賭博と人生 | 『談話』 | 第1巻第1号　新年号　1947年12月 | ○ |
| 類似インテリ | 『月刊にいがた』 | 第2巻第12号　1947年12月号 | ○ |
| スリル解剖　『あわや』心理学 | 『Gメン』 | 第2巻第1号　1948年1月号 | ○ |
| 疑獄保険株式会社　贈賄・収賄・ヤミ脱税 | 『エックス』 | 第3巻第1号　新年号　1948年1月 | ○ |
| 犯罪世相 | 『女性改造』 | 第3巻第3号　1948年3月号 | ○ |
| 役得の実相　驚くべき習性 | 『サンデー毎日』 | 1948年3月28日号 | ○ |
| ヤミの倫理 | 『青年』 | 1948年4月号 | ○ |
| 戦後知識人の生態 | 『週刊朝日』 | 1948年4月5日号 | ○ |
| 空想犯罪 | 『Gメン』 | 第2巻第6号　1948年5月号 | ○ |
| 儲かる犯罪と儲からない犯罪 | 『Gメン』 | 第2巻第8号　1948年7月号 | ○ |

| | | | |
|---|---|---|---|
| 鈴木茂三郎論 | 『人民評論』 | 第４巻第６号　1948年７月号 | ○ |
| 追放はもう終ったか | 『座談』 | 第２巻第８号　1948年９月号 | ○ |
| 社会党の党内党 | 『談話』 | 第１巻第10号　1948年10月号 | ○ |
| 文壇今昔譚 | 『人間喜劇』 | 1948年10月号 | ○ |
| (タイトル記載なし) | 『Camera』 | 第36巻第６号　1948年12月号 | ○ |
| Proofmanの育成―社会科教育の一視点― | 『社会科研究』 | 第２巻第１号　1949年１月号 | ○ |
| PROFILE　吉田茂 | 『横顔』 | 第１巻第２号　1949年２月号 | ○ |
| 大臣級の婦人たち | 『女性改造』 | 第４巻第２号　1949年２月号 | ○ |
| 新興宗教「戦後版」 | 『週刊朝日』 | 1949年３月27日号 | ○ |
| 博士級の婦人たち　女性の知的代表者群像 | 『女性改造』 | 第４巻第４号　1949年４月号 | ○ |
| 踊る新興宗教 | 『青年文化』 | 第４巻第３号　1949年春季特大号 | ○ |
| 温泉パラダイス | 『温泉』 | 第17巻第６号　1949年６月号 | ○ |
| 日本人の野生 | 『四国春秋』 | 1949年７月号 | ○ |
| 我が家で歓迎される客　特殊な話題を持つ人 | 『婦人世界』 | 第３巻第８号　1949年８月号 | ○ |
| 天皇と文化人 | 『四国春秋』 | 1949年８月号 | ○ |
| 暴言多謝　男から女へ | 『婦人朝日』 | 第４巻第８号　1949年８月号 | ○ |
| アカハタ論 | 『世界評論』 | 第４巻第10号　1949年10月号 | ○ |
| 機密費・酒・慰安所―軍属の目から見た兵隊生活― | 『思想の科学』 | 第５巻第１号　季刊第１号 | ○ |
| 座談　恐怖の時代　ちかごろの世情を語る | 『日本評論』 | 第24巻第10号　1949年10月号 | |
| 現代の馬鹿 | 『オール讀物』 | 第４巻第11号　1949年11月特別号 | ○ |
| この一年の犯罪を分析する | 『サンデー毎日』 | 1949年12月25日号 | |
| 放浪交友記　ある時代の人物喜劇 | 『文藝春秋』 | 第28巻１号　1950年１月号 | |
| 事件をめぐる新聞合戦 | 『日本週報』 | 第141号　1950年２月 | |
| 放浪交友記　ある時代の人物喜劇（二） | 『文藝春秋』 | 第28巻第３号　1950年３月号 | |
| 座談会　現代政治の焦点 | 『讀賣評論』 | 第２巻第３号　1950年３月号 | |
| 春宵放談　当代人物風流譚 | 『日本評論』 | 第25巻第３号　1950年３月号 | |
| アンチ・ゼントルマン“雲助”を語る座談会 | 『サンデー毎日』 | 1950年３月　別冊 | |

| | | |
|---|---|---|
| 翻訳工場の社長時代　放浪交友記の三 | 『文藝春秋』 | 第28巻第４号　1950年４月号 |
| 叛逆児としての近衛文麿 | 『前進』 | 第33号　1950年４月号 |
| 座談会　一九五〇年の生態 | 『女性改造』 | 第５巻第５号　1950年５月号 |
| 叛逆児としての近衛文麿 | 『前進』 | 第34号　1950年５月号 |
| 直言居士告知板 | 『アサヒグラフ』 | 1950年６月21日号 |
| 現代借金論 | 『文藝春秋』 | 第28巻第７号　1950年６月号 |
| 共産党とヒューマニズム（座談会） | 『前進』 | 第35号　1950年６月号 |
| 座談会　新人会いまはむかし | 『日本評論』 | 第25巻第６号　1950年６月号 |
| 座談会　伸びた新戦後派 | 『サンデー毎日』 | 1950年７月16日号 |
| 対談　高利金融涙あり！ | 『経済往来』 | 第２巻第７号　1950年７月号 |
| 座談会　知識人の三面記事 | 『文學界』 | 第４巻第７号　1950年７月号 |
| 老童ストリップを見る | 『サンデー毎日』 | 1950年７月23日号 |
| 政治的良心への期待（労農党） | 『改造』 | 第31巻第８号　1950年８月号 |
| 非合法時代の交友録 | 『書物』 | 第４号　1950年８月号 |
| 醜さの商品価値 | 『文藝春秋』 | 第28巻第10号　1950年８月号 |
| 人物評論の視角 | 『前進』 | 第38号　1950年８月号 |
| 座談会　赤い潜行戦術 | 『毎日情報』 | 第５巻第24号　1950年９月号 |
| 対談　今度は何を選ぶ？　金？株？物？ | 『経済往来』 | 第２巻第９号　1950年９月号 |
| 座談会　文士従軍 | 『日本評論』 | 第25巻第９号　1950年９月号 |
| 五年ぶりのニューフェース　文壇、新聞界の巻など | 『サンデー毎日』 | 1950年10月29日号 |
| 反共第一線列伝　学校・文壇の巻 | 『改造』 | 第31巻第11号　1950年11月号 |
| スポーツひねくり座談会 | 『読売スポーツ』 | 1950年11月号 |
| 反共第一線列伝　新聞・財界・転向派・官僚の巻 | 『改造』 | 第31巻第12号　1950年12月号 |
| 悪口雑言する愉しさ　座談会 | 『文藝春秋』 | 第28巻第17号　1950年12月号 |

表 5-4　占領期「猿取哲」名での雑誌記事

| タイトル | 掲載誌 | 掲載号 | 占領期データベースのヒット |
|---|---|---|---|
| 日本文化の「奇妙な顔」十人 | 『自由国民』 | 第15号　(1948年12月) | ○ |
| 思想の功利化と投機化 | 『改造』 | 第30巻第2号　1949年2月号 | ○ |
| 婦人代議士人物論　彼女たちは人民のためにいかにたたかってきたかいかにたたかおうとするか | 『女性改造』 | 第4巻第3号　1949年3月号 | ○ |
| 出世主義最後の段階としての便乗主義＝新当選代議士孝現学＝ | 『自由国民』 | 第19号　(1949年3月) | ○ |
| 現代女流作家論 | 『女性改造』 | 第4巻第5号　1949年5月号 | ○ |
| 吉田総裁と吉村隊長 | 『自由公論』 | 1949年6月号 | |
| 現代映画女優論 | 『女性改造』 | 第4巻第7号　1949年7月号 | ○ |
| アナウンサー論 | 『女性改造』 | 第4巻第9号　1949年9月号 | ○ |
| 命を売る作家坂口安吾 | 『月刊山陽』 | 第5巻第10号　1949年10月号 | ○ |
| 講壇ジャーナリスト論一河盛好藏・中野好夫・桑原武夫のプロフィール | 『前進』 | 第27号　1949年10月号 | |
| 講壇ジャーナリスト論(二)一平野義太郎・中村哲・清水幾太郎 | 『前進』 | 第28号　1949年11月号 | ○ |
| アカハタ・讀賣合戦 | 『文藝春秋』 | 1949年12月号 | |
| 婦人代議士は何をしているか | 『座談』 | 第3巻第12号　1949年12月号 | |
| アメリカ型日本人とソヴエト型日本人 | 『讀賣評論』 | 第2巻第1号　1950年1月号 | |
| 文壇往来　匿名的雑談 | 『文學界』 | 第4巻第1号　1950年1月号 | |
| 新聞戦国時代　有楽町を震撼させた夕刊旋風！ | 『世界春秋』 | 第2巻第2号　1950年2月号 | |
| 新聞小説評 | 『文芸読物』 | 第9巻第3号　1950年3月号 | |
| 肉体派作家論一文壇アプレ・ゲールの清算 | 『女性改造』 | 第5巻第3号　1950年3月号 | |
| 講和論争とその背景 | 『日本週報』 | 第151号　(1950年6月) | |
| 低俗小説論一なにを読むべからざるか | 『読書家』 | 第2巻第3号　1950年6月号 | |

表5-5　占領期「大宅壮一」名での新聞記事

| タイトル | 掲載紙 | 掲載日 | 占領期データベースのヒット |
|---|---|---|---|
| 第三次吉田内閣論　類稀な個人的独裁内閣　緩衝地帯失う保守連合 | 『高知新聞』 | 1949年2月19日 | ○ |
| 南海評論　平和擁護運動 | 『南海タイムス』 | 1949年4月28日 | ○ |
| 四国評壇　政党と公約 | 『四国新聞』 | 1949年4月3日 | ○ |
| 文化と生活　中間小説について | 『九州タイムズ』 | 1949年5月16日 | ○ |
| 名人戦の教訓 | 『中国新聞』 | 1949年5月29日 | ○ |
| 名人戦の教訓 | 『大分合同新聞』 | 1949年5月30日 | ○ |
| 文化　性格的な相似—木村義雄と菊池寛 | 『四国新聞』 | 1949年5月30日 | ○ |
| 文化と生活　天皇と文化人 | 『九州タイムズ』 | 1949年6月10日 | ○ |
| カブキ葬送 | 『九州タイムズ』 | 1949年7月19日 | ○ |
| 四国評壇　非常事態と第三勢力 | 『四国新聞』 | 1949年8月1日 | ○ |
| 文化と生活　密告政治の害毒 | 『九州タイムズ』 | 1949年8月10日 | ○ |
| コクトーと日本文化（終） | 『九州タイムズ』 | 1949年8月26日 | ○ |
| 四国評壇　憂国者を憂うる | 『四国新聞』 | 1949年9月6日 | ○ |
| コギト　「憂国者」を憂える | 『九州タイムズ』 | 1949年9月15日 | ○ |

して使用していたことが明らかである。

そのほか、「大宅壮一」名で地方の新聞に一四件、地方の雑誌に六件登場している。また「猿取哲」名では地方の新聞に一八件、地方の雑誌に一件登場している。占領期の大宅が地方の新聞・雑誌において活動を見せていたことも、通説には含まれていなかった。

## 大宅壮一に対する同時代の認識

ところでこうした大宅に対し、当時どのような認識が持たれていたのであろうか。

たとえば、『火　家庭雑誌』第一巻第二号（一九四七年九月）[11]には、「消防の方々ありがとう」と題された見開き二頁の寄せ書きが掲載されている（図5-1）。署名をしているのは、小説家江戸川乱歩、農林大臣平野力三、小説家中野実、小説家高見順、横綱前田山、将棋八段花田長太郎、小説家久米正雄、歌手並木路子、映画俳優佐野周二、詩人サトウ・ハチロー、俳優辰巳柳太郎ら二一名で

表 5-6　占領期「猿取哲」名での新聞記事

| タイトル | 掲載紙 | 掲載日 | 占領期データベースのヒット |
|---|---|---|---|
| 新閣僚断面図（上）　律儀者の林副総理　内閣の原動力増田官房長官 | 『高知新聞』 | 1949年 2 月20日 | ○ |
| 新閣僚断面図（下）　政治はズブの素人　好取組稲垣商工、大屋運輸 | 『高知新聞』 | 1949年 2 月22日 | ○ |
| 新内閣を動かす人々（中）　巾は広いが小心地道な勉強が今日を | 『新愛媛新聞』 | 1949年 2 月21日 | ○ |
| 新内閣を動かす人々（下）　稲垣商相と大屋運輸相　機に臨んで放れ業　功をあせると第二の小林 | 『徳島新聞』 | 1949年 2 月22日 | ○ |
| 新内閣を動かす人々（下）　臨機の放れ業も　“功”焦れば第二の小林 | 『新愛媛新聞』 | 1949年 2 月22日 | ○ |
| 新内閣を動かす人々（下）　心底からの財界人、稲垣　ソロバン忘れぬ企業家、大屋 | 『南日本新聞』 | 1949年 2 月24日 | ○ |
| 芸能大入　長十郎と前進座 | 『長崎民友』 | 1949年 4 月 3 日 | ○ |
| 人権を守れ　“吉村処刑”だけでは片手落ち | 『日向日日新聞』 | 1949年 4 月 9 日 | ○ |
| 人と話題　左右対立と鈴木書記長 | 『南海タイムス』 | 1949年 4 月25日 | ○ |
| 暴をもって暴に挑む　広川弘禅民自党幹事長 | 『高知新聞』 | 1949年 7 月 3 日 | ○ |
| 直木賞と富田常雄 | 『南日本新聞』 | 1949年 7 月17日 | ○ |
| 公安委員と辻氏 | 『中国新聞』 | 1949年 7 月24日 | ○ |
| 人と話題　命を売る作家　坂口安吾 | 『熊本日日新聞』 | 1949年 8 月21日 | ○ |
| 片山と加藤 | 『中国新聞』 | 1949年 8 月28日 | ○ |
| 人と話題 「政界の孤児」犬養健 | 『熊本日日新聞』 | 1949年 9 月11日 | ○ |
| 「政界の孤児」犬養健 | 『中国新聞』 | 1949年 9 月11日 | ○ |
| 「政界の孤児」犬養健　どんな風に立ち直るか | 『長崎民友』 | 1949年 9 月11日 | ○ |
| 「政界の孤児」犬養健　どんな風に立ち直るか | 『長崎民友』炭坑版 | 1949年 9 月11日 | ○ |

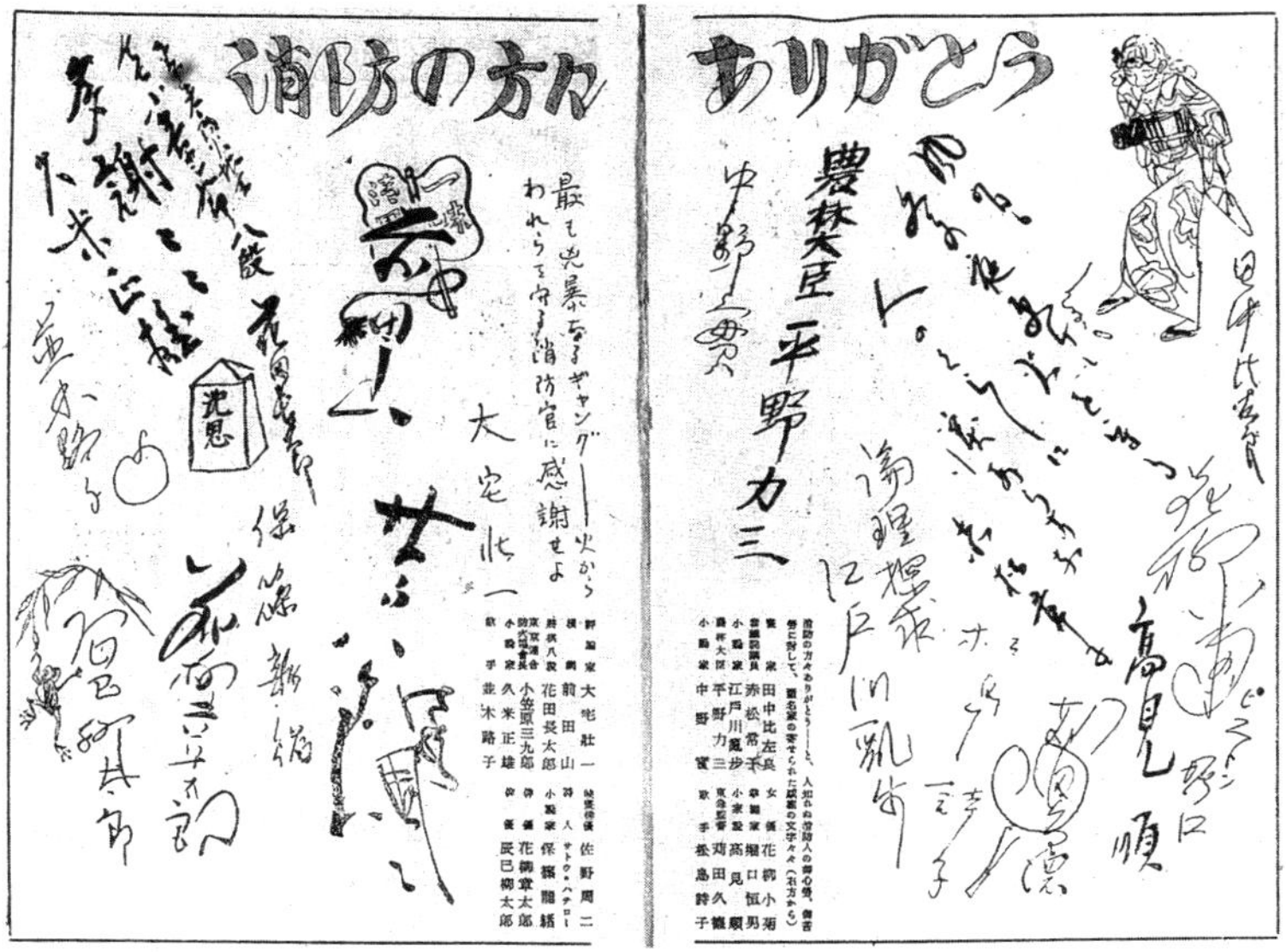


図5-1　寄せ書き「消防の方々ありがとう」（『火　家庭雑誌』第1巻第2号（1947年9月））

ある。そのなかで大宅壮一が「評論家」という肩書のもと署名している（「凸版印刷顧問」の肩書きではない）。その位置も中央である。

『Ｃａｍｅｒａ』一九四八年一二月号（第三六巻第六号）の三七頁には、「写真家は勿論日本の文化各方面の名家」に試みられた「昭和23年度の内外グラフ、新聞写真又は芸術写真中で最も印象にのこる写真をあげて下さい」というアンケートの回答者が計一七名並んでいる。土門拳、木村伊兵衛、林忠彦らとともに大宅壮一の名が記載されている。大宅は「名家」のひとりということになっている。

ほかにも大宅が「猿取哲」名を使い出して以降の事例を、ふたつ紹介したい。次章で紹介するように、大宅は一九四九年一二月から『小説読物街』に『日本の遺書』と題した小説を連載する。その連載によせられた五名の推薦文のなかで吉川英治が大宅のことを「この寡作な作家」と書いている[12]。このことからも、文筆業を営む人物と認識されていたことがうかがわれる。

また一九四九年一一月に発行された『トッパン最新文化便覧』は冒頭に「この書は、その名の如く、文化人一般ならびに文化関係の団体、機関、施設をあまねく収録し、在日外国機関にもおよび、文化人座右の書たることを期した」とある。このなかに大宅は、「評論」という領域とともに記載されている[13]。

さらに『サンデー毎日』一九四八年三月二八日号特集「官吏のヤク得をつく」のなかに大宅は、「驚くべき習性」を寄稿している。戦後の週刊誌記事において特集等のなかに大宅が寄稿するパターンの最初のものが、「猿取哲」が登場する以前の時期に見られるのである。

これらから大宅は、農業のみにたずさわる過去の評論家として見なされてはいなかったのではないか。すくなくとも、文筆業をも営む人物として認識されていたのではないだろうか。

以上を踏まえると、占領期の大宅に関する図式を修正する必要性があることは明らかである。すなわち、一九四八年から一九四九年にかけての「猿取哲」名から一九五〇年からの「大宅壮一」名への転換が起きたという構図から、「大宅壮一」名を一貫して用い、一九四八年から一九五〇年ごろまで「猿取哲」名も並行して使用していたという構図へと、修正がはかられる必要がある。

## トッパン顧問とジャワ人脈

なお年譜記載の、一九四五年九月にトッパン顧問となったことについても、言及しておきたい。

管見の限りでは、凸版印刷の社史には大宅が顧問を務めていたという記載はない。二〇一四年八月に凸版印刷株式会社広報本部に問い合わせたところ、大宅が顧問をしていたかどうかについては、調べがつかなかった。

いっぽうで、近親者等の回想からは、大宅がトッパンに出勤していたことがうかがわれる。たとえば大宅昌は、大宅が農業を営みながらトッパンに「顧問として、フリーに出勤していた」ことを述懐している[14]。また、私が三女・大宅映子から聞きとったところでは、大宅はトッパンに出勤した日は絵本を持って帰ってきてくれたという[15]。

さらに鶴見俊輔は、凸版印刷に大宅を訪ねたことを回想している。「敗戦から間もないころ、私は国電田町駅に近いトッパン印刷の事務室に大宅壮一をたずねて、雑誌『思想の科学』に原稿を書いてほしいとたのんだ[16]」。

時期はすこしあとになるが『読売新聞』一九五〇年七月九日付夕刊「出版社とブレーン・トラストます〳〵密接に」と題した記事の文中には、「トッパンには重役大宅壮一」と記載されている[17]。これらからも、大宅がトッパンの非常勤の顧問の職にあったことは確かだと思われる。

大宅がこの職を得た経緯について、時事通信社発行の『レポート：日本の内幕・世界の真相』一九四九年八月号に掲載された、「筆一管の立役者　日本のコラムニストたち」と題した六頁の記事を見てみたい。このなかで「とんだ野郎の大宅壮一」という見出しのもと、大宅が紹介されている。その書き出しは、次のようになっている。


日曜日の毎日には、「同時代人」という人物評論のコラムがある。奔放[redacted]のその筆者「猿取哲」の正体は大宅壮一である。

中学三年のときにストライキをやって三段ぬきで新聞にのり、東大在学中、二十五才で「文壇ギルドの崩壊《ママ》」という論文を新潮に書いてジャーナリズムにとびこんだかれは、定職をきらい、ずっとフリーランサーとして雑文を書きつずけ《ママ》た。そのうちに左翼の弾圧がはげしくなって、飛田野郎とか遠方五九郎とかいう人をくったペンネームで書いていたかれの匿名評論も、いつのまにか雑誌から姿をけしたが、そうなるとこんどは、これからはグラフの時代だと提唱して、写真にこったり、満映に入ったりした。戦争中は阿部知二らといっしょにジャワへゆき、映画公社の理事長におさまった。いまはトッパン株式会社の顧問をやっているが、それもジャワ組からさそわれたのだそうだ。(18)

「中学三年のときにストライキをやっ」たというところや、「文壇ギルドの解体期」が「文壇ギルドの崩壊」とかかれているところなどディティールには不正確なところがあるものの、「グラフの時代だと提唱し」たことやジャワ映画公社の理事長にあったことが記されていることから、この記事は事情にある程度詳しい人物の筆によるものと思われる。注意すべきは、トッパンの顧問の職を得たことが、ジャワでの人脈によるものと記載されていることである。ジャワ占領と同時に軍は、蘭印政府の直轄工場であったジャワ第一の総合印刷工場コルフ印刷工場を接収した。この経営をトッパンは委任されていた。(19)管見のかぎりでは、戦前の大宅にトッパンとの接点はなかったと思われる。トッパン関係者と大宅が面識を得たのは、ジャワであった可能性が高い。

## 写真集『天皇』をめぐって

それでは、トッパンで大宅はどのような仕事をしていたのか。その一端を、『入江相政日記』の一九四七年一一月一九日の記述の次の文言に見ることができる。「一時にトッパンの佐藤氏、伊奈氏、大宅壮一氏来、官房で種々打合をする」[20]。

この文言について、白山眞理の研究を参照したい。

一九四六年一月一日昭和天皇は人間宣言を行った。同日山端祥玉が、宮内省大臣官房総務課事務嘱託に任じられた。山端は、一九四五年一〇月八日に設立された、写真通信社「サン・ニュース・フォトス(英名Sun News Agency)」の代表である。

山端を事務嘱託に任じた目的は、天皇一家撮影のためであった。仕事は既に前年の一二月二三日に始められていた。山端は、宮内省と打ち合わせて、天皇をヒューマニストとして、また、自然科学者として万人に周知させる写真を目指した。この時撮影された天皇とその家族の写真は約二〇〇カットである。息子の山端庸介も、サン・ニュース・フォトスのカメラマンの一員として撮影に参加した。

一九四六年元旦の新聞各紙記事には娘の孝宮とともにステッキを手に散歩する背広姿の天皇の写真が掲載されたが、これもサン・ニュース・フォトスのカメラマンが撮影したものだった。この記事では、正直で自然を愛する人物像が強調された。

一九四六年夏、山端庸介は皇居での天皇一家や行幸の様子を撮影した。これは、ワシントンからマッカーサー元帥に下された「密かに天皇を人間化し、人気を高めるよう援助せよ」という指令を反映したものである。この目的は、極東軍事裁判での天皇追及回避にあった。アメリカ将官は宮内省に「広告をしなければいけない。天皇を人民に売りつけなければいけない」と説いていた。米国は、占領政策に天皇を使う方が得策であると決め、多国籍で構成される裁判を乗り切ろうとしていた。

一九四七年二月、サン・ニュース・フォトスが撮影した一連の天皇写真を同社がまとめた写真集『天皇』が、トッパンから発行された。美術構成は亀倉雄策である。
高松宮宣仁親王「逸話のない陛下」をはじめとする本文エッセイは、家庭人、教養人としての姿を強調して天皇への親近感を喚起している。写真キャプションに日本語と英語が併記されていることから、読者対象は日本人だけではない。「「新しい神話」のイメージ作戦が後押ししたのか、天皇は戦争責任追及をも逃れた」。
日記の文言を先に紹介した一九四七年一一月一九日の時点では、山端祥玉は公職追放されている。白山は、山端祥玉の「後を受けて、『天皇』の再版には対外宣伝に詳しい伊奈や大宅が関わったようだ」としている。[21]
これらの点を線でつなぐと、プロパガンダをおこなっていたジャワでの人脈から大宅はトッパン顧問に就き、そこで仕事の一環としてやはりプロパガンダにかかわっていた可能性が高い。[22]

## 三 「大宅壮一」と「猿取哲」——その人物論とジャーナリズム論

### 「猿取哲」と「大宅壮一」の使い分け

「「無思想人」宣言」のなかで大宅は、「戦後の私は、大宅壮一でなくて〝猿取哲〟でありたい、あらねばならぬと、意識的に努力しているのである」とまで述べている。[23] この「猿取哲」について大宅は、次のようにもいう。

〝猿取哲〟の特性は、まず第一に世間に通用している主義主張を決してもたないことである。厳正中立、不偏不党、徹底した是々非々主義で押し通すことである。[24]

「猿取哲」が登場するすこし前に、『改造』一九四七年一二月号に「大宅壮一」名で発表した「亡命知識人論」のなかで大宅は次のように述べている。これは「「無思想人」宣言」における「猿取哲」という立場につくことへの決意表明のようにも読める。

今後も政治的にはまったく「自由」な立場で、発言し行動したいと思っている。それを第三者が何と批評しようと、もちろんそれは勝手である。[25]

ここに、このあと見る「猿取哲」としての人物論さらには「「無思想人」宣言」への連続性を見出すことができる。

それでは、「猿取哲」名には、「大宅壮一」名とどのような使い分けが見られるのであろうか。

「猿取哲」名はおもに人物評論に用いられている。これは『毎日新聞』の「同時代人」や「日本文化の「奇妙な顔」十人」(『自由国民』第一五号、一九四八年一二月)のような個人個人を論じるものと、「アメリカ型日本人とソヴエト型日本人」(『讀賣評論』第二巻第一号、一九五〇年一月号)のように一度に多数の人物を俎上に載せる場合の両方がある。

それに対し、「大宅壮一」名はおもに評論・随筆に用いられている。

なお「猿取哲」のペンネームは、先の大隈の年譜にもあったように、「サルトルの哲学」という意味合いである。また大宅の「人をくったペンネーム」についても先の雑誌記事で紹介されていた。私は、「猿取哲」というペンネームにも、そうした傾向があると推測している。

一九四七年のベストセラーにサルトルの『嘔吐』があがっていることについて、多田道太郎は、次のように述べている。

「昭和二一年［一九四六年］四月、京都で創刊された『世界文学』は、いち早く海外新文学の紹介に力をいれ、とくにサルトルの『水いらず』（伊吹武彦訳）はセックス解放の文学と誤読されて一般の評判を呼んだ。『嘔吐』が完訳され、ベストセラーとなったのは、この『水いらず』の評判の残響であろう――。こういう推測がある[26]」。

渡辺潤も、「一九四六年のベストセラーの五位にJ・P・サルトルの『嘔吐』がはいっている。この難解な実存哲学の書がベストセラーになっていることは驚きだが、購入した者の多くは「嘔吐」という題名に、性的な内容を期待した傾向があったということだ[27]」。

このように性的な内容が期待された書物の著者をペンネームにすることに、猥談が好きであった[28]大宅の一種の皮肉が込められていると考える。

## 「猿取哲」の人物論と転向

「猿取哲」の人物論のうち、大宅のいう「徹底した是々非々主義」の姿勢が最も発揮されているのは、転向に対してである。「同時代人」の平野義太郎の回は次のように綴られている。

> 全国的に気乗り薄だといわれる教育委員選挙に、徳田球一氏の推薦で東京都から真っさきに名乗りをあげた平野義太郎氏が、戦時中の著書のため教職員適格審査委員会で不適格と認められた。こ

れは単に平野氏個人の問題ではなく、日本文化の課題として検討を要する。著書による追放は、地位による追放よりも、個人的、自発的責任の上に立脚しているからだ。近頃の交通機関は事故のためしばしば行先変更や折返し運転をするが、その際乗務員の告知が不徹底であったり、あるいはうっかり居眠りでもしているとどこへもって行かれるかわからない。平野氏は終戦後左翼文化運動の最高指導者の一人として大いに闘っているが、戦争中は鶴見祐輔、沢田謙と共に太平洋協会の幹部で、そこから問題の著書も生れたのだ。当時その著書を買った大衆はまだ氏自身の口からはっきりと行先変更の告知をきいていないし、もちろん料金の払戻しもうけていない。この夏、主として幼童の間に流行した日本脳炎は、秋風と共に経過したけれど、日本式記憶喪失症は今も専ら左右あわせてこの国指導層の間に蔓延している。(29)

「左右あわせてこの国指導層の間に蔓延している」という表現に見られるのは、左右のイデオロギーに属しない場所に立ち位置をおく姿である。林房雄を大宅はこう批判する。

例えば林房雄君の如きはその適例である。弱冠にして彼は左翼文壇にデビュしたが、たちまちにして最大の人気者となり、後に転向して今度は右翼文壇の花形となり、終戦後も流行のトップをきって、得意の軟派読物を書きまくり、先月でそれがすでに百篇に達したと自分でもいっている。現に終戦後最初の雑誌編集協会賞は彼のうるところとなった。

こんなのを思想的、文化的アクロバットと見るのは勝手だ知識人としてその技まさに神に入るといえるであろう。(30)

これらにも、特定のイデオロギーに属さず、すなわち「世間に通用している主義主張をけっしてもた」ず転向を見つめるまなざしが存在している。そこでは転向・再転向を記述するとともに、それが許容される日本社会への疑問も呈されている。

そのいっぽうで、戦前日本共産党に近いところで活動し現在はイデオロギーに属さず転向にまなざしを向ける自身の思想の変化については、占領期の文献を見る限りでは、「行先変更」の説明はなされていない（大宅は「「無思想人」宣言」のなかで「〝転向声明〟なるものを一度も出さずに通りぬけてきた」と述べている）[31]。

## ジャーナリズムと商品

それでは大宅の立ち位置はというと、大宅は、これまでイデオロギーにはジャーナリズムを通してしかアプローチしていないと言明している。

> 僕の歩いてきた道をふりかえってみると、いつも文学と思想とヂャーナリズムと、この三つ円のかさなりあったところ、或はそれらの横線の上にいつも立っていた。各種の文学運動、思想運動にも参加したが、純粋の文学者ないしは思想家ではありえなかった。それらをつねに僕はヂャーナリズムのレンズを通して見ていた。だから結局僕はヂャーナリストであったということになる。[32]

「ヂャーナリズムのレンズを通して見ていた」という言葉は、第三章で述べた、対象と距離をとる大宅の姿勢を言い表したものと判断できる。

この「思想」というのは次に見るように、マルキシズムと置き換えてもよい。

ことわっておくが、私はマルキストでもなければ、その支持者でもない。この国におけるマルキシズム運動の初芽期から開花期にかけて、約三十年間、主としてヂャーナリズムの線に沿って、この運動と接触してきたものにすぎない。[33]

それでは、ジャーナリズムとはどのようなものだと大宅はとらえているのであろうか。「文壇ギルドの解体期」という出発点から示され続けているのは、小説を商品と見なす視点であった。たとえば、一九三五年に発表した「十年後の文学」[34]において大宅は「文学の今後の発展といえば、主として大衆化、商品化の方向にむかっている」と述べている。一九四九年には次のように言う。

ジャーナリズムは、それ自体商品の一種であると共に、人類文化のすべての分野を商品化する機能をもっている。幽玄なる思想も、崇高なる芸術も、ひとたびジャーナリズムの手にかかれば、人間の動物的本能に訴える低劣卑俗なるものと一緒に、レッテルを貼ってジャーナリズム市場に陳列されるのである。そして商品となった以上は、需要供給の原則に基づく市場価値が一切を決定し、その商品の文化的評価は別箇の問題となる。[35]

文化的評価の高低が相対化されて一切が市場価値に決定されるという考え方は、「文壇ギルドの解体期」から一貫する。久野収は大宅を、「批評や評論を商品として書き、商品として売るという商品化の方向、近代化の方向」を代表し「押しすすめた」、「戦後ジャーナリズムの象徴」[36]と論じる。

戦間期において彼は、大衆社会化状況の萌芽をキャッチするとともに、小説・評論を商品ととらえる認識を持つ。また、前田も指摘していたように[37]、戦間期と比較すると昭和三〇年代における大宅の活躍が国民的なものになったのは、(戦間期に円本ブームなどのかたちをとってその萌芽が見られた)「第二の大衆文化」たる中間文化が、マスメディアの拡大とともに主流になったことと対応している。先の認識のしかたを抱き続けた大宅は、一章で述べた中間文化が中心となりゆくなかで、自身の時代を到来させたのである。

思想を商品化する「ジャーナリズム」という線上においてマルキシズムを見てきたと大宅は言う。これが、戦前の大宅の著作の読者に対する「行先変更」の説明になるのかはともかくとして、ジャーナリズムの線上でマルキシズムと接触するという言明は、一九六六年に歩を喪ったときの文章につながる。大宅は、歩の「結局、親父というものは、思想家でもなければ、社会主義者でもない。といって商業主義者でもない。いわば、マスコミの奴隷である」という批判を紹介しながら、「私の中にある矛盾」について次のように綴っている。

私の内部では、商業主義とマスコミと社会主義とがミックスされて、妙な人間が出来あがってしまったことになる。

だから、マスコミの世界においても、私は純然たる文筆業者ではない。商業主義的にマスコミをながめ、売れるような企画をたてる。ところが、そういったものに反撥する社会主義的な感覚が一方にはある。その結果、ちゃんぽんになった三つの異質なものが、私の中に雑然と同居していることになる[38]。

資本主義に批判的な左翼的観点の持ち主であった大宅が、評論を商品と見なし、資本主義を押しすすめる戦後日本社会において大衆をリードしていく、奇妙なねじれを生じさせていた。

これらに、占領期から一九七〇年にいたるまでの、「転向声明」なしに社会主義とマスコミと商業主義がからみあう（占領期の大宅が「ジャーナリズム」と定義しているのは、商業主義を含んだマス・コミュニケーションのことだといえる）大宅の発想の連続性を見出すことができよう。

## 四　一九五〇〜一九六〇年代へ

以上本章では、一九五五年から約一〇年間最盛期を迎え、亡くなる一九七〇年までジャーナリズムのオピニオンリーダーであった、大宅壮一の一九四〇年代後半の著述活動を明らかにした。そしてその著作物に検討を加えてきた。

本章で検討したのは、一九五〇年代から一九六〇年代にかけて活動を展開させていく大宅の思想が、醸成されていく期間である。

この期間の一部を大宅は「文筆的断食時代」としたり、あるいは「『無思想人』宣言」において実態とは若干異なる記述をしていた。この理由には次のふたつの可能性が成り立つ。第一に、一般的な認識として「文筆的断食」と聞くと普通はまったくものを書かない状況を思い浮かべるが、大宅が脂ののった時代に当時をふりかえると、なにも書いていないに等しいように認識されたのかもしれない。第二に、大宅は何らかの理由から当時の活動に人の目が向かないことを意図したのかもしれない。いずれであるのかは、当事者の大宅をはじめ大宅に近いところにいた人びとの多くが鬼籍に入っているいま、確かめることはむつかしいであろう。

しかしながら、これまで光が当てられてこなかった占領期の大宅壮一について見えてきたものは、ジャーナリズムに対する意識や自身の転向に対するじゅうぶんな説明のなさといった、一九五〇年代〜一九六〇年代の活躍における思想への連続性であった。

このことを踏まえ、とくに一九五〇年代〜一九六〇年代の大衆社会のオピニオンリーダーの大宅がどのような存在であったのか。これについては、第七章で検討したい。

# 第六章　大宅壮一の「再登場」――大宅壮一の一九五〇年代へ

## 一　大宅壮一の「再登場」

「「無思想人」宣言」のなかで大宅壮一は次のように述べていた。

終戦直後、民主主義と共産主義の大ブームがこの国に訪れた。私にはその方の実績が多少ないでもないので、多くの〝進歩的〟な思想団体から参加を勧誘された。だが、私はどこにも属さないで、戦時中からの農耕生活を戦後もずっとつづけていた。

数年たって世の中が少し落着いてきた頃、毎日新聞の友人からもう一度筆をとるようにとすすめられた。そこで私はいろいろと考えた末〝猿取哲〟という仮りの名で再出発することになったのである。

（略）

そのうちに、〝猿取哲〟は大宅壮一だということが世間に知れてしまった。代って大宅壮一が再登場することになった。

（略）

（中略）今はもう主として本名で何でも書いているが、本名であろうと筆名であろうと、書くのは同じ人間であると共に、その態度にもほとんど変りがないつもりである。つまり戦後の私は、大宅壮一ではなくて〝猿取哲〟でありたい、あらねばならぬと、意識的に努力しているのである。[1]

引用部の「再登場」は、一九五〇年のことである。たとえば、大宅壮一全集編集実務委員会編『大宅壮一読本』所収の「大宅壮一年譜」において、一九五〇年のところに「この前後の年からジャーナリズムへ復帰活躍」とある。[2] 事実、『大宅壮一文庫雑誌記事索引総目録　人名編』を見ると、一九五〇年からジャーナリズムへの登場頻度がにわかに激増していることがわかる。本章の目的は、この「再出発」の質的位相を探ることである。

前章で見たように、従来の通説では、農耕生活を送っていた大宅が一九四八年から一九四九年にかけて「猿取哲」名を用いジャーナリズムに戻ったあと、本名の「大宅壮一」での再出発をはかったという構図が見られた。それに対し私は、敗戦後から「大宅壮一」名を一貫して用い、一九四八年から一九五〇年ごろまで「猿取哲」名も並行して使用していたという構図を新たに示した。

ひるがえってこの一九五〇年の「再登場」とは、単に登場頻度が増えたというだけのものであろうか。それだけだと解釈すると、「再登場」の質的な特色をつかみ損ねてしまうのではないか。これを考えるとき、大宅が一九五〇年に刊行した二冊の単著に着眼したい。具体的には、『日本の遺書』（ジープ社、五月二〇日発行）『人間裸像』（板垣書店、六月二〇日発行）の二冊である。前者は大宅が戦後上梓した最初の単著（小説）に、後者はその次に刊行した単著（人物評論集）となる。こうした重要な節目の著作にもかかわらず両者ともこれまで光があてられることは少なかった。[3] 後者にいたっては、あとに示す表からわかるように『大宅壮一全集』にも完全に収録されていない。以下まずは、この二冊について検証ならびに考察を加えたい。

## 二　『日本の遺書』と『人間裸像』

### 『日本の遺書』の初出

『日本の遺書』は、近衛文麿（一八九一～一九四五）を主人公とする記録文学である。冒頭には、「序文」が掲げられている。これは後述する五名による推薦文が掲載されたものとなっている。小説は、「序篇」「青春篇」「外国篇」「政治篇」から成っている。「序篇」では、敗戦直後の昭和天皇との面会から、京都での母の葬儀（一九四五年一〇月二〇日）、自死まで（同年一二月一六日）が描かれている。「青春篇」から「政治篇」までは、近衛の学習院中等科時代から、第一次近衛内閣の発足と直後の盧溝橋事件まで（一九三七年）が描かれている。すなわち、盧溝橋事件から敗戦までの記述はない。大宅自身、「作者のことば」（あとがき）において「いずれそのうちに、この後篇を書きたいと思っている」[4] としていたが、それは成されなかった。したがって、この作品は未完といえる。

従来大宅壮一の年譜においては、一九四五年に『日本の遺書』を『読物街』という雑誌に連載し、一九五〇年に単行本化されたことになっていた。この『読物街』は、正確には高島屋出版部が刊行していた『小説読物街』という雑誌である。このバックナンバーを所蔵している公益財団法人日本近代文学館・公益財団法人大宅壮一文庫で調査をした結果、『日本の遺書』は、一九四九年一二月号・一九五〇年一月号・二月号に本名で掲載されており、連載は終わっていない。それ以降の号の所蔵がないものの、この連載が一九四九年からであることは確認できた。[5]

それに対し従来、『日本の遺書』の初出についての記述は、年譜の誤りが踏襲されてきた。一九七四年に刊行された角川文庫版『日本の遺書』の解説執筆者である青地晨は、『大宅壮一・一巻選集　無思想の思想』（文藝春秋、一九九一年）の解説において、『日本の遺書』の初出を「昭和二十一年頃」としている。[6]また大隈秀夫は『日本の遺書』の成立について次のように綴っている。「大宅の本格的農耕生活は戦後になっても続いていた。一九四三年（昭和一八年）の秋、「もの言えば唇寒し」の時代から大宅は一切の文筆活動を中止する。敗戦の日が来ても動こうとしなかった。そこへ思わぬ所から原稿執筆の依頼が飛び込む。大阪で発行されていた『読物街』という雑誌に何か書いてくれと言われた」「もちろん、本名は出していない[7]」。

この連載第一回目の掲載誌を表紙からめくっていったものが図6-1〜6-4である。図6-1では表紙左下における『日本の遺書』の文字の扱いが、右上に記された二つの作品よりも大きいことがわかる。図6-2は、表紙をめくった見開きで（化粧品の広告は表紙の裏にあたる）、左側の頁に『日本の遺書』の登場人物が「大作「日本の遺書」を構成する人々」として写真入りで紹介されている。図6-3では『日本の遺書』の一場面のカラーの絵が左側に折り込みで挿入されている。図6-4の右側の折り込み頁が図6-3の絵の裏側にあたる。この目次でも、折り込み頁に大々的に記載されるなど、『日本の遺書』が特別な扱いを受けている。この号で『日本の遺書』は巻頭に掲載されており、その最初の頁が図6-5であるが、タイトルは赤い文字で書かれている。図6-6は連載第二回目の表紙であるが、表紙に作品名が出てい

図 6-2　『小説読物街』1949年12月号誌面（1）

図 6-1　『小説読物街』1949年12月号表紙

図 6-3　『小説読物街』1949年12月号誌面（2）

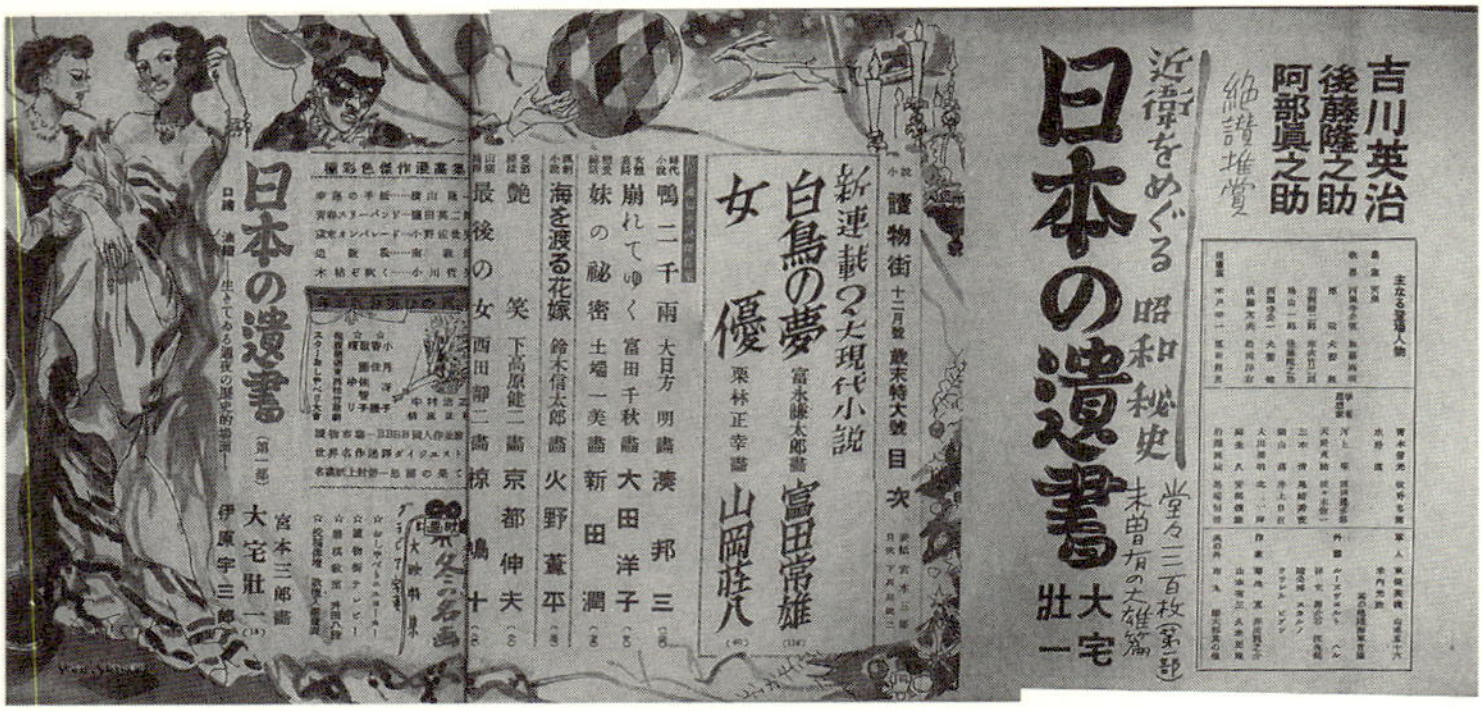


図6-4　『小説読物街』1949年12月号誌面（3）

図6-6　『小説読物街』1950年1月号表紙

図6-5　『小説読物街』1949年12月号誌面（4）

るのは『日本の遺書』だけであり、それも推薦人の氏名とともに掲載されている。日本近代文学館・大宅文庫に所蔵されている『小説読物街』バックナンバーでこれほど特別な扱いを受けて掲載されている作品は、『日本の遺書』以外には見あたらない。

ところでもういちど図6-5の連載第一回の冒頭に目を向けてみると、見開き二頁の左側の頁の右上に編集部によるリード文が見られる。そのなかには次のように書かれている。

惟《おもんみる》に戦後文壇に於て猿取哲の覆面を以て世人を震撼《しんかん》せしめた論壇の雄、大宅壮一氏が多年の秘《ひ》蔵資料《ぞうしりょう》と綿密なる調査に基き刻明なる描写と流麗《りゅうれい》なる文章を傾けた作者必死の一大警世《けいせい》作である(原文ママ)(8)。

このようにこのリード文では大宅が敗戦後猿取哲の「覆面」で文筆活動をおこなっていたことが示され、大宅が本名で『日本の遺書』を発表することになった旨が記されている。このように、「猿取哲」名をも用いた活動から「大宅壮一」名のみを用いた活動への移行期にこの作品掲載を位置づけられよう(9)。

## 大宅壮一の「再登場」と『人間裸像』

それでは、「大宅壮一」名で次に刊行された『人間裸像』はどのように位置づけられるであろうか。『人間裸像』には「はしがき」も「あとがき」も付されておらず、収録されている文章の初出のデータがいっさい記されていない。そしてそれらの文章の一部は『大宅壮一全集』に再録されているが、掲載誌からそのまま採録されたと思われる「アナウンサー論」以外は初出が記されていない。すなわち、発

表6-1 『人間裸像』初出一覧

| 順番 | タイトル | 初出 | 名義 | 『大宅壮一全集』の収録巻 |
|---|---|---|---|---|
| ① | 亡命知識人論 | 『改造』1947年12月号 | 大宅壮一 | 第6巻 |
| ② | アメリカ型日本人とソ連型日本人 | 『讀賣評論』1950年1月号 | 猿取哲 | 第6巻 |
| ③ | 出世主義最後の段階としての便乗主義 | 『自由国民』第19号(1949年3月) | 猿取哲 | |
| ④ | 共産主義者における人間の研究 | 『自由国民』第28号(1950年4月) | 大宅壮一 | 第6巻 |
| ⑤ | 講壇ジャーナリスト論(上) | 『前進』第27号(1949年10月) | 猿取哲 | 第6巻 |
| ⑥ | 講壇ジャーナリスト論(下) | 『前進』第28号(1949年11月) | 猿取哲 | 第6巻 |
| ⑦ | 叛逆児としての近衛文麿 | 『前進』第33・34号(1950年4・5月) | 大宅壮一 | |
| ⑧ | 大臣級の婦人たち | 『女性改造』1949年2月号 | 大宅壮一 | |
| ⑨ | 博士級の婦人たち | 『女性改造』1949年4月号 | 大宅壮一 | |
| ⑩ | 婦人代議士人物論 | 『女性改造』1949年3月号 | 猿取哲 | |
| ⑪ | 現代映画女優論 | 『女性改造』1949年7月号 | 猿取哲 | |
| ⑫ | 現代女流作家論 | 『女性改造』1949年5月号 | 猿取哲 | |
| ⑬ | 肉体派作家論 | 『女性改造』1950年3月号 | 猿取哲 | |
| ⑭ | アナウンサー論 | 『女性改造』1949年9月号 | 猿取哲 | 第3巻 |
| ⑮ | 放浪交友記 | 『文藝春秋』1950年1・3・4月号 | 大宅壮一 | |

表された時期はもとより、大宅が本名・「猿取哲」名いずれで発表した文章であるのかも、これまで検証されてこなかったのである。

そのため『人間裸像』に収録された文章の初出を明らかにした。これを示したものが、表6-1である(10)。表のなかの番号は、その文章が収録されている順番を指している。二重線は、目次のレイアウトや本文の内容から、この書物が大きく分かれている箇所であると判断されることを示している。この表から、一五本中九本が「猿取哲」名で発表されたものであることがわかる。

裏を返せば、この『人間裸像』によって大宅は、「猿取哲」

名で書かれた人物論[11]を、本名での作品群に統合し、「大宅壮一」としての「再登場」を完全に果たしたと言えよう。

また、第五章において、占領期における大宅壮一名・猿取哲名での大宅の新聞記事・雑誌記事の一覧も提示した。これによると、大宅が「猿取哲」名を初めて用いたのは、『毎日新聞』一九四八年五月二四日付から一九四九年一一月二七日付まで連載された「同時代人」においてである。雑誌においては、一九四八年一二月に発行された『自由国民』第一五号の「日本文化の「奇妙な顔」十人」である。雑誌における「猿取哲」名での寄稿は、一九五〇年六月発行の雑誌二件までである。この一九五〇年六月発行の雑誌まで「猿取哲」名が使われたということは、『人間裸像』の発行時期と照らし合わせても、本名での「再登場」に『人間裸像』が位置づけられることを物語っていよう。

ところで『日本の遺書』連載一回目につけられたリード文には、「秘蔵資料」「綿密なる調査」という言葉も記されていた。これが意味するものを次節で検討したい。

## 三　『日本の遺書』の意義

### 資料収集への熱意

単行本『日本の遺書』の「序文」は、連載時に掲載された推薦文が掲載されたものである（掲載順に、吉川英治・尾崎士郎・馬場恒吾・後藤隆之助・阿部真之助）。吉川の推薦文には次のようなくだりがある。

時々、シンラツな匿名批評にちらちら影を見せるほかは、めったに真正面の自分を誇示しないし、また実際に無性者で、太々しいくせにハニカミ屋で、思想ははっきりしているが、由来、人間的には三国志《ママ》の猪八戒みたいな存在に思われていた（ひとは知らないが自分は）大宅壮一氏がこの世紀的な題材に取ツ組んだというのである。ほんとかい？と私は初め編集者に半ば笑いながら云ったくらいだった。が、いま、氏の推敲苦心の労積百余枚の原稿を、実際に見せつけられ、かつその史料の蒐集やこの数句にわたる大宅氏の没頭ぶりを聞いて、この大題材と、この寡作な作家との配遇を、私は手を打って愉快におもった。[12]

「史料の蒐集やこの数句にわたる大宅氏の没頭ぶり」に吉川が着眼している。第五章との関連では、吉川が大宅を作家と認識していることにも留意されたい。

　この「史料の蒐集」については、馬場も次のように述べている。

大宅君の「日本の遺書」は異色ある記録文学であり、資料の蒐集に異常の努力が払われており、而して人間近衛像を如実に、且つ判明に描き出している点に深い感銘を受けた。[13]

　このように推薦人五名のうち二名が、「資料の蒐集に異常の努力が払われて」いることを読みとった旨を書いている。実際、『日本の遺書』作成時の大宅について、夫人の昌は次のように回想している。

　近衛文麿氏を書いた『日本の遺書』は戦後はじめて大宅壮一名で書いたものである。これを書く時の態度もおどろくべきものであった。百姓をやめて、雑誌に連載で書いたが、この時の真剣さも心を打った。

毎朝早くから、ちょうど学生が学校へ行くように、鞄をさげ、その中には大学ノートが何冊か入れられていた。国会図書館へ通ったのだ。黙々と、およそ三カ月規則正しく出かけ、その他近衛氏側近の人々に会い、資料仕入れに相当の月日をかさねた、その姿勢が私をおどろかせた。学生にかえったような真面目さ、こんな一面もあるかとおどろいた。荻外荘［近衛の私邸］へも出かけ、二男通隆氏をわが家へ招待して一緒に食事もした。

私と四十年間の原稿生活中、この原稿の浄書を私と長男が手伝った。ただ一度、はじめで、おわりであった。先日池島信平氏が、『日本の遺書』は大へん立派な近衛氏の人物論で、あれ以上のものはないでしょうと、ほめていただいた。あんなに心血をそそいで書いた書物ゆえ、本人が生きていたら、聞かせてやりたい。(14)

このように国会図書館での文献調査と関係者へのインタビューが、この作品の成立の過程でおこなわれた。「あんなに心血を注いで書いた」と昌は述懐している。大宅自身「作者のことば」で「執筆に当り、近衛通隆、後藤隆之助、岩淵辰雄、塚本義照その他近衛側近の方々に一方ならぬ援助をうけた(15)」としている。

そのほか、第五章との関連では、「百姓をやめて、雑誌に連載で書いた」という昌のことばから、大宅が農業をやめたのは一九四九年ではないかと推測できる。

## 古書の収集とその蓄積

文献資料の収集について、一九五二年に書き下ろしで刊行された『実録・天皇記』（鱒書房）の執筆時に助手を務めた草柳大蔵は、「資料あつめは、元宮内庁職員や元女官のインタビュー、図書館での調査などを併用したが、古本屋での買いつけがなんといっても主流だった」と振り返っている。草柳によると、『実録・天皇記』の資料を収集するために大宅は古書即売会を利用し多数の古書を購入していたという（図6-7）。大宅は草柳といっしょに即売会に行けないときには草柳に三万円か五万円をあずけ即売会に行かせていたという。[16]

ここに、『日本の遺書』における文献調査から、一九五一年ごろからの蔵書の収集（年譜においても一九五一年のところに「この年あたりから、現在、（財）大宅壮一文庫の基となった蔵書の本格的な収集が始まる」[17]と記載されている）・『実録・天皇記』の作成・「大宅資料室」と称した書庫を背景とした一九五〇年代の活動への連続性を、見出すことができる[18]（図6-8）。

たとえば下村亮一は、一九五〇年代以降の大宅壮一の活動と著作の特色について次のように述べている。下村によると、一九三四年ごろの大宅の仕事と、五〇を越してから（すなわち一九五〇年よりあと）の大宅の仕事には大きな差がある。「端的にいうと、このころ［前者］の大宅の批評はきわめて感覚的で、本の批評などでも中味など丹念に読みはしない。そんなのは馬鹿のやることで、本は斜め読みで充分で、それ以上は間尺に合わないといっていた。／そんな彼が、戦後は酒も煙草も、道楽もないままに、神田の古本街を歩きまわり、暇があれば本と古雑誌を買い漁った。その集積が今日の大宅文庫となったわけだ。五十過ぎの彼の評論に厚みを増したのは、こうした厖大な資料と、それが丹念に整理され、裏付けられたものがあったからである」[19]。

第三章で述べたように大宅は、『週刊朝日』一九五三年一一月一日号から一九五五年一二月二五日号まで「日本拝見」を、一九五六年一月一日号から一二月三〇日号まで「日本の断面」を、一九五七年一月六日号から六月三〇日号まで「新・日本拝見」を、他の執筆者と交代で連載している。大宅はこれらのなかで自身の担当したものをまとめ『僕の日本拝見』（中央公論社、一九五七年）として出版した。その「あとがき」でこれらの取材の方法として「前もって相当の準備をして、現地ではなるべく多くの人に会い、最大限に足と頭をはたらかせたつもりである」と述べている。[20]「前もって相当の準備をして」とは、収集した文献による綿密な下調べを示していよう。

図 6-7　古書店店頭の大宅壮一（1952年ごろ）（公益財団法人大宅壮一文庫提供、『大宅壮一全集』第14巻、蒼洋社、1980年、口絵 2 頁）

図 6-8　1955年に増築された書庫（公益財団法人大宅壮一文庫提供）

じっさい、『文藝春秋』一九五六年一月号から一二月号まで連載され同年上半期の文藝春秋読者賞を受賞した『日本の裏街道を行く』の取材について、大宅の担当編集者であった半藤一利は次のように振り返っている。「あとでわかった事であるが、取材に出る前に膨大な資料に目をとおし、せっせとノートをとり、要点をきちんと整理し、すでに原稿の基礎は出来上がっていたのである。あとは現場で確認すればいいだけであった。そうした努力の人としての大宅さんは知られていない。しかしその蔭の頑張りの集積がつまりはいまの二十万冊の大宅文庫なのである(21)」。

これらのような一九五〇年代以降の資料収集をもとにした大宅の活動のほぼ起点に、『日本の遺書』の作成を位置づけることができる。

## 四 「亡命知識人論」から「「無思想人」宣言」へ

### 大宅壮一の一九五〇年代へ

ここで『日本の遺書』『人間裸像』について、確認をしておきたい。

第一に、『日本の遺書』の雑誌連載は、「猿取哲」のペンネームも使用した時期から「大宅壮一」名のみの時期(一九五〇年代)への移行期に、掲載誌の体裁から判断することができる。そして大宅が完全に本名での「再登場」を果たす時点に『人間裸像』を位置づけることができる。

第二に、「大宅壮一」として「大宅資料室」という独自のデータベースを持った活動(一九五〇年代)へと続いていく起点に、『日本の遺書』を位置づけることができる。そしてこれが、第一節で述べた「再登場」における「質的な特色」のひとつであると言える。

一九五〇年に「再登場」を果たした大宅は、一九五九年から一九六〇年初頭にかけて筑摩書房から『大宅壮一選集』全一二巻を刊行するに至る。この一九五〇年代の活動への連続性はもとより、ライフワークとし膨大な資料を渉猟した『炎は流れる――明治と昭和の谷間』(『サンケイ新聞』一九六三年一月一日付から一九六四年一〇月三日付まで連載、未完）へと続いていくものとして『日本の遺書』を位置づけなおすことができよう。

そのいっぽうで「無思想人」という言葉に象徴されるように、戦後の大宅の活動は、特定のイデオロギーに属さないことの標榜にも、その特色があった。

### 「亡命知識人論」から「「無思想人」宣言」へ

『人間裸像』の巻頭に掲載されている「亡命知識人論」は、もともと『改造』一九四七年一二月号に大宅名で書かれたものである。一般に、論集における冒頭の文章は、その本全体をつらぬくマニフェストだと言える。編集者でもあった大宅の著書においては、『モダン層とモダン相』（大鳳閣書房、一九三〇年）『無思想人宣言』（鱒書房、一九五六年）といった主要著書を見ても、その傾向は濃厚である。

「亡命知識人論」のなかで大宅は、太平洋戦争は日本の全知識人にとって大きな試練であり、そのほとんどが「転向」したと述べている。大宅はその「転向」のしかたの類型化を試み、それが正しいかどうかを確かめる第二のチャンスを待った。終戦とともに訪れたそれは、開戦の際以上の大変化であった。この再度の環境の激変に対して知識人がいかに再「転向」したかという結果は、大宅の分類が比較的正しかったことを証明したという。大宅によると「しかしこれだけではまだ十分ではない。さらに確度を高めるために、私は第三のチャンスをねらっている。それはどういう形でくるか知らないが、これまた案外早くくるのではあるまいか。そしてそのときこそ、相当自信をもって、日本の知識人の新しい適応ぶり、即ち、再々「転向」ぶりを具体的に、個別的に予言しうるのではないかと考えている」。そして以下のように述べている。

ところで、こういうことをやりながら、さてそれでは、私自身はいったいいずれの型に属するかと反省し、自分の歩んできた道を真剣にかえりみて慄然とした。

終戦後最近まで私が政治的に沈黙を守りつづけてきた理由は、そこからきているのである。現在ではそれほど窮屈に考えていないが、今後も政治的にはまったく「自由」な立場で、発言し行動したいと思っている。それを第三者が何と批評しようと、もちろんそれは勝手である。[22]

敗戦にともなう変動に起因する再「転向」を観察しながら、大宅は「政治的に沈黙を守りつづけてきた」という。

また、大宅が「自分の歩んできた道を真剣にかえりみて慄然とした」のは、「前衛的知識人」からの転向のみによるのではないであろう。転向だけでなく、プロパガンダにかかわったという事実も含めて、大宅は慄然としたのではないか。

第四章で見たジャワでの大宅の戦争体験は、次の四つに区分することができる。第一に、映画工作への関与である。第二に、軍の占領政策の転換である。第三に、その転換への批判的言動である。第四に、その言動によってマークされたことである。

変動のときには動かず静観するという考えを大宅が得るにいたったのは、ジャワでの（とくに第二から第四の）体験によると考えられる。

一九五〇年のジャーナリズムへの復帰後も大宅は、中立的な立場の標榜を続ける。翌年には、第三章第三節で紹介した、「蛙のこえ」の連載（『東京日日新聞』）を始めている。そして、「「無思想人」宣言」の発表にいたるのである。

## 「亡命知識人論」の時代背景と大宅壮一

初出時の「亡命知識人論」の終わりには、(昭和二三、一一、一三)と日付があり、「評論家」と肩書が示されている。[23] この時期の国内外の情勢を概観すると次のようになる。[24]

国外の動きとしては、一九四六年三月にチャーチルが「鉄のカーテン」演説をおこなっている。そして翌一九四七年三月のトルーマン・ドクトリンから六月のマーシャル・プランを経て米ソの対立が本格化する。一九四九年一〇月には中華人民共和国建国が宣言され、一九五〇年六月には朝鮮戦争が勃発した。これにより、ヨーロッパを中心としていた東西冷戦はアジアにも広がり、冷戦状況は世界的なものとなった。

一九四〇年代後半からの冷戦体制の成立を背景に、アメリカの極東政策は大きく転換した。日本の自立と再建を助ける方向(非軍事化・民主化)から日本の経済再建と再軍備の方向へと移った。アメリカを覇者とする資本主義社会の自立した反共の防波堤とするものへと変化したのである。アメリカ国務省の制作企画部長ジョージ・ケナンらによって一九四八年一〇月に作成された「日本に対するアメリカの政策についての勧告」(NSC一三/二)は、対日占領政策の民主化からの転換を公式に承認する文書であった。

「亡命知識人論」はそうしたさなかに発表され、一九四八年より大宅は猿取哲のペンネームを用いるようになるのである。

ジャワから一九四三年一〇月末に帰国した大宅は、翌日より世田谷区野沢の自宅の庭で開墾をはじめ、翌年八幡山に移り住んでいる。大宅は帰国時から占領期にかけてを、こう振り返っている。なお戦争が終わることについては、賀川豊彦を通して、八月一一日ごろに知ったという。

［昭和］十八年の暮、南洋ジャワから帰国して「戦争はこれからも永く続くだろう」こんな予感から、モノを書くことをやめ、自給自足の生活を送れるようにと、百姓をはじめる決心をした。（略）四段歩の田畑を買い、米、ムギを作る一方、蜜バチ、ブタなどを飼った。一応自給自足の目安がついた十九年暮、東京は、空襲でメチャメチャにやられ、戦局が別の段階に突入したことがわかった。（略）

終戦になっても、モノを書くということは考えられなかった。だが、生活には困らなかった。それというのも戦前のカメラ道楽のおかげだ。何しろ、ライカのコンプリート・セットが四組もあったので、これを一つ売れば四十坪の土地つきの家が一軒買えたぐらいだから、売り食いと、自給自足で、ジタバタする必要もなかった。

ご時世に迎合するようなものをナンデモカデモ書かなくてもよかったというわけだ。〝カメラ道楽に救われた終戦〟というヤツだ。

左翼の天下になると、左翼から盛んに書け書けと勧められたが、戦地の経験から、変革の直後に動きまわる人間は、世の中が安定すると一掃されるということがわかっていたから、なにも書かなかった。(25)

以上の記述からも、大宅がその戦争体験から、変動の時には動かずに政治的・思想的運動ならびに国家をも視野に入れて静観するという考え方をいだいていたことが理解できよう。

このような政治的・思想的運動から距離をおきたいという心境は、「亡命知識人論」の他の箇所においても綴られている。亡命から帰国した野坂参三・鹿地亘・大山郁夫について「私には、三氏とも亡命以前、幾度か会ったことのある人たちである。その頃の運動や仕事を離れて、人間的に親しみ深い思い出も少くない。野坂、大山の両氏は、私には大先輩であるが、鹿地君とはナップ時代、毎日のように会合し、議論した間柄である」としている。「ところが、これらの三氏が日本に帰られてから、私はまだ一度も会ったことがない。その姿をちらと見たこともない。終戦後しばらくは政治的に沈黙を守りたいという私の気持が、かれらに会えるようなところへ足を向けることを妨げていたからである」という[26]。

昌も、こう書き残している。

戦後、世はまさに、てんやわんや、社会党や共産党から、いろいろと声がかかったらしい。詳しいことは私に知らせなかったが、

「今、こんな時世に、物をいい、どこかに所属すると、やがてどんなことになって、後悔するかわからない。当分世がおちつくまで百姓して静観する」といった[27]。

## 大隈秀夫・中山正男の回想

大隈秀夫は一九四〇年代後半の大宅について、大宅自身から聞いたという話を次のように紹介している。

わたしは大宅と知り合ってから数年後、当時［ジャワ時代］のことをただしたが、よほど不愉快な出来事があったらしくて多くを語らない。そのかわり、敗戦の年を挟んで五、六年間の明け暮れをマージャンにたとえながらちょっぴり口を開いた。

「帰国してからの本格的な農耕生活、戦後三、四年の沈黙をおれは〝文筆的断食時代〟と名付けたんだ。君はマージャンに詳しいんで話をしよう。ジャワから帰国したときの心境を言うと、マージャンのゲーム中にオリたようなもんだよ。戦後しばらく黙っていたのは勝負に出るときではないと読んだからね。テンパイしたからといって攻めていたら大きな手に振り込んでいただろうな。オリてたからこそ戦後、追放の憂きめにも遭わなかった(28)」

「オリた」「勝負に出るときではないと読んだ」という表現から、社会の大きな変動のときにはそれにのって動くことはせず静観するという発想を読みとることができる。

大宅を宣伝班のメンバーとして推薦した陸軍画報社長・中山正男は、敗戦直後（八月中と思われる）会社の「だれもいない部屋で書類の整理をしていた」ところ大宅がやってきたという。中山はこう書いている。

「おい、地下にもぐれ。そして一日でも生きのびてくれ。家族のことはおれたちで引受けるから」

私と顔を合わせるなりこう言った。大宅はその時、軍国主義者は連合軍によって処断されると考えていたのだ(29)。

中山の証言からわかるのは、国家の動きをも静観する、戦中から敗戦にかけての大宅独特のすごしかたである。

これらから、大宅が左翼運動だけなく、国家をも見つめ占領期をおくっていたことがわかる。そのなかで著されたのが、第五章で点数をカウントしたテクスト群なのである。

以上から、社会の大きな変動とそれに伴う知識人たちの転向という状況とともに国家をも、大宅が静観していたことがわかる。(30) 国家の動きとも距離をとりつつ、第三章第二節で見たように、そのなかで大宅は養蜂・養豚・養鶏にまで手を広げる自給自足の生活を営んでいた。「距離の人」というだけでなく、「したたかな人」としての大宅像を目にすることができよう。

## 転向と戦争体験

先に「亡命知識人論」で大宅が転向について論じていることを見たが、鶴見俊輔は近現代日本における転向には四つの山があると述べている。

現代日本思想史における転向をあつかうのには、いくつかの時期的な山がある。それらの中で最も大きな山は、第一は、昭和六年［一九三一年］の満州事変開始以後の国家権力による強制力発動の系列で、昭和八年［一九三三年］の集団転向に明白な頂点をもつ。第二は、昭和十二年［一九三七年］の北支事変開始から大東亜戦争に至る時期であって、昭和十五年［一九四〇年］の新体制運動に頂点をもつ。第三の山は、敗戦による権力の移動にともなう新しい方向づけをもつ強制力発動の系列であって、これは昭和二十年［一九四五年］八月十五日終戦決定にその頂点をもつ。第四の山は、戦後の逆コースの開始であって、昭和二十七年［一九五二年］の血のメーデーの弾圧直後の時期が転向の頂点である。(31)

第四章で見たように、大宅が写真を始めた要因のひとつに、第一の山における国家権力の強制力発動の系列があった。

そして「亡命知識人論」において大宅は上記第二・第三の山に言及したのち、第四の山を予見する記述をしていた。すなわち、占領政策の転換点にあたる、大宅のいう「第三のチャンス」は、第四の山にあたる。第四の山は近現代日本における転向の最後の山である。大宅は第四の山以降に転向の山がないであろうと認識していたところがあると考えられる。そのうえで、アメリカの占領政策の転換にともなう「逆コースの開始」という第四の山のはじまりのあたりから、「猿取哲」名で、第三の山における知識人の転向や再転向に批判を加えたといえよう。この文筆活動は、『日本の遺書』『人間裸像』の刊行へと続いた。

また、ジャワにおける軍の占領政策の転換、その転換への批判的言動、その言動によりマークされたことから、大宅は変動の時には動かず静観するという考えを得ていた。

これらが、第三・第四の山において、国家や社会の動きを静観することにつながったと考えられる。以上から、生徒日誌に見る距離感覚そして転向とともに戦中のジャワ派遣軍宣伝班での体験が、前章・本章で見た戦後の大宅の傍観者的知識人の道を決定づけたといえる。

# 第七章　帝国主義／総力戦から東西冷戦へ
## ――大宅壮一の海外ルポルタージュをめぐって

### 一　大宅壮一の海外ルポルタージュ

第一章において、前田愛の大衆社会化論的観点・鶴見俊輔の転向論を踏まえ、大宅壮一の戦争体験に着眼しここから大宅の「戦後」をクローズアップするという問題設定をおこなった。

第二章においては第一次世界大戦が終了した一九一八年から一九二〇年代にかけての大衆社会化状況、一九五〇年代の大衆社会化状況を概観した。第三章では、このふたつと重なるかたちでの大宅の活動を見た。そこにおいては、一度目の大衆社会化と二度目の大衆社会化のあいだに、大宅の転向があることも確認した。

第四章では大宅のふたつの戦争体験のうち、プロパガンダ映画を紹介した。これに続く第五章・第六章では占領期（一九五〇年ごろまで）の活動をたどり、ジャワにおける戦争体験と戦後の中立の標榜との連続性、また戦後の大宅の内面における社会主義・商業主義・ジャーナリズムの「ちゃんぽん」状態を大宅自身が自覚していたことをたどった。

本章では、大宅のもうひとつの戦争体験である、日中戦争時の海外ルポルタージュをとりあげる。これは、第一章で述べた「第二の大衆文化」が主流になりゆく昭和三〇年代における「大宅壮一の時代」の海外ルポルタージュにつながるものである。これら日中戦時と冷戦下の海外ルポルタージュについて見ていき、結論をみちびきだしたい。

## 二 『外地の魅惑』と「裏街道」シリーズとの連続性

### 『外地の魅惑』について

大宅が初めて上梓した海外ルポルタージュの単著は、日中戦争中の『外地の魅惑』(萬里閣、一九四〇年)である(図7-1、図7-2)。

大宅が戦後世界旅行をして「裏街道」シリーズを著したことは紹介されても、『外地の魅惑』と「裏街道」シリーズの連続性が論じられることはとぼしい。そうしたなかで、『外地の魅惑』が収録された『大宅壮一全集』第一七巻(蒼洋社、一九八二年)の解説で、尾崎秀樹は、『世界の裏街道を行く』の原型を戦前の著作『外地の魅惑』によむことができると指摘している(1)。

本節では『外地の魅惑』の特色ならびに「裏街道」シリーズとの連続性を、大宅のことばをたどることで確認したい。

大宅壮一全集編集実務委員会編『大宅壮一読本　大宅壮一全集別巻』所収「大宅壮一年譜」の一九三七年のところには、次の記述がある。「この年より翌年にかけて従軍記者として上海、香港、北京、徐州、

図7-1　大宅壮一『外地の魅惑』書影

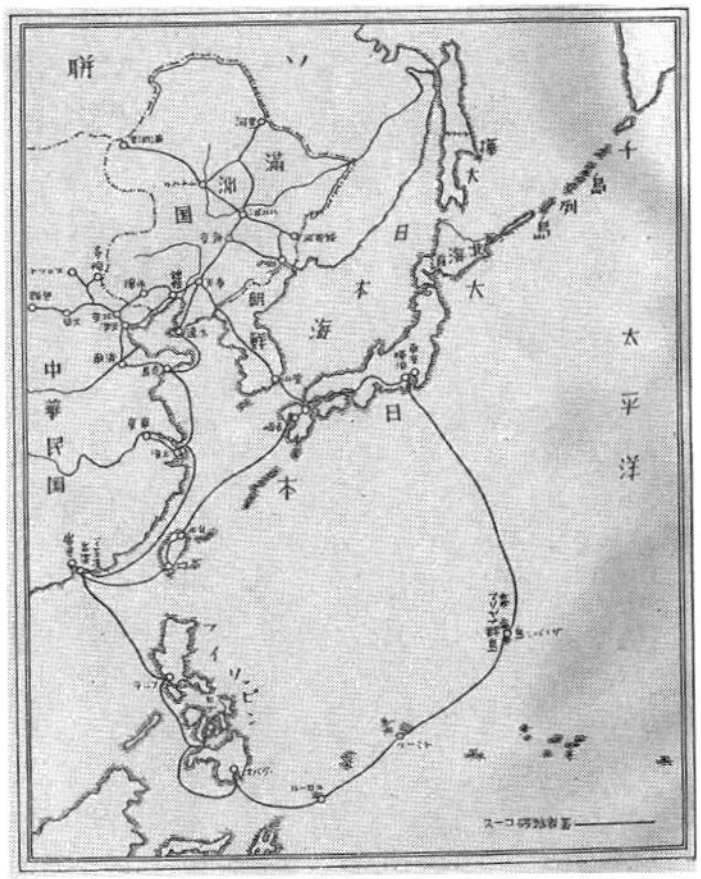


図7-2　『外地の魅惑』中表紙裏の地図。大宅の足跡が記載されている。

南京、広東など中国大陸を歩きまわり、〝大陸無宿〟と称した」[2]。

おもにこの体験のルポルタージュが記された『外地の魅惑』の構成は、次のようになっている。

口絵／序／内蒙古横断記／戦雲下の蒙古草原／南十字星は招く／香港の敵性を暴く／南支のスパイ合戦／苦力と共にフランス船へ／大陸を股にかけて／共産匪地帯の最前線を行く／大陸に進出する女／満支要人の印象／陣中に橋本欣五郎と語る／香港で／広東の火野葦平／満洲の盛り場／海賊と火事／阿片と賭博／大陸旅行経済学／大陸カメラ案内

この約半数が、日中戦争勃発後香港から戦場に向かった記録である[3]。口絵には、大宅が撮影した写真が一〇頁にわたり掲載されている（図7-3、図7-5～図7-9）。『外地の魅惑』収録の個々のルポルタージュには、初出時にも写真が複数掲載されているものが見られる。口絵の一頁目の写真は、『文藝春秋』時局増刊一一号（一九三八年）の表紙

図 7-3　『外地の魅惑』口絵 1 頁目

図 7-4　『文藝春秋』時局増刊11号（1938年）表紙

に使われているものと同じであり、大宅の写真が、メジャーな雑誌の表紙を飾る水準のものであったことがわかる（図7-3・図7-4）。

さらに図7-5右側の少年の写真と図7-6左側の家のなかの写真は、第四章第二節で紹介した『写真週報』一九三八年六月二九日号にも掲載されている。

これらの写真からも、大宅が現地人の自然な表情をとらえることができるのみならず、家のなかにおいてもきれいに写った写真を撮影できる技術を持っていたことがわかる。

なお、図7-8の右上のものは、南京陥落時の大宅が写ったものである。図7-9の下半分に掲載されているのは、香港で撮影した、抗日映画のポスターである。第四章でプロパガンダ映画を扱ったが、限られた口絵のなかにそうしたポスターの写真を掲載するところに、大宅がプロパガンダ映画に関心があったことがうかがえよう。

『外地の魅惑』の「序」のなかで大宅は次のよ

うに述べている。

この数年間私は、日本の植民地、外地と称せられるところを丹念に歩いた。汽車で、船で、トラックで、飛行機で——歩いた全コースは、何万キロに達するか、計算してみないとわからないが、飛行機に乗った延べ時間も、すでに百時間に近い。

日本という島国に育って、国境というものを知らずに大きくなった私は、初めて知った外地の不思議な魅力に憑かれたものの如く、つぎからつぎへと渡り歩いた、台湾、フィリッピンから南洋群島へかけてのジャングルの旅、珊瑚礁のピクニック、熱帯の果王ドリアンや鰐の佃煮の味。

図 7-5　『外地の魅惑』口絵２頁目・３頁目

図 7-6　『外地の魅惑』口絵４頁目・５頁目

図 7-7　『外地の魅惑』口絵６頁目・７頁目

図 7-8 『外地の魅惑』口絵 8 頁目・9 頁目

図 7-9 『外地の魅惑』口絵10頁目

支那事変勃発後は、まず援蒋の基地、スパイの都香港へ真っ先にかけつけて、物凄い抗日の嵐の中で一月を送り、一度は私自身スパイと間違えられて危く群衆のリンチを免れた。それから苦力と共にフランス船の船底に入って、事変後日本人として香港・上海コース一番乗りに成功し、さっそく従軍して中山門から南京に入城した。その後幾度か大陸に渡って皇軍の作戦地域は一通り廻って歩いた。とりわけ蒙古の粗朴《ママ》な自然と人情は、行くごとに親しみを加え、蒙古包《パオ》やラマ廟での生活は、今も時々夢に見る位である。

（略）

写真は大部分私の撮影したもので、もっと沢山入れたかったが、用紙不足の折から割愛せざるをえなかった。装幀は満鉄写真配給所の魚田善夫君を煩わした。(4)

この文章からも、『外地の魅惑』が中国大陸や東南アジアを旅した記録であることや旅の模様を理解できよう。現地で写真を多数撮影していたこともうかがえよう。

## 『外地の魅惑』の特色

この『外地の魅惑』の特色として、次のふたつを挙げることができる。ひとつは、皮膚感覚で現地を捉えようとする姿勢である。もうひとつは、複製技術（写真・映像）での記録に対する強い関心である。

第一の点について、「大陸旅行経済学」の章のなかで次のように述べている。

「事変後僕は数ケ月にわたる旅行を何度も試みた。それも別に特別の用向きをおびて行ったわけではないので、気の向くまゝに、丹念に大陸を歩き廻った。／元々僕は支那通でも何でもないが、事変後の支那において足跡の広く及んでいる点では、新聞社の中でも僕が一番だといつも自慢している次第である。新聞社に籍をおいてはいるが、本職の新聞記者でもなく、といって単なる旅行者でもなく、必要に応じていろんな役目をしながら、というよりはむしろ新しく知った大陸の魅力に憑かれたように、ぶらりぶらりと歩き廻ったのである」[5]。「地上の乗物」「についても僕は人とちがった意見をもっている。つまり知らない土地へついたら徒歩第一、つぎに電車やバス、そのつぎに人力車、自動車は最後で、時間の足りない場合にのみやむをえず乗るということを原則にしている」[6]。

ひとつめの傍線部からも、前頁の引用部分同様、『毎日新聞』の従軍記者のなかで最も中国大陸を歩いたという大宅の自負が伝わる。大宅は、今日の問題社から依頼を受け、大宅編『支那事情辞典』（今日の問題社、一九三九年）を編んでいる。ふたつめの、徒歩を移動手段として優先させることについて、同じ「大陸旅行経済学」の章では、次のようにも述べている。

「なるべく、目的地へつく前に、地図でその土地の大体の輪郭を頭に入れておいて、主なる官庁盛り場、公園、停車場といったものを目標に近ければ歩き、少し離れているところは、電車かバスでなければ洋車を利用することにしている。／自動車で行ったコースは、一番印象が薄く、何度通っても覚えない。時間がたっぷりあれば歩くに限る。特に写真の好きなものが、歩くのを嫌っていては、い、被写体をつかめない。自動車で名所旧跡を廻っていたのでは、絵葉書のようなものしか撮れない。その土地の個性にふれたいならば、まず歩くことだ」[7]。

この写真については、「香港の敵性を暴く」「南支のスパイ合戦」の章に、香港滞在時ライカと一六ミリを持ち歩いていたことが記されている[8]。

以上のように、近代日本の帝国主義下における従軍記者という立場で、大宅は皮膚感覚を重視し、ルポルタージュを発表していた。そこでは、写真という複製技術での記録もともにおこなわれていた。

## 『外地の魅惑』と「裏街道」シリーズとの連続性について

いっぽう、「裏街道」シリーズの一冊目である、一九五五年刊行の『世界の裏街道を行く』の「あとがき」には、次のように書かれている。

> 旅行は私にとって最大のスポーツである。いや、スポーツ以上である。戦前から戦時中にかけて、私は〝大東亜共栄圏〟をほとんどあますところなく歩いた。特に交通不便な蒙古の奥とか、南方諸島のジャングル地帯は、私に旅行〝スポーツ〟の醍醐味を満喫させてくれた。スパイ嫌疑でつかまったり、生命の危険にさらされたりしたことも、一度や二度ではない。

中学時代にアメリカへ密航しようとして果さなかった私にとって、新大陸への旅は、四十年間私の胸に温めてきた夢である。たまたま昨年六月、サンパウロ四百年祭に招待をうけて、その夢を実現する機会が与えられたのである。この機会に私は、東亜以外の国々の大部分をまわった。それも三等国以下に重点をおいた。またどこの国へ行っても、名の聞えた政治家、学者、芸術家などというのに会見するチャンスはあっても、わざと避けた。もっぱら大衆の生活にジカにふれて見たかった。特に海外で根をおろしている日本人コロニーは、できるだけ丹念に訪ねてまわって、その実態をさぐり、かれらのほんとの声を聞こうとつとめた。

日本の在外公館などには、よほど困った場合以外、なるべく厄介にならぬように心がけた。そのために見知らぬ国の見知らぬ町で、深夜宿なしルンペンのようにさまようたことも、いくたびかあった。逆にわざと自分を窮地に陥れた場合も少くない。例えば向う一週間、ホテルでは絶対に食事しないとか、バス、電車、地下鉄などの大衆的乗物しか利用しないとかいったようなルールをつくって自分に課した。どうしてもホテルに帰りつくことができなくてタクシーに乗ったりしては私の敗けである。こういう私の〝ひとりスポーツ〟は、そのときは苦しかったが、後に回想してみると実に楽しいものである。

こういった体験から生れたものがこの旅行記である。(9)

ここに、『外地の魅惑』における特色のひとつである、皮膚感覚で現地をとらえようとする姿勢が、『世界の裏街道を行く』につながっていることを見いだせる。そして、帝国主義下に著したルポルタージュと冷戦下のルポルタージュに連続性があることについて、大宅もじゅうぶんに自覚的であるばかりかそれを表明していたことが確認できる。『外地の魅惑』におけるもうひとつの特色である、写真への関心については、次節で見るように、戦後の海外ルポルタージュにおいても文章と写真との組み合わせが見られる。以上から、『外地の魅惑』と「裏街道」シリーズとの連続性を確認できよう。(10)

## 三　大宅壮一の海外ルポルタージュと活字メディアにおけるその展開

### 大宅壮一の世界旅行とそのルポルタージュの刊行

本節ではまず、戦後の大宅の四回にわたる世界旅行の主要訪問国と、単行本化されたそのルポルタージュを見ていきたい。(11)なお、下記『黄色い革命』以外の単行本は、大宅の文章に、大宅撮影の写真が組み合わせられて構成されている。

第一回目の世界旅行は、一九五四年六月一九日から一九五五年一月一一日までのものである。

この旅で訪問した国は、パキスタン・レバノン・シリア・イラン・イラク・ギリシア・ユーゴスラビア・イタリア・バチカン・サンマリノ・スイス・ドイツ・オランダ・イギリス・フランス・スペイン・ポルトガル・ブラジル・アルゼンチン・ウルグアイ・チリ・ボリビア・ペルー・コロンビア・メキシコ・キューバ・ジャマイカ・ハイチ・アメリカ合衆国・カナダ等である。

このルポルタージュは「世界の裏街道を行く」と題され、『産経新聞』一九五五年一月二九日から一〇月一四日まで連載された。この告知記事は二度（一月九日夕刊一面と一月二八日夕刊一面）掲載されている。二度目のもの（図7-10）には「日本一の文明批評家がカメラ片手に巡遊した五十か国毒舌道中記」と記されており、大宅が撮影した写真も紹介されることが示されている。じっさい、大宅の文章と大宅撮影の写

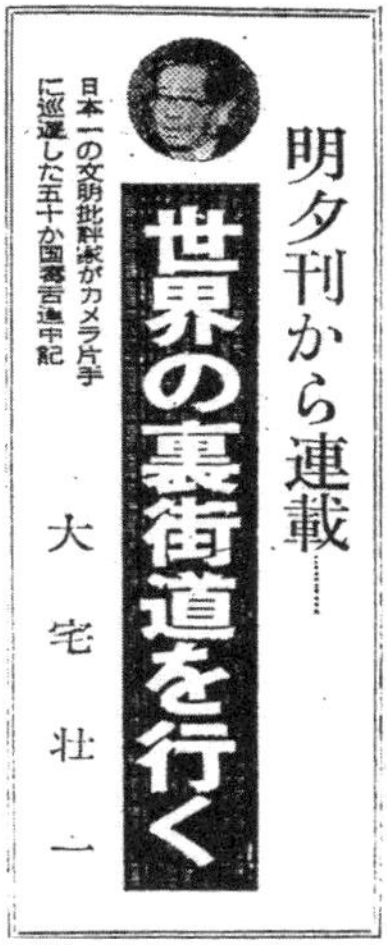
明夕刊から連載……

世界の裏街道を行く

大宅壮一

日本一の文明批評家がカメラ片手に巡遊した五十か国寄言道中記

図 7-10　2度目に掲載された「世界の裏街道を行く」連載告知記事（『サンケイ新聞』1955年1月28日夕刊1面）。

世界の裏街道を行く①

大宅壮一

第一夜〝土漠〟の都へ

アラビア夜話の夢の国

図 7-11　大宅壮一「世界の裏街道を行く」第1回（『サンケイ新聞』1955年1月29日1面）

真が組み合わされて掲載された（図7−11）。

単行本は、『世界の裏街道を行く』（文藝春秋新社、一九五五年。中近東・ヨーロッパ・アフリカの旅が綴られている、(12) 図7−12）『世界の裏街道を行く――南北アメリカ篇』（文藝春秋新社、一九五六年）として刊行された。

第二回目の世界旅行は、一九五九年九月四日から一〇月七日までのものである。

この旅で訪問した地域は、ワシントン・ニューヨーク・サンフランシスコ・デモイン・ピッツバーグ・ゲティスバーグ・シアトル・アラスカである。

このルポルタージュは、『フルシチョフ遠征従軍記』（新潮社、一九六〇年）として刊行された。

第三回目の世界旅行は、一九六〇年一月二四日から六月四日までのものである。

この旅で訪問した国は、台湾・フィリピン・シンガポール・マレーシア・タイ・ビ

図 7-12　『世界の裏街道を行く』巻頭の写真（ローマ、1954年）（『大宅壮一全集』第18巻、蒼洋社、1981年、口絵1頁）

ルマ・南ベトナム・カンボジア・ラオス・インドネシア等である。

このルポルタージュは「黄色い革命・黒い革命」と題され、『産経新聞』一九六〇年七月二〇日から一九六一年一月二六日まで連載された。連載時にはやはり、大宅の文章と大宅撮影の写真が組み合わされた。単行本は、『黄色い革命』（文藝春秋新社、一九六一年）として刊行された。

第四回目の世界旅行は、一九六一年四月二六日から八月三一日までのものである。

この旅でソ連において訪問した地域は、モスクワ・レニングラード（サンクトペテルブルク）・ラトビア・ウクライナ・オデッサ・ヤルタ・コーカサス・グルジア（ジョージア）・アルメニア・タシケント等である。また他の訪問国は、ポーランド・ハンガリー・チェコスロバキア・ルーマニア・ブルガリア・東ドイツ・リヒテンシュタイン・モナコ・ルクセンブルグ・ベルギー・オーストリア・アイルランド・ノルウェー等である。

このルポルタージュは、『ソ連の裏街道を行く』（文藝春秋新社、一九六二年）『東欧の裏街道を行く』（文藝春秋新社、一九六二年）『小国の裏街道を行く』（文藝春秋新社、一九六二年）として刊行された。

四回目の世界旅行にあたる一九六一年四月から八月のソ連・東欧等の訪問のあと大宅は、『文藝春秋』一九六一年一一月号に「共産主義的人間像」を、一二月号に「人間みんなライカ犬」を寄稿した。また、

『婦人公論』一九六一年一一月号に「戦争は起らないという私の考え方」を寄稿した。この目次には、「ソ連初め東欧諸国を巡歴した筆者が第三次世界大戦不可避の迷信を覆えす実感的評論」と記載されている。

翌一九六二年一月号の『文藝春秋』に大宅は、「世界は楕円である」を発表した。目次には、「世界一周百ヵ国から得た結論」と記載されている。これは、アメリカとソ連をふたつの焦点とする楕円に地球を見立て中立的な立場から時事評論をしたものである。また同じ一九六二年一月号の『中央公論』に巻頭論文「詩と小説と権力と」を寄稿している。

以上の評論は、このソ連旅行の「理論的な収穫[13]」としてまた「世界旅行五ヵ年計画の収穫、決算、報告、結論みたいなもの[14]」としてカッパ・ブックスから刊行された、『この目で見たソ連――世界旅行五ヵ年計画の決算報告』（一九六二年）に収録された（「人間みんなライカ犬」は「二億のライカ犬」に改題されている。図7-13、図7-14）。

図7-13 『この目で見たソ連』書影（「世界は楕円である」の内容が反映された表紙となっている）

以上のように、一九五〇年代から一九六〇年代初頭にかけて大宅は海外ルポルタージュを発表した。これは、単なる旅行記の出版というだけにとどまらず、同時代の世界の動向のなかで現地の模様を伝えるという意味合いをも帯びた。

## 冷戦下の国ぐにの模様を伝える

たとえば「黄色い革命・黒い革命」の連載開始の告

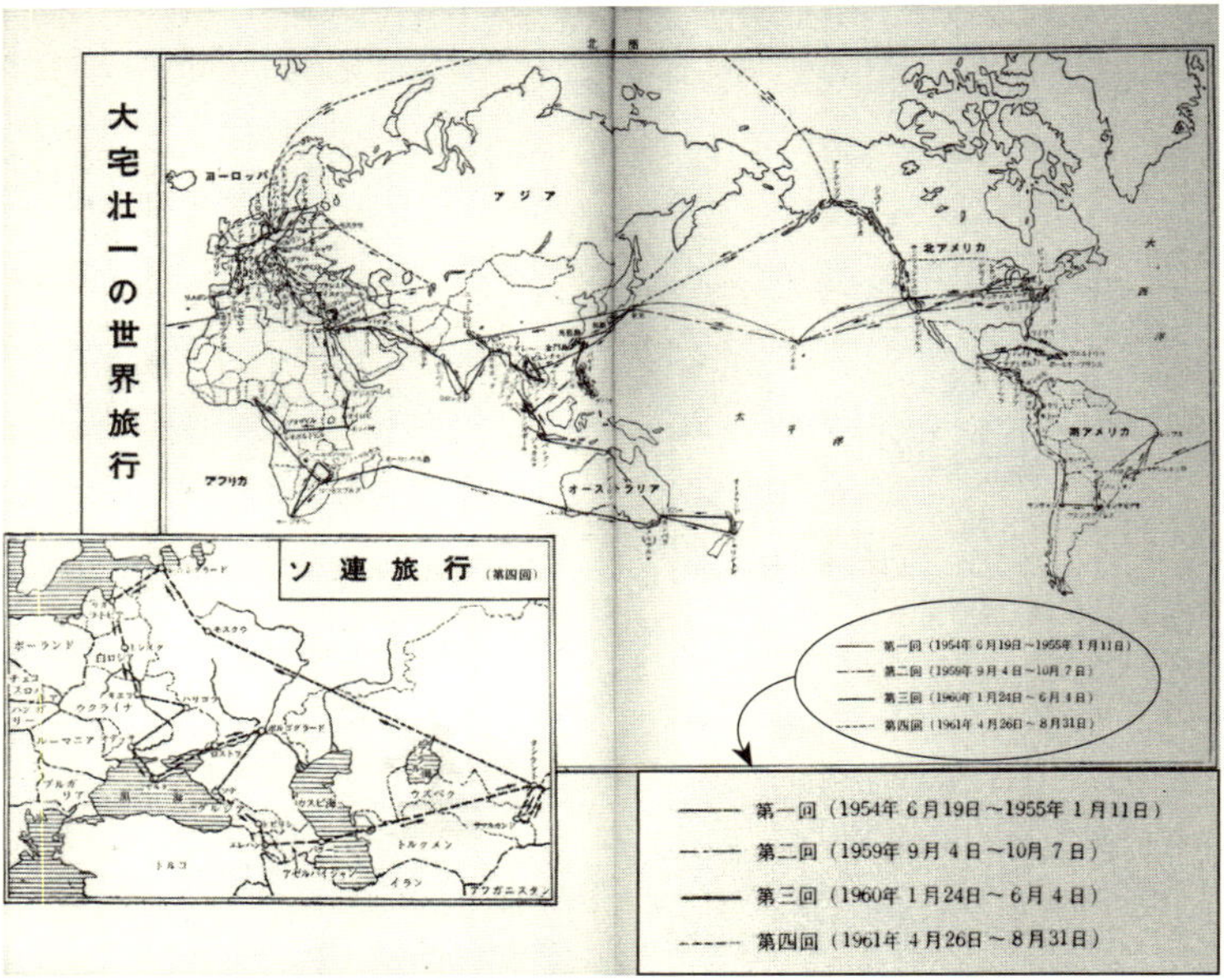


図 7-14　『この目で見たソ連』表紙裏の見開きに掲載されている「大宅壮一の世界旅行」「ソ連旅行」地図

知には、次のような大宅のことばが掲載されている。

> 世界は今、大きくゆれている。いたるところで、火をふき、噴煙と降灰が全世界をおおっている。私はこの正月に日本を出て、その噴火地帯、震源地をかけめぐってきた。これから書こうとするのはその報告である。
>
> 目下、人類は四番目の大きな革命に直面している。第一は平民が貴族に勝ったフランス革命、第二は無産階級が有産階級を倒したロシア革命、第三はアジア人が白人の勢力をアジアから駆逐するキッカケとなった中共の革命、第四は久しく家畜扱いをうけていたアフリカの黒人が、

人間として総けっ起し、全面的に自由と独立を獲得しようとする革命だ。これを色で表現すると、第一は白色革命、第二は赤色革命、第三は黄色革命、第四は黒色革命ということになる。[15]

この次の旅のルポルタージュである『ソ連の裏街道を行く』の「まえがき」は、次のように始まっている。

こんどのソ連およびその衛星国の旅は、私の〝世界旅行五カ年計画〟の仕上げのような形になったのであるが、はじめからそういうプログラムを立てていたわけではない。五年前だと、共産国にはかんたんに入れそうにもなかったし、どうにか入ることができたとしても、当時は行動、見聞の範囲がひどく限定されていて、うるところが少なかったにちがいない。

その点で、こんどの旅行はたいへん恵まれていた。〝鉄のカーテン〟というものをあまり意識しないでとびまわることができた。ちょうど〝非スターリン化〟が進行していて、〝雪どけ〟的現象が、いろいろな面で見られた。ソ連の古い面と新しい面、スターリン主義からフルシチョフ主義へ交代する姿を目撃する機会を与えられた。数年前だと古いスターリン的ソ連しか見られなかったし、数年後だとフルシチョフ的ソ連しか見られなかったろう。

現在、ソ連は大きな曲り角にきているが、私自身も期せずしてその曲り角に立ち、ソ連のすすんできたあとをかえりみ、これからすすもうとする新しいコースを第三者の目で眺めることができた。ソ連を訪れる前に、共産圏以外の国々をほぼ見つくして、さらにフルシチョフのアメリカ、東南アジア訪問に随行したことも、準備行動として役立った。これがフルシチョフ化されたソ連を理解するのに必要なカギともなった[16]。

大宅のルポルタージュは、冷戦下の国ぐににおける多極化や〝非スターリン化〟といった激動の模様を、一九六〇年以降の本格的な高度成長にともなう大衆社会化のさらなる進展という激動の時代の始まりにあった同時代日本の読者に、伝えるものであったともいえる。

次に、大宅の海外ルポルタージュが、同時代の活字メディアのなかでどのような広がりを持ったのかを紹介したい。

## 『週刊朝日』『週刊コウロン』への寄稿

第一回目の世界旅行から大宅が帰国したのは一九五五年一月一一日であるが、早くも、『週刊朝日』一九五五年一月三〇日号に、九頁にわたる巻頭特集「開かれた窓々—53カ国をまわって—」を見ることができる。これは、大宅の文章と大宅撮影の写真で構成されたものである。第三章第二節でも述べたように一九五〇年代における同誌の巻頭特集は数人の記者が執筆しており、社外のひとりの人物によって書かれたのは異例である。

次の二月六日号にも、大宅「続・開かれた窓々　日本政府に注文する」が四頁にわたり、大宅撮影の写真とともに掲載されている。

この時期に大宅が、同誌の連載「日本拝見」を交代で執筆していたことを第三章で述べた。同連載において、二月二〇日号が「日本人拝見　サン・パウロ」、三月六日号が「日本人拝見　ブエノスアイレス」、三月二〇日号が「日本人拝見　ホノルル」、五月一日号が「日本人拝見　ペルー」、五月八日号が

図7-15　大宅壮一「日本人拝見　ペルー」（『週刊朝日』1955年5月1日号）。

「日本人拝見　メキシコ」として掲載されている。いずれも現地の日本人移民の模様を綴ったものである。大宅の文章が三頁にわたり掲載され続くモノクログラビア五頁に大宅が撮影した写真が掲載されている（図7-15）。昭和三〇年代のマス・コミュニケーションの拡大のなかで、百万部以上が発行される雑誌に大宅の文章とともに写真が掲載され流通したことは、第二章第一節で紹介したオルテガの次のことばを思い出させよう。「写真入りの新聞や映画が、こうした世界の遠い断片のすべてを、大衆の眼前に直接的にもたらしたのである」。

四月二四日号では、大宅「海外へ渡る人たちへ　移民問答十項」が、大宅撮影の写真とともに、四頁にわたって掲載されている。冒頭大宅はこう述べている。

「旅行から帰って以来、私が本誌に数回にわたって書いた記事について、問い合わせの手紙をたくさん頂いた。あらかじめ「個人的質問はお断り」しておいたのであるが、にもかかわらず、その総数はたいへんなものである。その一つ一つを読んで行くと、その熱情に動かされるのであるが、帰国以来自由な時間をほとんどもたない私にとって、一々返事を出すことは事実上不可能である。ことに移民希望者を実際的な面で世話したりすることは、私の手におえることではない。／そこで、これまでの質問を分類し、要約して、ここでひとまとめにしてお答えすることにしたい[17]」。

「開かれた窓々」等を寄稿した大宅みずからが、百万部以上の発行部数を誇る週刊誌に、読者からの質問を類型化し回答を寄せるところに、大宅の海外ルポルタージュの寄稿への反響の大きさを、うかがえよう。

『週刊朝日』へのこの再三にわたる寄稿に代表されるように、一回目の旅行を終えた大宅は、活字メディアにおけるさまざまな媒体に登場している。その広がりは、児童向け学習雑誌にまで及んでいる。『小学六年生』一九五五年五月号に「〈座談会〉世界に目をひらこう——大宅壮一先生の旅行おみやげ話」が、大宅の話をふたりの読者が聞くかたちで、一一頁にわたり大宅撮影の写真入りで掲載された。

フルシチョフの訪米を追った、第二回目の旅行から大宅が帰国したのは、一九五九年一〇月七日である。一〇月二七日に発売された『週刊コウロン』創刊号（一一月三日号）巻頭には、この旅行での見聞をもとに執筆された、大宅「負けてよかった日本」が八頁にわたり掲載された[18]。

## 全集ブームに掉さす『世界の旅』

四回目の世界旅行の帰国（一九六一年八月三一日）後の一一月から、大宅・桑原武夫・阿川弘之を編集委員とする『世界の旅』全一〇巻（中央公論社）の刊行が始まった。大宅は第一巻と第五巻の解説を執筆している。第一巻の解説「海外旅行学概論――旅行スポーツ論をめぐって――」のなかで大宅は、『世界の裏街道を行く』の「あとがき」で述べていた、旅先でルールを自分に課すことについて紹介している。[19]

中央公論社は、前年一一月、創業七五周年記念出版『世界の歴史』全一六巻別巻一の刊行を始めていた。『世界の旅』は、これに続く全集企画である。

同社は、このあと一九六三年二月から『世界の文学』全五四巻の刊行を開始する。これ以降一九六九年まで毎年新しい全集を企画・刊行した。社史には「まさに「全集の中央公論社」の名をほしいままにした」と記述されている。[20]

大宅が世界を旅しルポルタージュを発表してきたことから、編集委員に就いたことは、容易に推察できよう。大宅の海外ルポルタージュの活動の延長上に、一九六〇年代の全集ブームに掉さす企画が存在した。活字メディアにおいて、大宅の海外ルポルタージュは、新聞・週刊誌・(総合雑誌など)月刊誌・単行本にとどまらず全集にまで広がりをもつものだった。

〝「裏街道」の大宅壮一〟

なお、当時大宅に旅のイメージが強くあったことも、活字メディアにおける次のような事例から確認できる。

一九五五年一一月四日号から一九五九年三月二七日号まで刊行された『週刊娯楽よみうり』に、創刊号から最終号まで連載された大宅の対談のタイトルは、「おしゃべり道中」であった。対談相手の呼称は、一九五五年一一月一八日号までは「ゲスト」と記され、二五日号以降は「道づれ」と記されている。同誌は第一回目の世界旅行の帰国後に創刊された雑誌である。「おしゃべり道中」の一覧は、巻末の資料

7-1を参照されたい。

一九六〇年代の事例を見ると、第一章・第三章で紹介した『炎は流れる』第一巻が『朝日新聞』一九六四年三月三〇日朝刊読書面でトップにとりあげられた際の見出しは、「歴史の裏街道を行く」であった。また、野村證券のPR報『第二の所得』に連載され一九六五年に知性アイデアセンター出版部から刊行された、大宅と企業経営者との対談集のタイトルは『企業の新街道を行く』であった。同書は国立国会図書館に所蔵されていない。対談の一覧は巻末の資料7-2を参照されたい。

大宅の第四回目の世界旅行は一九六一年のものであり、これらを記録した「裏街道」シリーズの単行本が三冊刊行されたのは翌年であった。上記の二例はそのあとのものであるが、〝「裏街道」の大宅壮一〟という認識が当時社会的に広く共有されていたことを理解できよう。

著作における海外体験の紹介（一）

大宅は、ルポルタージュ以外の著作においても、海外での体験談を紹介した。

その代表的な評論のひとつは、『文藝春秋』一九六〇年一〇月号に発表した「共産主義のすすめ」である。これは『中央公論』一九六四年一〇月号「特集 戦後日本を創った代表的論文」に再録された一八本に含まれている。また、『文藝春秋』一九七二年二月号「特集『文藝春秋』による戦後史」に採録された一〇本にも含まれている。

このなかで大宅は、こう述べている。「後進国の近代化をさまたげている最大のガンは、何といっても宗教である。人間の生活から宗教を完全にとりのぞくことが不可能であるとしても、これを抑えない限り、これらの国々の近代化は絶望に近いといわざるをえない」[21]。

そして、「その犠牲も大きい」としながらも、「共産主義は後進国開発には、もっとも確実で有効な過程である」[22]と述べている。

さらに大宅は、「共産主義のあとにあとに資本主義がくる」[23]とマルクスの公式を訂正すべきでないか、と一九六〇年の第三回目の世界旅行で考えたという。大宅はこう述べている。

アメリカやソ連も、コースは逆だが、進む目標において歩みよりつつあるともいえる。最近、ソ連が消費物質の生産に力を入れ、新聞に広告が出たり、月賦販売を認めるようになったといわれるのも、この基本的な傾向のあらわれである。まだ手術の完了していない中共に今すぐそれを期待するのはムリだが、その点でもやがてソ連のあとを追うだろう。[24]

第三章で武田徹の「現実主義的」ということばを紹介したが、大宅における（理想主義ではないという意味での）現実主義の一端を理解できよう。

なお『この目で見たソ連』の「二億のライカ犬」の章を次のように締めくくっている。「ソ連の場合でいうと、ソ連人のだれにあっても異口同音に〝平和と友好〟を口にしたりするところは、条件反射に近い。しかしいつかは政府に向かって何かを要求するような事態に、つまり〝道具的条件反応〟に到達することがないとはいえぬ。野生ではなくて、いわば〝人間性の呼び声〟だ。それがいつ、どのような形であらわれるか、私にはいえない。しかし、ソ連が消費面においてアメリカに近づいてきたとき、そういう反応が出てくるのではないかというのが、私の予想である。というのは、生活だけがアメリカ化して、頭のなかは元のままというのでは、唯物史観の原則にも反するからだ」[25]。ここからも、現実主義を読みとれよう。

「共産主義のすすめ」に戻ると、その本文中では、冒頭の「アジア、アフリカの旅は、ひとくちにいって火事見舞のようなものである」(26)に始まり、世界旅行での実体験を随所で紹介している。具体的には、偶然シアヌークと同宿して彼を観察する機会に恵まれたこと、ラングーン滞在時にビルマ（ミャンマー）の総選挙が重なったことや現地の日本人留学生を訪ねたことである。世界情勢の時事的な評論のなかにこれらの体験を挿入することは、評論の説得力を高めているといえよう。

### 著作における海外体験の紹介（二）

こうしたことは、評論に限らず、随筆にも見ることができる。

その事例のひとつとして、『西日本新聞』に一九五五年に連載した随筆をおもにまとめた『人生旅行』（角川書店〔角川新書〕、一九五六年）をとりあげたい。

同書の「事故」と題した作品では、まず同時代に空の事故が少ないことを述べる際に、「昨年から今年にかけての世界旅行では、日本人として戦後における空の旅の記録をつくったといわれた」と述べている。

さらに陸の事故について、「交通事故のもっとも多いのは陸上である。それも汽車よりは自動車に多い。今や自動車の過剰は世界的な現象である」と述べたうえで、次のようにいう。

昨年の暮から正月にかけて私はアメリカで過したが、クリスマス前後の三日間に全米で交通事故のために生命を失うものは、四百六十名（正確な数字は忘れたが）に達するであろう、と前もって当局が発表し、警告した。むろんこれは例年の数字に基づいた推定であるが、さてクリスマスがすんで調べたところによると、予想よりも三名多かっただけである。[27]

「怪奇」と題する作品では、ユーゴスラビアとソ連・アメリカそれぞれとの関係について述べるなかで次のように綴っている。

こんどのソ連の国交回復に際して、両者の出した声明をみると、どっちもしきりに〝平和のため〟をくりかえしているが、私の目に映ったユーゴは、世界中でもっとも徹底した軍国主義国家である。町にカーキー色がはんらんしているばかりでなく、夕方には青年をあつめて軍事訓練までやっていて〝大東亜戦争〟直前の日本を想い出させた。これに要する金はほとんどアメリカからきたもので、すでに十億ドルを越えている。アメリカの軍事顧問団が千人以上もきて、ユーゴの軍事指導に当っているのをみても、アメリカがこの国の軍事的価値をいかに高く評価しているかがわかる。[28]

このように「この目で見た」外国での実体験を挿入することは、読者サービスであったとともに、文章に説得力を付与したと考えられる。

## 四　大宅壮一の「熱い戦争」と「冷たい戦争」――大宅壮一の「戦後」

### 大宅壮一の「戦後」

ここまで見た大宅壮一の戦中と戦後を、時系列に沿って振り返りたい。

都市部を中心とする一九一八年から一九二〇年代の大衆社会化を背景に、大宅は左翼的な立場で編集・評論活動を開始・展開した。

帝国主義下の「熱い戦争」たる日中戦争時に大宅は『外地の魅惑』を著した。ここでは皮膚感覚が重視されるとともに、写真での記録がおこなわれていた。

続いて、帝国主義下の「熱い戦争」たるアジア太平洋戦争時には、プロパガンダ映画にたずさわっていた。そしてジャワにおける軍部との衝突が、中立を標榜する戦後の活動のありかたにつながっていると考えられる。戦中プロパガンダにかかわった大宅が、戦後中立を標榜し、オピニオンリーダーとなるのである。

中立を標榜したという、大宅の「戦後」を把握するには、鶴見俊輔のいう「前衛的知識人から傍観者的知識人への転向」に、ジャワでの経験を加える必要がある。

一九五〇年代に「再登場」した大宅は、大衆社会化が全国規模で進んだ昭和三〇年代にあたる時期に最盛期を迎え、おもに知的中間層にメッセージを発信していた。

東西の「冷たい戦争」のなかで大宅は、四回にわたる世界旅行をし、ルポルタージュを生み出した。そこには、皮膚感覚の重視や写真での記録といった、日中戦争時の海外ルポルタージュにおいて培われた経験との連続性が見られた。

「「無思想人」宣言」に象徴される中立の標榜と、海外事情に詳しいゆえに、大宅の言説は大衆社会化の進む日本社会のなかで、大衆読者たる知的中間層に届き、大宅はオピニオンリーダーになりえた。また戦中戦後のルポルタージュの連続性について大宅は言明していたことから、活字メディアの「受け手」の大衆読者にはこの連続性を知りつつ受容していた者も多くいたと考えられる。

ここまで、大衆社会化の進む戦後日本社会において、戦時中のルポルタージュとプロパガンダの経験のうえに活動を展開しオピニオンリーダーとなった大宅壮一の「戦後」の姿と、その言説を受容した同時代の大衆読者の姿を見ることができる。

## 総力戦の戦中と戦後

上記の大宅の戦中と戦後を、第一章・第二章とは違ったメディア史的視点から捉えたい。

佐藤卓己は、二〇一八年秋に刊行した『現代メディア史　新版』（岩波書店〔岩波テキストブックス〕）の「初版　はじめに」において、「19世紀後半以降の大衆の国民化と情報のグローバル化が同時進行した」重要な事実を踏まえ、次のように述べている。

> この二つの潮流は、二つの世界大戦を契機に構築された総力戦体制において一本化され、今日の情報社会が生みだされた。総力戦体制とは、国民総動員によって戦争状態を日常性に組み込む自己組織的なシステムである。日本でも「１９４０年体制」の存続が指摘されているように、高度国防体制の構築後もなお私たちは高度経済成長、高度情報化と名づけられた「総力戦」状況に置かれてい

る。今なお「動員」は解除されていない。「復員」はなされていないのである。(29)

同じ年の論集『ファシスト的公共性――総力戦体制のメディア学』(岩波書店)第四章「情報宣伝――「十五年戦争」を超える視点」では、次のように述べている。

いずれにせよ、総力戦による社会全体の軍隊化(規律=訓練化)は知識全体の軍事化に対応しており、その意味では現代に続く情報化も第一次世界大戦以来の流れに位置づけることもできる。(30)

これらから、今日の情報化社会につながる流れの始原において、国民化と情報のグローバル化が一本化されたのが、戦間期であることが確認できる。大宅が編集・評論活動を開始したのは、この時期であった。

さらに佐藤は同じ論文で次のように述べている。

実際、情報社会研究は、社会科学研究の分野で戦後日本が世界に先がけて取り組んだ領域でもある。だが、その研究の目標となっていたのは、高度国防体制から高度経済成長を貫いて高度情報社会に至る情報理論の「高度化」だった。それの学知こそ「宣伝=マス・コミュニケーション」の研究であったことを忘れてはならない。(31)

これに続き佐藤は、戦時下に情報局のもとで思想戦に従軍したデザイナーたちが、戦後の広告業界に

「復員」し、消費社会のプランナーとして活躍した経緯を調査した研究として、難波功士『「打ちてし止まむ」――太平洋戦争と広告の技術者たち』（講談社〔講談社選書メチエ〕、一九九八年）を紹介している。

彼らの中心となったのは、一九四〇年一一月に内閣情報部などの資金援助で設立された国策宣伝の企画製作者集団「報道技術研究会」であった。ここにはグラフィック・デザイナーの山名文夫、原弘、コピーライターの新井静一郎はじめ、広告業界の指導者たちが結集していた。佐藤は「軍事用語としての「情報宣伝」を、産業用語の「広告コミュニケーション」に変換したプロフェッショナルたちである」としている。(32)

報道技術研究会には、理論的指導者として小山栄三や米山桂三といった研究者も参加していた。佐藤によると、「この二人は「戦後」日本のマス・コミュニケーション研究を方向づけた研究者といっても過言ではない」(33)。佐藤は両者の著作を検討し、「宣伝＝マス・コミュニケーション」研究の一貫性を明らかにしている。「小山や米山の「戦時」宣伝論は、摩擦なく「戦後」マス・コミュニケーション研究に直結した」(34)。「「戦時」精神動員の研究が「戦後」輿論参加の研究に直結していたことが確認できる」のである。(35)

「宣伝＝マス・コミュニケーション」の系譜がアカデミズムの次元にとどまらないことは、ここまで本書を読んでこられた方々には自明のことであろう。誰よりもまず、本書の主人公・大宅壮一が、戦時中プロパガンダ映画に従事し、戦後「マスコミ（＝マス・コミュニケーション）の王様」と呼ばれるオピニオンリーダーとして大衆をリードしたからである。(36)

こうしたことは、第二章で見た、一九五〇年代の他の事例にもあてはまるところがある。

一九五三年一月号が発行部数百万部を突破する『平凡』においては、同誌発行人・岩堀喜之助は、日中戦争時の一九三八年から一九四三年にかけて中国新民会山東省総会宣伝部を中心として、宣撫工作に従事していた。社史によると、岩堀は「新聞記者［『時事新報』］の経歴を生かして宣撫班活動に従事した」という。[37]岩堀はその後勤務した大政翼賛会宣伝部で、『平凡』初代編集長となる清水達夫と出会っている。『平凡』の刊行を始めるにあたり集まった五名は、このふたつの組織で岩堀が面識を得た人物であった。

『平凡』が部数を伸ばすきっかけのひとつは、一九四九年三月号から八月号まで連載された、小糸のぶ『乙女の性典』である。これ以降、思春期・青年期の若者のセクシュアリティは、中卒の勤労青少年を主要な読者層とする、『平凡』『明星』の連載小説・連載読物において欠かせない要素となる。小糸は、溝渕久美子が論じているように、[38]一九四一年におこなわれた第一回「国民映画脚本募集」を、作家となる大きな機会とした人物である。

さらに『平凡』一九五七年一一月号から一九五八年二月号まで連載された宮崎博史『有楽町で逢いましょう』は、そごう百貨店が有楽町に出店するにあたってのキャッチフレーズをタイトルとし、そごうとタイアップして映画化され、フランク永井が歌う同名の主題歌は大ヒットした。この宮崎は、清水が大政翼賛会に勤務する以前に勤めていた電通時代の人脈である。[39]清水は、「『平凡』という雑誌は、連載小説は、すべて映画化を目的としたものをのせ、しかも必ずレコード会社と話しあってその主題歌をレコードにした。だから、連載小説を企画したときは、映画会社のプロデューサーと、レコード会社のディレクターとそして私たち編集者が協議した」と述べ、「その代表的なもの」として『有楽町で逢いましょう』を挙げている。[40]

『平凡』の躍進に影響を受け一九五二年に『明星』が創刊された。同誌創刊編集長・本郷保雄は、一九四三年に『主婦之友』編集長として発行部数一六三万部を突破させるとともに、アジア太平洋戦争中には戦意高揚を意図した誌面作りをおこなっていたのである。

すなわち、戦時中に宣撫工作やプロパガンダに従事した岩堀や本郷が、戦後的な娯楽雑誌の中心的な「送り手」となっていた。

もちろん、第二章で紹介したように、扇谷正造が『週刊朝日』の巻頭特集の発想を得たのは戦前の『人物評論』でのアルバイトの際の経験であったように、一九五〇年代・一九六〇年代の大衆文化・出版メディアのすべてを戦時中の経験に還元することには慎重であらねばならないだろう。

## 大宅壮一の「熱い戦争」と「冷たい戦争」

以上を踏まえ、第一章のキーワード「大衆社会化」「転向」「戦争体験」に沿って、次の四点にわたり、大宅壮一の「戦後」を再度整理したい。

第一に「大衆社会化」については、第一と第二の大衆社会化状況と大宅のパーソナルヒストリーが重なっていた。ここでは、大宅の活動における人脈的なものや、結婚というプライベートなものも含めてとらえることができる。

このうち第一の大衆社会化は、今日の情報化社会への流れの始原たる戦間期であった。それだけでなく、プロレタリア文学に提案した「智的労働の集団化」が、冷戦下日本の資本主義社会での中間文化における週刊誌ブームと連続性を持つものであった。この中間文化を背景に、大宅は自身の最盛期を迎えたのである。

すなわち、「大衆社会化」は総力戦と切り離せないものであり、かつ大宅が活動を展開する背景となり得た。そればかりか、大宅が最盛期を迎えた、第二の大衆社会化における中間文化の形成に、大宅自身も寄与していたのである。

第二に「転向」については、第三章で見たように左翼的思想の持ち主であった大宅が冷戦下の資本主義社会において大衆をリードしていた。さらに第五章第三節で見たようにマスコミ・商業主義・社会主義という「三つの異質なものが、私の中に雑然と同居している」という「私の中の矛盾」について、大宅は自覚していた。

第三にひとつめの「戦争体験」である海外ルポルタージュの執筆と写真の撮影については、戦時中・戦後の連続性が見られた。第一章で〝「一億総白痴化」の大宅壮一〟ということばと〝「裏街道」の大宅壮一〟ということばを対比的に述べたが、海外事情に精通していることは、大宅の言説の説得力が増すことにつながった。すなわち、著作の「商品価値」を高めたのである。

さらには、左翼への弾圧の高まりから始めた写真が、東西／左右が対立する冷戦下の資本主義社会において、評論を商品とする大宅のルポルタージュの「商品価値」を高めたといえる。

第四にふたつめの「戦争体験」であるプロパガンダ映画については、転向とともにプロパガンダも経験した大宅が戦後大衆をリードしていたという把握をする必要がある。

プロパガンダ映画のうちジャワでの体験は、戦後の中立の標榜や「傍観者的知識人」のパーソナリティー形成につながるものであった。この「距離の人」の形成については、周囲に対する距離感や違和感といった「生徒日誌」からの連続性も見出すことができる。

これら三つのキーワードをもとに上記四点に整理した要素が交わり、形成されていたのが、「戦後」の大宅壮一の姿であった。それでは、とくに「戦争体験」というキーワードを踏まえることでとらえられる大宅の「戦後」とは、どのようなものであろうか。

戦時中・戦後の把握について先に佐藤の指摘を見たが、この（第二次世界大戦の後という意味での）「戦後」は、本書の問題関心にひきつけてとらえるとき、帝国主義／総力戦体制のもとでの「熱い戦争」と対比的な位置にある、「冷たい戦争」という、一種の戦闘状態であった。大宅壮一の「戦後」は、帝国主義／総力戦下での「熱い戦争」の「戦後」ではあったが、東西の「冷たい戦争」の戦時中であった。さらには、左翼的な考えのもと大宅が始めた「智的労働の集団化」・写真が、「冷たい戦争」における資本主義国日本の中間文化にとって重要な構成要素となっていた。この独特の関係性を背景に、大宅の「戦争」は（「冷たい戦争」の戦時中という戦争体制であるという意味で）続いていたのである。

大宅の戦争体験を踏まえることで、また〝「裏街道」の大宅壮一〟の記憶を取り戻すことでわれわれの目の前に浮かびあがってくるのは、「熱い戦争」に続き、「熱い戦争」でのルポルタージュとプロパガンダの経験のもと「冷たい戦争」のなかで活動を展開したオピニオンリーダーの姿である。それとともに、冷戦下において五五年体制をはじめ「紅白試合」（「群像断裁」、本書六八頁）が見られるなかで、左右「どっちにも属しない」（「「無思想人」宣言」、本書六二頁）立場を標榜し発表されたルポルタージュや（海外事情への言及がなされたものも含む）評論という「商品」（久野収、本書一二五頁）が求められていた、資本主義社会日本の姿なのである。

# 補章　旧制・茨木中学校時代の大宅壮一

## ――時事新報社発行の雑誌『少年』への投稿活動と学業成績

### 一　大宅壮一と雑誌『少年』

私という人間をつくる上にもっとも大きな影響力をもったものは、やはり茨木中学だったと思っている。影響をうけやすい年齢でもあったが、いい先生がそろっていたからだ。(1)

#### 大宅壮一と旧制・茨木中学校

大宅壮一の母校・大阪府立茨木高等学校（旧制・茨木中学校）の同窓会組織・久敬会《きゅうけい》は、一九五五年の創立六〇周年のおり、大宅と三学年上の卒業生である川端康成のふたりに講演を依頼した。このときには両者とも講演はかなわなかった（創立七〇周年のときには、一九六五年一〇月三日にふたりの講演が実現している。図1は大宅の講演のものである。図2はそのおりに撮影されたものである）。川端からは手紙が、大宅からはメッセージが寄せられた。そのメッセージが、冒頭のものである。

また大宅は、ライフワークとして取り組みながらも頓挫した未完の作品『炎は流れる——明治と昭和の谷間』（『サンケイ新聞』一九六三年一月一日〜一九六四年一〇月三日連載）の単行本第一巻（文藝春秋新社、一九六四年）の「まえがき」で次のように書いている。

わたくしの主たるねらいは、わたくしにとってもっとも身近な〝過去〟、わたくしの人間形成がなされた時代、すなわち〝大正時代〟である。この時代は〝偉大なる明治〟と、〝現代〟ということで今もつづいている昭和との谷間にあって、もっとも混乱した時代、見る人によっては軽蔑されている時代である。しかし、わたくしにとっては、いちばん懐かしい時代である。

〝大正人〟といっても、大正期に育った人と、大正期に生れた人とは、区別しなければならぬ。

図1　茨木高校創立70周年を記念して開かれた講演会での大宅壮一（茨木高校久敬会提供）

図2　プールを見学する大宅壮一と川端康成。茨木高校のプールについては本文参照（茨木高校久敬会提供）

明治に生れ、大正に育って世に出た人々で、戦争の嵐をくぐりぬけて生きのこっているものは、今ではほとんど還暦をすぎて、肉体的もしくは精神的に、社会から引退し、退場する時期が近づいているともいえる。

そういう存在の一人として、大正期のことを書きのこす責任があるのではないかとわたくしは考えた。還暦をすぎたらこの仕事にとりかかろうと思って、ぼつぼつと資料をあつめ出してから、かれこれ二十年になる。(2)

大宅は大正時代(一九一二年~一九二六年)を「わたくしの人間形成がなされた時代」とし、それを記録する責任感を表明している。大宅が茨木中学校に入学し、米騒動を扇動する演説をしたかどで退学となる、在学期間(一九一五[大正四]年四月~一九一八[大正七]年一一月)は、この前半に重なる。したがって、大宅が茨木中学校(時代)を「私という人間をつくる上にもっとも大きな影響力をもった」と述べていることは、一九五〇年代半ばから一九六〇年代にかけて「マスコミの王様」とまで言われた大宅を把握する上で重要である。

## 少年雑誌への投稿

この中学生時代の大宅を知ることのできる資料は、「茨木中学校生徒日誌」と『大宅壮一選集12 制作・自伝』(筑摩書房、一九六〇年)に再録されている自伝的文章である。第三章第一節で述べたように全校生徒が書き週に一回は担任に提出することが義務づけられた前者は、大宅自身が同時代につけた記録である。大宅の代表的な評伝である大隈秀夫『裸の大宅壮一――マスコミ帝王』(三省堂、一九九六年)や猪瀬直樹『マガジン青春譜──川端康成と大宅壮一』（文春文庫、二〇〇四年）は、これらに依拠している。またこの「生徒日誌」に関する主要な論考としては、小田切進「続・近代日本の日記─一八─飯中の礫──大宅壮一『青春日記』」（『群像』一九八七年三月号）や有馬学「大宅壮一日記」（山口輝臣編『日記に読む近代日本　三　大正』吉川弘文館、二〇一二年）がある。

このほか中学生時代の大宅の手になる著作としては、『大宅壮一全集』第三〇巻の巻末付近に再録されている「作文」「投稿より」がある。

中学生時代の大宅に少年雑誌への投稿に熱中した時期があることは、「生徒日誌」の随所からも読み取ることができ、上記の先行する著作も、必ず言及している。しかしながらこれらでは「生徒日誌」に記録された特定の投稿作品を紹介することにとどまっており、投稿活動の全体像を明らかにしたり、あるいは投稿作品群と「生徒日誌」の記述を往復した読みを「生徒日誌」に対しておこなってはいなかった。

## 大宅壮一と雑誌『少年』

この大宅の投稿活動の開始を、『大宅壮一全集』別巻の「大宅壮一年譜」や大隈の上記著書巻末の年譜は、一九一二年としている。[3]これは、大宅自身が次のように述べていることによろう。「小学校の尋常科から高等科に進むころ私は、少年雑誌に投書することを覚えた。当時時事新報社から出ていた『少年』という雑誌に、初めて作文を投稿して見事なメダルをもらったのが病みつきで、実業之日本社の『日本少年』、講談社の『少年倶楽部』などに、作文、和歌、俳句、その他何でも投稿した」。[4]

ここで大宅が時事新報社発行の『少年』でメダルをもらったことを印象深く記述していることに注意

したい。「生徒日誌」は、一九一五年七月二六日までのものを二七日に盗まれていることから、七月二七日から始まっている。八月二日の「生徒日誌」には、「雑誌へ出す作文や歌を書いた。勉強の害になるから止めようと思うが僕にはどうしても思い切れない。文芸をやっているとどんなに父母にすすめられても果ては叱られる迄床へ入らない(5)」とある。この時点ですでに大宅は少年雑誌への投稿に熱中しており、『少年』以外の誌名も、「生徒日誌」のあちこちに見ることができる。

その大宅が投稿をやめた時期も、「生徒日誌」から特定できる。一九一七年一月一七日の「生徒日誌」のなかで『少年』二月号を手にしたくだりに次のように綴っている。

その三分の二は投書家の作にて埋めらるるという増刊の懸賞文募集これあり、毎号読者通信にてもてはやさるる我は、勉強に害ありと知りつつもう一回一回と続け居りしが愈々此の度は十分の傑作を得、最後の奮闘を鮮かにして少年文壇を退く覚悟に候(6)。

じっさい『少年』一九一七年二月号(第一六一号)には、折り込みのかたちで「三月五日発行『少年』臨時増刊　初陣　予告」の告知が掲載されている。これは同誌初の臨時増刊号であった。募集は、「甲の部」「乙の部」「丙の部」に分かれている。「甲の部」の課題は、「初陣」(字数八百字以内)、「海外の友に与うる書」(同千二百字以内)、「幼い時分に聞いたお伽噺」(同千字以内)、「お国自慢」(同千二百字以内)、である。大宅はこれらのうち「初陣」「海外の友に与うる書」のふたつの題で作文を書き、担任の多門力蔵に添削をしてもらったうえで清書した原稿を、一月三〇日に発送している(7)。

この両者とも掲載に至っている。大宅は三月三日に「初陣」(8)(図3)を手にしている。それぞれの選評が筆記されたあと、この日の「生徒日誌」は次のように終わっている。

ああ懐しき少年雑誌の投書もこれにて終りしなり。何となく慕わしく惜しき心地す。これを始めてより二年間、此の間の刻苦と愉快は生涯我が記憶より去らざるべし。(9)

以上、大宅が最後の投稿先として『少年』を選んだことや、のちにも『少年』への投稿を印象深く記憶していることからも、大宅のこの雑誌への投稿にはとくに思いいれがあったものと推測できる。しかしながら、上記「投稿より」には、一九一六年九月号（第一五六号）に掲載された「古き家」という作品しか収録されていない。そのため、最も重要と判断される『少年』における大宅の投稿活動を、「生徒日誌」と照らし合わせながら明らかにすることが、本章の目的である。その上で彼の学業成績との関連性も検証する。

図３　『少年』1917年３月５日増刊「初陣」（大阪府立中央図書館国際児童文学館蔵）

『少年』の誌面調査の方法としては、一九一二年一月号（第一〇〇号）から一九一七年六月号（第一六六号）までの読者投稿欄の悉皆調査をおこなった。上記臨時増刊号（第一六三号）より後の号については、臨時増刊号で大宅の投稿が終わっていることを確認したものである。投稿欄の構成は、前半に作文等の文芸作品が、後半に一般の投書が掲載されている。たとえば調査を始めた号である一九一二年一月号は、作文・和歌・俳句といった文芸作品の投稿欄が二八頁、一般の投書欄が六頁で構成されていた。一九一七年六月号は文芸作品が一〇頁、一般投書が一二頁で構成されていた。作文等は、お題が二号前の誌面に告知されそれに沿って応募する形式となっている。

## 二　大宅壮一の『少年』への投稿活動

本節では、大宅の投書をその掲載頻度から、一九一四年–一九一五年、一九一六年、一九一七年の三つに時期区分して紹介したい。

### 二–一　一九一四年–一九一五年

この時期は『少年』への大宅の投稿の掲載が始まった時期である。

大宅の名を最初に確認できるのは、一九一四年一二月号（第一三五号）の「懸賞作文普通課題第一三三回　私の知って居る軍人」において、「優等三十篇」として一六名の作文が掲載されたあとに、「此他掲載漏れ優等者左の如し」として一五名の名が記載されているところの冒頭である。[10] 一〇月号でのこのお題の告知には、「当選二名　銀時計と銀製少年賞牌」「優等三十名　銀製少年賞牌」とあることから、大宅が『少年』に「初めて作文を投稿して見事なメダルをもらった」のはこの号だと考えられる。[11]

一九一五年八月号（第一四三号）には、「懸賞和歌　浜」に「秀逸」として大宅の作品が掲載されている。「秀逸」とは、「入賞五人（少年名誉賞牌受賞）」の次にあたる。

つく〴〵と雲の行方を眺めけり浜草の花白き夕ぐれ(12)

一二月号（第一四七号）の「読者通信」には、次のような大宅の投書が掲載されている。数こそ少ないものの、大宅は一般の投書もしていたようである。

今日一人の立派な紳士が道々稲穂をちぎって獅嚙んだり、揉潰したりして行くのを見たあ、これが一等国の紳士か。一粒の米も農夫が辛苦の結晶だ。それを己の慰めにするのは道徳上重い罪悪である。今や旅行の季節が来た。諸君は真似にもかゝる事をせられないように僕は只管希望する。(13)

## 二-二　一九一六年

### 一九一六年上半期

この一九一六年には大宅の多くの作品が掲載にいたっている。

一月号（第一四八号）では、「懸賞作文普通課題第一四六回発表　龍」の「選外佳作者」一五名のなかに大宅の名がある。

同号の「懸賞和歌　眉」では、「秀逸」の最初に大宅の作品が掲載されている。「秀逸」は、先と同様「入賞（少年賞牌受賞）」に次ぐものである。

木鋏みを後にさして飛行機を仰げる祖父の眉動きけり

「懸賞俳句　小松」でも「秀逸」として次の俳句が掲載されている。

初雪やいれ忘れたる小松にも

同じ号の「読者通信」[14]では大宅の「記者先生我大阪で『少年』の愛読者大会を開いてください」という投書が掲載されている。

二月号（第一四九号）では、「懸賞作文普通課題第一四七回発表　賑い」において「優等（少年賞牌受賞）」のところに大宅の作品が掲載されている。「優等」は、「一等（少年賞牌並に銀側懐中時計）」の次に位置する。

欧州は砲声喊声に騒ぎ、支那は袁皇帝問題に動揺めいている今日、我国は叡聖なる天皇陛下が天津日嗣の宝祚を践まれ、全国旗と提灯で埋って、日々、万歳の声、鼓の音、鐘の響で天地を揺がすばかりの大賑いである。ああ偉大なる此賑い！実に此賑いはお儀式的ではない、交際的ではない、勿論銭儲主義や憂悶を逃れる為ではない、実に心底から湧き上る喜びの発散に他ならぬのである、ああ貴い此賑い！他国が望むべからざるは此賑いである。併し我等は唯歓楽に酔うていてはならない。此賑いによって一入光を増した我国体を益々磨いて行くと共に、商工業を発達せしめて、冬野よりも淋しい我国の懐中を此様に賑やかにし以て此賑いの花に玉の実を結ばしめねばならぬ。（自作証明者父大宅八雄）

評　賑いの花に玉の実を結ばせるは第二の国民たる少年青年諸君の務めであることを忘れてはなりませぬ[15]

三月号（第一五〇号）では、「懸賞俳句　竹」において「佳作」に大宅の作品が掲載されている。「佳作」の位置づけも、「入賞（少年賞牌受賞）」の次にあたる。

　初雪や竹馬で行く豆腐買[16]

四月号（第一五一号）では、「懸賞俳句　柳」において「秀逸」に大宅の作品が掲載されている。

　白布をかけし柳や春の風[17]

六月号（第一五三号）では「懸賞作文普通課題第一五一回発表　校庭」において「優等十篇（少年賞牌受賞）」に大宅の作品が掲載されている。

　校庭！というと親のように懐しい。
巍然たる東宮臨啓碑、翠緑滴る養気園、清水溢るゝ水泳地、広大なる運動場、此等は皆、我等生徒の作業によって成ったのだ、流汗の結晶なのだ。されば同じく碑を拝すにも、ベンチに腰をおろすにも、水に入るにも、体操するにも、その受くる刺激に於て、他と多大の差が生ずるのである。これ我校の生徒が、よく厳しい軍隊教育に耐え、模範校と称せらるゝに至った大原因だ。実に此の校庭こそ、我等五百の生徒を慰むる慈母であり、剛毅の精神を伝え、堕落を戒むる厳父である。
工夫養成所！それは府下の学生間に於ける我校の綽名だ。併しその裏面には、かゝる偉大なる功績

図4　水車を踏む中学1年生当時の大宅壮一（右側の水車）（茨木高校久敬会蔵）

あることを、諸君は記憶して戴きたい。（自作証明者父大宅八雄）

評　軍隊的厳粛な意気が、文の上にも現われて、読む者に膝を正させます。一言の無駄もない、しかもギス〱しない処が感服です。(18)

「水泳地」（プール）が「我等生徒の作業によって成った」というのは、一九一五年九月六日に全校生徒の勤労奉仕による工事が始まり一九一六年二月一一日に完成した御大典記念水泳場のことである。体操の教師をしていた杉本伝《つたう》は「当時一年生の大宅壮一君（評論家）は、体が大きく力持ちだったので、もっぱら水車を踏んでました。四年生だった川端康成君（作家）も、弱い体をおして、一時限十三往復の土運びをやってましたよ」と回想している（図4。図2も参照されたい）(19)。

## 一九一六年下半期

七月号（第一五四号）では「懸賞和歌　牡丹」において「秀逸」に大宅の作品が掲載されている。

きざはしをなかばのぼりて振りかえる振袖の子よ長谷の牡丹よ

同号の「少年笑句　嘘らしい」において「佳作」に大宅の作品が掲載されている。「佳作」の位置づけは「一等（受賞）」「秀逸三十名（受賞）」に次ぐものである。なおこの号に作品が掲載されたことは、「生徒日誌」には書かれていない。

凸坊のハイ出来ましたは嘘らしい[20]

八月号（第一五五号）では「懸賞作文普通課題第一五三回発表　戦話」において「優等十篇（少年賞牌受賞）」に大宅の作品が掲載されている。大宅は七月一五日に掲載誌を手にし、「『少年』の賞牌はこれにて四個に候。もう一個を得れば名誉大賞牌と引換えらるべしと思えば嬉しく候[21]」と綴っている。

戦話！という語が聴覚に触れると五体をめぐる若い血潮が一時に沸きかえる、雙腕の高鳴を禁じ得ない、僕は戦話が何よりも好きだ。智謀縦横敵を地に塗みれしむる名将の戦略に快哉を叫び、味方の運命非なるを知りて敵に裏切る卑怯の輩に嘲罵を浴びせ、主君に代りて悲壮の最後を遂ぐる忠臣の行為に感涙を催し、君に刃向う逆臣の振舞に覚えず拳を固むるは、これ人情の自然である。而して此等幾多の戦士の中には、一敗忽ち意気沮喪して再び起つ能わざる者あれば、七転八起遂に最後の勝利を得る者がある。

思えば戦話は、正義を教え、武士道を伝え、加えて不撓不屈万難を排して勇壮邁進する男性的の気性を養成するものである。（自作証明者父大宅八雄）

評　戦話を聴く時の人の感情がよく写せました。[22]

九月号（第一五六号）では「懸賞作文普通課題第一五四回　古き家」において「優等十篇（少年賞牌受賞）」の三人目に大宅の作品が掲載されている。大宅は掲載後「生徒日誌」に全文を写している。(23) この賞牌は八月一九日に届き、これで五つになった賞牌を名誉大賞牌と交換してもらうために大宅はこれらを時事新報社に発送している。(24)

好田さんへ使に行けと命ぜられて家を出た五月雨がシト〱降って家々は静かに眠っているように見える。その中で唯一の瓦屋根――重い戸を開けて『御免！』というと声は陰鬱な空気を伝って奥へ流れ込んで行く……返事がない。綺麗に磨かれて黒々と光っている格子戸から中を覗うと、煤けた襖の上に槍や鳶口が袋に入れて掛けてある。敷居や柱等は大変な虫孔で砕けはすまいかと危まれる――此の家――こんな古びた家、これが徳川三百年の発祥の蹟だと誰が思おう、即ち大阪冬の陣の際、真田郎党は追われた家康が此の家にかくまわれて危く難を逃れたのであると云う。『何か用事かのう』奥から老人の声が緩やかにもれた。（自作証明者父大宅八雄）

評　五月雨やら袋入れの槍、すべてに古い家の気分が満ちて居ります。奥の老人の一声、古い気分を引締めて更に嫋々たる。余韻を聴きます

同号では「懸賞和歌　木蔭」の「秀逸」にも大宅の作品が掲載されている。

緑蔭に地図敷いて伏し眼の上に手拭乗せてまどろみにけり(25)

九月四日、時事新報社から名誉大賞牌が届いた。そのときの感慨を大宅は「ああ僕が一ヶ年間の努力の賜物、汗の結晶、値段は高くあるまいがそれに伴う名誉、腕の発達は得難い」[26]と綴っている。ここから、大宅が『少年』の名誉大賞牌を本格的に狙ったのはこの約一年間であったことが窺われる。

一一月号（第一五八号）では「お伽千字文佳作者」の四四名中最初に「思う儘著　大宅壮一」の記載がある。大宅はこの作品の全文を九月二〇日の「生徒日誌」に綴っている[27]。

## 二-三　一九一七年

### 一九一七年（一）——「海外の友に与うる書」

この一九一七年は大宅の投稿活動が終わる年である。

二月号（第一六一号）の「読者通信」には、島根県の読者からの次のような投書が掲載されている。最初に大宅が挙がっていることからも、大宅の名は読者間に知られていたと推察できる。

> 我が『少年』の投書家の中で最も奮わぬは我県だ。松原白汀、松岡紅夢、星野いづみの諸兄起てよ。何の大宅壮一、大田繁則、佃重雄の諸兄に恐るゝ事あらんや。躊躇し給うな[28]。

そして臨時増刊号（一六三号）には、先述のようにふたつの作品が掲載されている。まず「海外の友に与うる書」は、「選外佳作」の一七人中五人目に作品が掲載されている。「選外佳作」は、「一等（腕巻銀時計受賞）」「二等（万年筆受賞）」「三等（少年書籍受賞）」に次ぐものである（三等は第一席から第十席までに序列化されている）。

御大典も終り、立太子式も了て、和気靄々たる大正六年を迎えた。君も嘸祖国が恋しいだろう。惜しい袂を千里に分ってから二度目の春――あの天神森の芝生には又土筆が出て来たよ。卒業式を終えて、賞品を抱えて喜びに満ちた二人が、いそ〳〵と家路に急ぐ途すがら、あの森で休んだね。そして君が二三日の中に立つかもしれぬと云った時、僕は急に悲しくなった、君の眼にも涙が浮んだ。丁度その時、僕が新しいナイフを持っていたので、森中で一番真直な丈夫そうな若木の樫を見立てゝ互に交代で自分の名を刻りつけた、其の前で二人は未来の成功を誓って別れたね。それから僕は家へ帰ると、急に君と一緒に行きたくなって、母にねだり、君のお父さんにも願った、しかし許されなかった。その後、せめて上の学校へなりともと親類の叔父さんに泣きついて、今では毎日一里の道を町の中学校へ通っている。併し遅く入ったのでまだ二年生だ。君はもう余程英語が上手になったろうね。僕も先日やっと第二リーダを終えたよ。此の頃僕は通学の途中いつもあの森で休んで遠く想を君の上に馳せている。君、筆の序があったなら、其方の様子を精しく知らしてくれ給え。話は大きく変るが、君も知っている通り、近年我国は学芸の進歩著しく、商工業の面目も大いに改って輸出超過の盛況で、国威は南洋の島々に及び、満蒙も亦勢力範囲に入った、陸に、海に、無限の富を秘めた大宝庫の鍵は得られた。大和民族大発展、大飛躍の足場はもう完全に出来上った。我国の将来――想いやるだに胸が躍ってやまない。かゝる国運に際し、遠く国を離れている君は一層その喜びが深いだろう。併し君、輸出超過も米国に較べたらまだいうに足らない。又欧州の大戦乱が終ったなら、世界の形勢は益々複雑となり、平和の戦は激甚を極めるだろう。そうしてその舞台に、我等は此国を負うて立つのだ。多望多憂とは実に我国の将来と我等の前途とをいうのだろう。此の際此の時、君は我が大和民族の先鋒となって大いに奮励努力してくれ給え。僕は君が必ず他国の少年に引けを取らないと信じている。君よ、世界の人種が集っているという加州にある君よ、日本男児の腕の程を彼等が脳裡深く沁ませて、排日の根を絶つのは君の責務だ。僕も出来る限り邦家に貢献しつゝ、遥かに君の奮闘を祈り、君が故郷の空に錦を飾られる日をば待って居る。君あの天神森の樫の木はだん〳〵太って来るよ。（自作証明者父大宅八雄）

評　言う事が大きいですね、結果の一句、何等の好文字ぞ書き方甲の上。(29)

## 一九一七年（二）――「初陣」

もうひとつの「初陣」は、「三等（少年書籍受賞）」一〇人中二人目に掲載されている。「三等」は、「一等（腕巻銀時計受賞）」「二等（万年筆受賞）」に次ぎ、そのあとには「選外佳作」一五名の作品が掲載されている。

白馬銀鞍、緋縅の鎧の袖を薫風に吹かす初陣の若武者――そのような勇しさ、そのようなあでやかさはありませんでしたが、私が初めて少年文壇に出陣した時の心持は、これと変りがありませんでした。そしてその獲物も美事でありました。私の作は活字となって本誌上に現れました。多くの友の視線を一身に集めて、手先の顫えを制えながら、初陣の獲物を開いた時の心持はどんなであったでしょう。丁度その頃青島が陥落して、私の一番親しい叔父さんが、初陣の功を胸の勲章に表して、私の家を訪問しました。私も負けぬ気で、すぐと彼の賞牌を胸に飾りました。そして二人で一日楽しく遊びました。その後私は毎月欠かさず投書を続けました。併しその結果はいつも没書でありました。私は無経験の初陣に当選したのに、慣れて没書になるのを不思議に思われました。併しそれがもっともな事であると知りました。日頃鍛えた腕の程を示す晴の場所、不覚を取っては一生の名折れ――斯うした意気と緊張した心に、武士の初陣は充ち満ちています。これが失敗を防ぎ、功を立てるのではありますまいか。私の文壇の初陣も、これ程ではなくとも、確かに真面目であり、真剣でありましたが、慣れるに従って選者の気を覗ったり、文の飾にのみ腐心したり等するようになったのです。これを痛切に感じた私は、再び初陣の心持にかえって文壇に乗り出し、その後は連戦連勝、十箇月足らずして名誉牌を受くる身となりました。私は今後社会へ出てからも、常に初陣のような意気と緊張した心とを以て努力奮闘の生涯を送り、老衰し易い日本人の為に大いに気を吐くつもりであります。

此の度の課題が、私の兼ねての考えに合ったことを喜びます。そうして私はこれを本誌文壇の最後の初陣（奇妙な言葉ですが）としてお別れいたします。（自作証明者父大宅八雄）

評　吾が少年文壇に折々花を咲かせていただいた大宅君の最後の初陣を祝する、功名手柄の勇ましい将来を祝する。[30]

『少年』から初めて少年賞牌が届いた時期と青島占領の時期が近いという記述からも、大宅が最初に『少年』への投稿で少年賞牌を手に入れたのは一九一四年一二月号だと特定できよう。

投稿をやめてのちにも大宅は「何時の間にか、自分はもう文学者になる気になっていた」（同年五月十四日）[31]等、「生徒日誌」[32]に綴っている。ここにも文芸志向を読み取ることができる。

第三高等学校を経て入学した東京帝国大学では、第六次『新思潮』一九二三年一〇月号に戯曲「貧しければ」を寄せている。この創刊号（一九二一年二月）の裏表紙には、同人に川端康成の名がある。

第七次『新思潮』の創刊号（一九二四年六月）の奥付付近に記載されている同人一覧には、大宅の名がある。大宅は同号で小説「親切の棄て所」を発表している。

大宅の文芸志向はその後も続く。第三章・第六章で述べたように、大宅が戦後単著を上梓するのは一九五〇年からであるが、戦後初の単著は小説（『日本の遺書』、ジープ社）であった。

## 三　大宅壮一の投稿活動の意味

### 大宅壮一の成績

以上『少年』における大宅の投稿活動の全体像を明らかにした。まず時期としては、従来の年譜では大宅の投稿活動の開始が一九一二年とされてきたが、大宅が「初めて作文を投稿して見事なメダルをもらった」と記憶している『少年』に限ると、一九一四年からであることがわかった。次に内容とりわけ作文のそれには、叙情的なもの・叙景的なもの・叙事的なもののいずれも見ることができた。この投稿活動で、大宅がのちの評論・文芸活動に結びつく文章力を培ったと言える。

その文章力についてひとつの具体的な数値で確認してみたい。表は、茨木高校資料室に残されている過去の在籍者の成績データから大宅のものを抽出したものである（四年次に退学したため三年までのものが存在している。「進止」とは、進級・止級のことである。また順位は進止をあわせた人数のなかでのものである）。これを見ると三年間とも上位層に位置しているが、国語（とくに作文）と英語がいずれも九〇点台後半であることがわかる。作文の高得点は投稿活動と大きくかかわっていよう。

表　茨木中学校時代の大宅壮一の成績

| | | 1915年度 |
|---|---|---|
| | | 第一年級 |
| 修身 | | 100 |
| 国語 | 国語 | 98 |
| | 作文 | 96 |
| | 習字 | 96 |
| 平均 | | 97 |
| 英語 | | 95 |
| 歴史 | | 91 |
| 地理 | | 92 |
| 算術 | | 95 |
| 博物 | | 87 |
| 図画 | | 93 |
| 唱歌 | | 72 |
| 体操 | | 88 |
| 総平均 | | 91 |
| | | |
| | | |
| | | |
| | | |
| 進止 | | 進 |
| 席次 | | 92名中5位 |
| 体格 | | 強 |
| 褒賞 | | 勤 |
| 欠課 | 全日 | 0 |
| | 部分 | 1 |
| 入学前の学歴 | 出身校名 | 富田 |
| | 修了年級 | 高二 |

| | | 1916年度 |
|---|---|---|
| | | 第二年級 |
| 修身 | | 95 |
| 国語及漢文 | 国語 | 96 |
| | 漢文 | 90 |
| | 作文 | 96 |
| | 習字 | 91 |
| 平均 | | 93 |
| 英語 | | 96 |
| 歴史 | | 96 |
| 地理 | | 83 |
| 代数 | | 84 |
| 博物 | | 93 |
| 図画 | | 71 |
| 唱歌 | | 80 |
| 体操 | | 95 |
| 総平均 | | 89 |
| | | |
| | | |
| | | |
| 進止 | | 進 |
| 席次 | | 86名中8位 |
| 体格 | | 中 |
| 褒賞 | | |
| 欠課 | 全日 | 9 |
| | 部分 | 6 |

| | | 1917年度 |
|---|---|---|
| | | 第三年級 |
| 修身 | | 93 |
| 国語及漢文 | 国語 | 95 |
| | 漢文 | 93 |
| | 作文 | 98 |
| | 習字 | 92 |
| 平均 | | 95 |
| 英語 | 訳読 | 98 |
| | 書会作文 | 96 |
| 平均 | | 97 |
| 歴史 | | 80 |
| 地理 | | 86 |
| 数学 | 代数 | 78 |
| | 幾何 | 80 |
| 平均 | | 79 |
| 博物 | | 83 |
| 図画 | | 69 |
| 唱歌 | | 80 |
| 体操 | | 88 |
| 総平均 | | 85 |
| | | |
| 進止 | | 進 |
| 席次 | | 67名中13位 |
| 体格 | | 中 |
| 褒賞 | | |
| 欠課 | 全日 | 38 |
| | 部分 | 4 |

## 中学校時代の文筆活動の位置

評論・文芸活動以外に大宅が従事した翻訳活動には、英語と作文の好成績が結びついていよう。大宅は新潮社の『世界文学全集』の第一六巻「モンテ・クリスト伯　第二巻」(一九二八年)、第三三巻「英吉利及愛蘭戯曲集」(同)のなかの三作品の翻訳のほか、第三〇巻「椿姫・サフオ・死の勝利」(同)においても生田長江の「死の勝利」の改訳に協力している。生田は「大宅壮一氏の一方ならぬ御助力をまで煩わして」「平明極まる『大衆的』文体を試みました」と述べている。[33] 一九二九年から一九三〇年に『千夜一夜』の翻訳を刊行している(中央公論社)が、改訳を晩年の一九六七年から一九六八年にかけて出版している(集英社)。

以上、大宅の中学時代の国語と英語の好成績と、「将来」の評論・翻訳活動との連続性を概観した。また国語のなかでも作文の高評価と少年雑誌への投稿との関連性、そして大宅における文芸志向の連続性をも見てきた。

「生徒日誌」は義務として担任の目に触れることを前提に、大宅なりに題材を取捨選択し熱心に書いたものと考えられる。投稿作品は掲載されることを目的に選者と読者の目を意識して、自発的に書いたものである。評論を商品ととらえるのちの大宅の発想に近いのは後者であろうが、両方から中学生時代の大宅の文筆活動を把握していく必要がある。第三章ではおもに日記から、本章ではおもに投稿作品から、それをおこなった。

新藤謙は一九八三年に次のように述べている。「大宅壮一が造語の名人であることはここに繰り返すまでもない。比喩といい造語といい、いずれも連想のモンタージュであって、俳句的表現、映画的表現といっていい[34]」。大宅の造語に「俳句的表現」が認められるのであるならば、そのルーツは投稿活動に見出すことができよう。

# 注

## 第一章

(1) 無署名「現代の顔　マスコミ選手　評論家・大宅壮一」『週刊新潮』一九五九年七月一四日号、四頁。
(2) 鈴木均「〝今〟に殉じた大宅ジャーナリズム」大宅壮一全集編集実務委員会編『大宅壮一読本』蒼洋社、一九八二年、一〇〇‐一〇一頁（初出一九七〇年）。
(3) 大隈秀夫『裸の大宅壮一――マスコミ帝王』三省堂、一九九六年、五九五頁。
(4) 糸川英穂「創立三〇周年を迎えた大宅壮一文庫」『ＬＩＳＮ』一〇八号、二〇〇一年、一七頁。
(5) 大隈、前掲書、四八五頁。
(6) 大隈、前掲書、五九六頁。
(7) 松浦総三「大宅壮一の読み方」大宅壮一全集編集実務委員会編、前掲書、一九七頁（初出一九八〇年）。このほかにも大宅は、「マスコミチャンピオン」「マスコミの帝王」「マスコミ天皇」「マスコミ教祖」などの呼称でよばれている。
(8) 神島二郎「〝忠誠心〟の源流を求める」『朝日ジャーナル』一九六五年二月二八日号、七三‐七四頁。
(9) 川端康成「弔辞」大宅壮一全集編集実務委員会編、前掲書、八二頁。
(10) 無署名「〝マスコミの英雄〟大宅壮一の死」『週刊読売』一九七〇年一二月四日号、一八頁。
(11) たとえば、粕谷一希も次のように述べている。「週刊誌時代、民放時代の到来は同時に、マスコミ人大宅壮一の時代であった」（粕谷一希「対比列伝七　大宅壮一と清水幾太郎」『諸君』一九八〇年三月号、一五六頁)。

(12) Ivy. M, 'Formations of Mass Culture', in Gordon. A,(eds) *Postwar Japan as History*, University of California Press, 1993, pp.240, ほか。

(13) 鵜飼正樹・永井良和・藤本憲一「戦後日本の大衆文化を考えるために」鵜飼・永井・藤本編『戦後日本の大衆文化』昭和堂、二〇〇〇年、三‐五頁。

(14) 鵜飼・永井・藤本、前掲論文、五頁。

(15) このひとつの事例として、一九四五年に創業し若者向け雑誌を世に送り出してきたマガジンハウスの戦略を挙げることができる。一九四五年に刊行を開始した『平凡』、一九五九年創刊の『週刊平凡』、一九六四年創刊の『平凡パンチ』は、発行部数百万部突破が目指され、それが実現したものであった。それに対し、テスト版として一九六六年から三冊『平凡パンチ女性版』を刊行し一九七〇年に創刊された『ａｎａｎ』から同社は、百万部を狙わない雑誌を創刊し続けるのである。

一九七六年に『ＰＯＰＥＹＥ』を創刊した木滑《きなめり》良久は、一九八一年に次のように語っている。「私の手のひらに乗る読者は、いいところ四十万ですね。それ以上、のせるには自分の考えを曲げなきゃならない。『ポパイ』は六十万になっていますが、この線でのばしていくには、劇画とヌードをいれることですが、それは今までやってこられた方がたにおまかせしたい。それよりも、もっと読者が欲しければ、新しいメディアをつくって、そこへ四十万のせればいい」(鈴木均「イメージ言語を駆使する平凡出版四人衆――岩堀喜之助・清水達夫・甘糟章・木滑良久」『創』一九八一年一二月号、五七頁)。

以上については、二〇一六年四月二一日におこなった、石川次郎氏へのインタビューより示唆を受けた。記して感謝したい。

(16) 加藤秀俊「中間文化論」『加藤秀俊著作集第六巻　世代と教育』中央公論社、一九八〇年。

(17) 富永健一『日本の近代化と社会変動――テューービンゲン講義』講談社(講談社学術文庫)、一九九〇年、二五三頁。

(18) 鵜飼らも、「マスメディアの隆盛とともに新しいタイプの文化人・評論家（たとえば大宅文庫の創設者・大宅壮一）の発言力が増大し」たと言及している（鵜飼・永井・藤本、前掲論文、一三頁）。

(19) 筒井清忠「現代における「政治」と「文化」」筒井編『政治的リーダーと文化』千倉書房、二〇一一年、一一‐一四頁。竹内洋「テレビのなかで消費される知識人」『中央公論』二〇一一年一〇月号、五四‐五七頁。

(20) 筒井清忠「「知識人」の再生と教養」『IDE 現在の高等教育』二〇一一年一月号、三五頁。

(21) 加藤秀俊・多田道太郎「ベストセラーが作った「戦後」」『諸君』一九七七年六月号、一〇一頁。

(22) 大宅壮一『炎は流れる――明治と昭和の谷間　第一巻』文藝春秋新社、一九六四年、一四一頁。

(23) 大宅、前掲『炎は流れる　第一巻』、一四四頁。

(24) 大宅歩「世論の代弁者として」大宅壮一全集編集実務委員会編、前掲書、一七七頁（初出一九六〇年）。

(25) 二〇一七年九月一三日にNHK総合テレビで放送された「探検バクモン「発掘！雑誌図書館」」において、NHKラジオ特別番組「総理と語る」（一九六二年）の音声の一部が流された。これは、大宅が池田勇人に語ったものである。その文言は次のとおりである。「今度アメリカがまた核兵器の実験に踏み切った場合にですね、何かこうへっぴり腰で、旦那筋に対してもみ手をしながら反対しているような面があるわけなんですね」。ここにも、独特の比喩を用いた大宅の表現を見いだすことができる。

(26) 鵜飼・永井・藤本、前掲論文、四、五頁。

(27) 植田康夫「大宅共栄圏の成立と崩壊」大宅壮一全集編集実務委員会編、前掲書、一三一頁（初出一九七三年）。

(28) 青地晨「マスコミ五〇年」大宅壮一全集編集実務委員会編、前掲書、一五八頁（初出一九七一年）。

(29) 無署名「出版時評　大宅壮一の死　評論家の時代は終わった」『出版ニュース』一九七一年一月上旬号、

五頁。

(30) 鶴見俊輔「後期新人会員――林房雄・大宅壮一」思想の科学研究会編『共同研究　転向』上巻、平凡社、一九五九年、一四四－一四五頁。

(31) 「一億総白痴化」という言葉の形成過程については、北村充史『テレビは日本人を「バカ」にしたか？――大宅壮一と一億総白痴化の時代』平凡社（平凡社新書）、二〇〇七年、一九二頁を参照。また、「駅弁大学」は、大宅のもともとの意図を離れて「一人歩き」し独自の影響力を持つようになった。このことについては、村松喬「「駅弁大学」その他」『大宅壮一全集・第七巻・月報19』蒼洋社、一九八一年、山本明「大宅壮一　偉大なる野次馬ジャーナリスト」大来佐武郎・扇谷正造・草柳大蔵監修『ビジュアル版・人間昭和史八　風俗の演出者』講談社、一九八七年、六〇頁を参照。

(32) 松浦、前掲「大宅壮一の読み方」、二〇三頁。

(33) 鶴見、前掲「後期新人会員」、一四三頁。一九五九年から一九六〇年にわたり筑摩書房から刊行された『大宅壮一選集』全一二巻のタイトルは、「生活戦術」「恋愛・女性」「世相・風俗」「政治・経済」「紀行（日本篇）」「紀行（世界編）」「マス・コミ」「知識人」「文学・文壇」「人物群像」「宗教・皇室」「創作・自伝」である。

(34) 猪瀬直樹『マガジン青春譜――川端康成と大宅壮一』文藝春秋（文春文庫）、二〇〇四年、大澤聡『批評メディア論――戦前期日本の論壇と文壇』岩波書店、二〇一五年、前田愛「「人生二回戦」の全貌三〇巻」大宅壮一全集編集実務委員会編、前掲書（初出一九八〇年）、加藤秀俊「解説　現代史家の視点」『大宅壮一全集』第二巻、蒼洋社、一九八一年、植田康夫「大宅壮一の「知的労働の集団化」が戦後の週刊誌編集に与えた影響」『コミュニケーション研究』二三号、一九九三年、鶴見、前掲「後期新人会員」。

(35) 前田、前掲「「人生二回戦」の全貌30巻」二〇五－二〇六頁。

(36) 鶴見、前掲「後期新人会員」、一三八頁。

(37) 鶴見、前掲「後期新人会員」、一三七頁。判沢弘も、「外見上は、彼［大宅］は、状況に密着して生きていく民衆の思想に最も近い」と述べている（判沢弘「マルクス主義文学における転向作家の系譜」『国文学解釈と鑑賞』一九六一年九月号、八一頁）。

(38) 小熊英二『〈民主〉と〈愛国〉――戦後日本のナショナリズムと公共性』新曜社、二〇〇二年、七九四頁。

(39) 小熊、前掲書、八〇五頁。

(40) 小熊、前掲書、八〇八頁。

(41) 根津朝彦「付録　近現代を結ぶメディアのキーワード」『戦後日本ジャーナリズムの思想』東京大学出版会、二〇一九年、三八一頁。

(42) 大宅「まえがき」前掲『炎は流れる　第一巻』、一－二頁。

(43) 大宅壮一「まえがき」『この目で見たソ連――世界旅行五ヵ年計画の決算報告』光文社（カッパ・ブックス）、一九六二年、三－四頁。なお第二の面に関して、大宅が雑誌の企画で対談した人物の一覧については、巻末の資料3-12、7-1、7-2、7-3を参照されたい。さまざまな領域の人物との対談をおこなっていたことを理解できよう。

(44) 櫻井朝雄「『大宅壮一のカメラ万年筆』を編集して」『大宅文庫ニュース』第二一号、財団法人大宅壮一文庫、一九八二年一二月二五日、三頁。

(45) 無署名「元祖「野次馬」カメラ――故大宅壮一の「世界の裏街道」未発表スナップ」『FOCUS』一九八二年九月一〇日号、二五頁。

## 第二章

(1) 大宅壮一「「無思想人」宣言」『中央公論』一九五五年五月号、二四七、二四八頁。

(2) 筒井清忠「戦間期日本における平準化プロセス――思想集団の社会史」『二・二六事件とその時代――

昭和期日本の構造』筑摩書房（ちくま学芸文庫）、二〇〇六年、六五 - 六六頁。
（3）筒井、前掲「戦間期日本における平準化プロセス」、六五頁。
（4）筒井、前掲「戦間期日本における平準化プロセス」、一〇七頁。
（5）筒井、前掲「戦間期日本における平準化プロセス」、六六頁。
（6）筒井、前掲「戦間期日本における平準化プロセス」、六七頁。
（7）オルテガ・イ・ガセット（神吉敬三訳）『大衆の反逆』筑摩書房（ちくま学芸文庫）、一九九五年、五二頁。
（8）奥武則『大衆新聞と国民国家――人気投票・慈善・スキャンダル』平凡社、二〇〇〇年、九 - 一一頁。
（9）奥、前掲『大衆新聞と国民国家』、一二頁。
（10）佐藤卓己『『キング』の時代――国民大衆雑誌の公共性』岩波書店、二〇〇二年、一〇 - 一一、二六頁。
（11）山岸郁子「改造社の文学事業」庄司達也・中沢弥・山岸郁子編『改造社のメディア戦略』双文社出版、二〇一三年、四八頁。
（12）庄司達也「『現代日本文学全集』講演映画大会という戦略」庄司・中沢・山岸編、前掲書、九六頁。
（13）筒井、前掲「戦間期日本における平準化プロセス」、七〇頁。
（14）筒井、前掲「戦間期日本における平準化プロセス」、七〇頁。
（15）有馬学『日本の近代四――国際化の中の帝国日本一九〇五～一九二四』中央公論新社（中公文庫）、二〇一三年、二八九頁。高畠素之「大衆主義と資本主義」『中央公論』一九二八年四月号、七〇頁。
（16）有山輝雄「「民衆」の時代から「大衆」の時代へ――明治末期から大正期のメディア――」有山輝雄・竹山昭子編『メディア史を学ぶ人のために』世界思想社、二〇〇四年、一〇七頁。
（17）有山、前掲「「民衆」の時代から「大衆」の時代へ」、一二九頁。
（18）長谷川如是閑「政治的概念としての大衆」『中央公論』一九二八年四月号、六五頁。

(19) 有山「総動員体制とメディア」有山・竹山編、前掲書、二三五頁。
(20) 有山、前掲「総動員体制とメディア」、二三五頁。
(21) 有馬、前掲書、二九〇‐二九一頁。
(22) 有山、前掲「「民衆」の時代から「大衆」の時代へ」、二一九頁。
(23) 江戸川乱歩「吸血鬼」『江戸川乱歩全集　第六巻　魔術師』光文社（光文社文庫）、二〇〇四年、四五五頁。
(24) 江戸川、前掲、四五六頁。
(25) 江戸川、前掲、四五七頁。
(26) 文藝春秋『文藝春秋七十年史《本編》』文藝春秋、一九九一年、一八一頁。
(27) 拙著『『平凡』の時代――一九五〇年代の大衆娯楽雑誌と若者たち』昭和堂、二〇〇八年、三一‐四頁。
(28) 社史編纂室編『集英社70年の歴史』集英社、一九九七年、五六頁。
(29) 橋本求『日本出版販売史』講談社、一九六四年、六四五頁。
(30) 「菊池寛賞　受賞者リスト」前掲『文藝春秋七十年史《本編》』、五一八頁。
(31) 前掲「菊池寛賞　受賞者リスト」、五二〇頁。
(32) 無署名「特選・深安地平氏「青春の旅」――朝日文芸・百万人の小説入選決定」『週刊朝日』一九五〇年一二月二四日号、一〇頁。
以上の記述において、『週刊朝日』の沿革については『朝日新聞社出版局史』朝日新聞社出版局、一九六九年、『朝日新聞出版局五十年史』朝日新聞社出版局、一九八九年、『朝日新聞社史　昭和戦後編』朝日新聞社、一九九四年を参照。『週刊朝日』の特集については、その内容に関しては江藤文夫「現代のコミュニケーション41　ブームと週刊朝日」『調査情報』一九六七年二月号を、製作手法については、松浦総三「トップ記事の製作――大衆文化の尖兵」江藤・鶴見・山本編『講座・コミュニケーション4　大衆文化の創造』研究社、一九七三年、植田、前掲「大宅壮一の「知的労働の集団化」が戦後の週刊誌に与えた影響」を参照。

なお『サンデー毎日』にかんしては、野村尚吾『週刊誌50年――サンデー毎日の歩み』毎日新聞社、一九七三年、毎日新聞社『「毎日」の3世紀――新聞が見つめた激流130年』下巻、毎日新聞社、二〇〇二年を参照。

(33) 片柳忠男『カッパ大将――神吉晴夫奮戦記』オリオン社、一九六二年、一六八－一八五頁、二六三－二七四頁。神吉晴夫『カッパ兵法――人間は一回しか生きない』華書房、一九六六年、一三－七四頁。神吉『カッパ軍団をひきいて――魅力を売りつづけた男たちのドラマ』学陽書房、一九七六年、二五－五四頁、七五－八〇頁。新海均『カッパ・ブックスの時代』河出書房新社、二〇一三年、二九－六〇頁。

(34) この本が一九五八年一二月二〇日に発行されたあとの書評において、『毎日新聞』一九五九年一月一三日朝刊八面では、「週刊誌に対するまとまった研究や批判は現れていない」としたうえで「週刊誌について、これだけのまとまった報告は最初だと思う」とされている。

『朝日新聞』一九五九年一月三一日朝刊六面では「週刊誌の実態を突こうとした若々しい精力的な研究である」としたうえで「いわゆる大人達が、マス・コミの圧力について抽象的な空論を戦わせているとき、豊富なデータを見事に整理し、実証的な研究としてまとめられたこの本は、今後のジャーナリズム研究に新しい問題意識を投げかけたといっていい」とされている。

『週刊サンケイ』一九五九年二月八日号の戸沢敦による書評では、「若い学徒数名の共同執筆になる本書は、著名「週刊誌」を分析してこえた資料をもとにして週刊誌の内容やマス・コミとしての機能、およびその読者を具体的に検討し論証したものである」「この種の初めての総合研究として、新段階に来たマス・コミの貴重な指針になっている」とされている（六九頁）。

『週刊朝日』一九五九年二月八日号では、「この本は週刊誌の一般的性格――週刊誌の好む内容――週刊誌の読者とその読まれ方――週刊誌はどこへ行く――など週刊誌についての知識の総括ともいわれている。読者に一読をお勧めする」とされている（五二頁）。

『サンデー毎日』一九五九年二月一五日号の書評では、「今までにも、断片的には週刊誌の分析や批判もおこなわれていた。しかし、これだけ体系的にまとめられた仕事ははじめてといってよい」とされている（六五頁）。

また内閣官房内閣調査室の『調査月報』第四一号（一九五九年五月）では「週刊誌ブームの分析――12、000、000部の実態を探る」と題した二六頁のレポートを掲載しているが、その冒頭でも「週刊誌のはじまりから、どんな経過なり発展段階を経て、今日の基盤―ブームの背景―を醸成したか、その大筋を明らかにしておこう。この点に関し、京都大学の五学生による共同研究『週刊誌』（三一書房）が系統だててよくまとめてあるので、週刊誌の内容の分析といった詳細な面についてはこの書物にゆずり、ここではその骨組に若干の見解を補足しながら稿を進めることにする」とされている（一九頁）。

『世界』が「報道・人・機構」と題した特集のなかで「座談会　週刊誌ブームの渦中から」を掲載するのが一九五九年七月号であることに鑑みても、同書の先駆性が理解できよう。

さらに国立国会図書館で二〇〇一年七月三〇日から九月二八日までおこなわれた「第115回常設展示　雑誌のあゆみ50年～「リーダイ」から「オレンジページ」へ～」においても同書が、「1950年代中頃の「週刊誌ブーム」について、その性格、内容、読者などあらゆる角度から考察。特に読者については、「都会人が多い」「サラリーマンが多い」「男女両方に読まれている」等々、興味深い考察が見られます」と紹介されている（同展の案内文書、三頁）。

(35)　加藤秀俊「まえがきにかえて」週刊誌研究会『週刊誌――その新しい知的形態』三一書房（三一新書）、一九五八年、七頁。

(36)　加藤、前掲「まえがきにかえて」、一三頁。

(37) 加藤、前掲「まえがきにかえて」、八頁。
(38) 加藤、前掲「まえがきにかえて」、一一頁。
(39) 週刊誌研究会「週刊誌発達の歴史とその背景」週刊誌研究会、前掲書、三九‐四二頁。
(40) 週刊誌研究会「週刊誌の読者と週刊誌の読まれ方」週刊誌研究会、前掲書、一六八頁。
(41) 清水幾太郎『社会心理学』岩波書店、一九五一年、一四一‐一四五頁。
(42) 南博『社会心理照魔鏡――1956年版』光文社（カッパ・ブックス）、一九五六年、一三三‐一三四頁。
(43) 新倉貴仁「中間の思考――文化社会学の学説史的考察」吉見俊哉編『文化社会学の条件――二〇世紀日本における知識人と大衆』日本図書センター、二〇一四年、二二頁。

第三章

(1) 高槻市教育委員会『高槻の史跡』高槻市教育委員会教育管理部文化財課、二〇一三年、三五頁。高槻市史編さん委員会編『高槻市史　第2巻　本編Ⅱ』高槻市役所、一九八四年、一七四‐一九〇頁も参照。
(2) 大宅壮一「わが珍商売往来―文化と商業主義の間―」『大宅壮一選集12　創作・自伝』筑摩書房、一九六〇年、一五三頁（初出一九五四年）。
(3) 無署名「通信倶楽部」『少年倶楽部』一九一七年一月号、一〇五頁。
(4) 大宅、前掲「わが珍商売往来」、一五六頁。
(5) 大宅壮一「わが思春期」前掲『大宅壮一選集12』、一六三頁（初出一九五四年）。
(6) 大阪府立茨木高等学校校史編纂委員会編著『茨木高校百年史』創立百周年記念事業実行委員会、一九九五年、三一三頁。
(7) 青地晨「大宅壮一の原点」大宅壮一『青春日記』（下）中央公論社（中公文庫）、一九七九年、三三八頁。
(8) 大宅、前掲『青春日記』（下）、八七頁。

(9) 大宅、前掲『青春日記』(下)、一五〇 - 一五一頁。
(10) 青地、前掲「大宅壮一の原点」、三〇八頁。
(11) 大宅、前掲『青春日記』(下)、二八四頁。
(12) 草柳大蔵「〝エンピツ・ルネサンス〟の終幕」大宅壮一全集編集実務委員会、前掲書、九三頁(初出一九七〇年)。
(13) 鶴見俊輔「解説　彼がもっとも左翼公式主義に近づいた日々」『大宅壮一全集』第一巻、蒼洋社、一九八一年、三七六頁。
(14) 大阪府立茨木高等学校校史編纂委員会編、前掲書、三一一頁。
(15) 大宅壮一「序」『文学的戦術論』中央公論社、一九三〇年、三頁。
(16) 大宅壮一「運命の波間」『中央公論』一九六五年一〇月号、二三五 - 二三六頁。大宅は後年、中学生のときに賀川と出会ったと繰り返し述べているが、有馬学も指摘するように(有馬学「大宅壮一日記」山口輝臣編『日記に読む近代日本　3　大正』吉川弘文館、二〇一二年、一九八頁)、「日誌」には賀川は一切登場しない。
(17) 大宅、前掲『青春日記』(下)、二五六 - 二五七頁。
(18) 大宅、前掲『青春日記』(下)、二五八頁。
(19) 青地、前掲「大宅壮一の原点」、三三八 - 三三九頁。
(20) 「大宅壮一年譜」大宅壮一全集編集実務委員会、前掲書、二一五頁。
(21) 大阪府立茨木高等学校校史編纂委員会編、前掲書、二八〇頁。
(22) 竹内洋は「専検は当時の中学校卒業水準からいえば難しかったが、高等学校入学試験から比べればかなり易しかった」ことを指摘している(竹内洋『立志・苦学・出世——受験生の社会史』講談社[講談社学術文庫]二〇一五年、一四五頁)。

(23) 大宅壮一「放浪交友記――ある時代の人間喜劇――」前掲『大宅壮一選集12』、一七七‐一七八頁(初出一九五〇年)。
(24) 猪瀬、前掲書、三九一‐三九二頁。
(25) 木村毅「『社会問題講座』の頃」新潮社出版部編『新潮社四十年』新潮社、一九三六年、二二頁。
(26) 橘徳「『社会問題講座』のころ」『大宅壮一全集・第二十六巻・月報20』蒼洋社、一九八一年、二〇七‐二〇八頁。
(27) 大宅壮一「文壇ギルドの解体期――大正十五年に於ける我国ジャーナリズムの一断面」『新潮』一九二六年一二月号、七八頁(のちに大宅『文学的戦術論』[中央公論社、一九三〇年]に収録)。
(28) 大宅、前掲「文壇ギルドの解体期」、八三頁。
(29) 大宅、前掲「序」『文学的戦術論』一頁。このあと大宅は、「私は文学論よりは文壇論から出発した」と述べている。『文学的戦術論』について鶴見俊輔は「彼が身につけたマルクス主義世界観と社会学の方法とは、彼が、文学をとりあげるにさいして、それを社会の中の一つの現象として見ることを教え、文学批評を試みるにさいして文壇批評からはじめるという独自の流儀を採用することを示唆した」と指摘している(鶴見、前掲「解説」、三七八頁。大宅が東京帝国大学文学部で所属したのは、社会学科である)。
(30) 大宅壮一『モダン層とモダン相』大鳳閣書房、一九三〇年、五七頁。
(31) 大宅、前掲『モダン層とモダン相』、三頁。
(32) これらのほか、銀座方面に近ごろ現れた「「靴下なし」の女」、カフェー・ダンスホール・省線電車のなかで見受ける「薄化粧をして眉すみを施した青年」といった今日でも目にするスタイルの登場にも、その相を見出している(大宅、前掲『モダン層とモダン相』、一二八頁。)。
(33) 大宅、前掲『モダン層とモダン相』、六頁。
(34) 加藤、前掲「解説」、四六九‐四七〇頁。多田も「戦後をわりに遠い目でデザインし」ていると指摘している（加藤・多田、前掲対談、一〇一頁）。
(35) 中央公論新社『中央公論新社一二〇年史』中央公論新社、二〇一〇年、一〇一頁。
(36) 中央公論社『中央公論社の八十年』中央公論社、一九六五年、二三九頁。
(37) 中央公論新社、前掲書、一〇一頁。
(38) 大宅、前掲『文学的戦術論』、一七頁。
(39) 大宅、前掲『文学的戦術論』、二〇頁。
(40) 大宅、前掲『文学的戦術論』、二三頁。
(41) 大宅、前掲『文学的戦術論』、二六頁。
(42) 大宅、前掲『文学的戦術論』、二九‐三一頁。
(43) 大宅、前掲「放浪交遊記」、一九八‐一九九頁。
(44) 大宅壮一『ヂャーナリズム講話』白揚社、一九三五年、一〇七頁。
(45) 以上は、植田、前掲「大宅壮一の「知的労働の集団化」が戦後の週刊誌編集に与えた影響」、九八‐一〇六頁、松浦、前掲「トップ記事の製作」、二一九‐二二八頁も参照。
(46) 中央公論社、前掲書、二四九‐二五一頁。牧野自身も、「婦公編集部立案の全国遊説には、私や松元が改造社で習い覚えた知識と経験が役に立った」と述べている（牧野武夫『雲か山か――出版うらばなし』中央公論社〔中公文庫〕、一九七六年、五一頁）。
なお、『婦人公論』一九三二年一月号に掲載された、嶋中雄作ら二一名が出席した「婦人公論全日本読者訪問完了記念　座談会　全日本の女性を語る」（大宅も参加）のなかで、「大宅氏は、この度の旅行中、富山の座談会で現夫人を発見し、間もなく結婚されました」と記載されている（八九頁）。
(47) 前掲「大宅壮一年譜」、二一八頁。モンゴルの記述にかんしては、第四章第二節と照らし合わせられたい。
(48) 大宅昌『大きな駄々っ子――大宅壮一と共に歩んだ四十年』文藝春秋、一九七一年、一二五頁。

(49) 大宅壮一「蛙のこえ」第一一回『東京日日新聞』一九五一年四月一五日一面(のちに大宅『蛙のこえ』[鱒書房、一九五二年]に収録)。
(50) 大宅壮一「蛙のこえ」第一〇回『東京日日新聞』一九五一年四月一四日一面。なお「この欄で」が単行本では「文筆人として」に改められている。
(51) 奥田史郎、二〇一二年九月一〇日。
(52) 大宅、前掲「「無思想人」宣言」、二四六頁。
(53) 大宅、前掲「「無思想人」宣言」、二四六-二四七頁。
(54) 鶴見、前掲「後期新人会員」、一四五頁。
(55) 大宅、前掲「「無思想人」宣言」、二五四頁。
(56) 大宅、前掲「「無思想人」宣言」、二五四頁。
(57) 松浦総三『戦後ジャーナリズム史論——出版の体験と研究』出版ニュース社、一九七五年、二三八頁。
(58) 半藤一利「大宅壮一——無思想人の本領」毎日新聞社編『岩波書店と文藝春秋 『世界』『文藝春秋』に見る戦後思潮』毎日新聞社、一九九六年、一五七頁。
(59) 「文藝春秋七十五年歴代執筆回数番付 戦後場所」『文藝春秋』一九九八年二月号、頁数記載なし。
(60) 一九五七年五月号まで「現代女傑論」、六月号・七月号から一二月号までは「現代の女傑とその周辺」、八月号は「現代の女傑とその一族」となっている。
(61) 緑川亮(ききて安江良介)「平和問題談話会とその後——増刊号解説に代えて」『世界』一九八五年七月臨時増刊号、六三頁。
(62) 奥武則『論壇の戦後史——1945-1970』平凡社(平凡社新書)、二〇〇七年、第五章(増補版、平凡社[平凡社ライブラリー]、二〇一八年)。竹内洋『革新幻想の戦後史』中央公論新社、二〇一一年(二〇一五年の中公文庫では上巻)、第二章。

(63) 松浦、前掲書、二三七頁。半藤、前掲「大宅壮一――無思想人の本領」、一五七頁。
(64) 『世界』と『平凡』との対比については、拙稿「「平凡友の会」と六〇年安保――電子書籍元年・安保闘争50周年の年に『平凡』と『世界』を通して考えること――」『d/SIGN』第一八号、太田出版、二〇一〇年を参照されたい。
(65) 武田徹『日本ノンフィクション史――ルポルタージュからアカデミック・ジャーナリズムまで』中央公論新社（中公新書）、二〇一七年、五三、五四頁。
(66) 昭和二〇年代後半の『週刊朝日』の大宅との関係について、当時記者であった大田信男は次のように述べている。
「大宅正造（扇谷正造氏がまだデスクだった）という言葉が一部でささやかれる程、大宅さんは『週刊朝日』のチエ袋であった。毎週の編集会議で受持ちのプランがきまると、まず〝料理の手口〟を伺いに八幡山に飛んで行った。／深夜であろうが、大宅さんはいつも気軽に会ってくれた。テーマの切り方がポンポンと機関銃のように飛び出す。この手が駄目ならあの手と、二段、三段の構えであることにも目をみはらされた。談話謝礼などというものはなかったと思う。大宅さん自身が〝編集部員〟だった」（大田信男「八幡山の藪蚊」『大宅壮一全集・第十七巻・月報24』蒼洋社、一九八二年、二五九頁）。
(67) 徳川夢声「問答有用」第一〇五回『週刊朝日』一九五三年四月五日号、二二五頁。
(68) 扇谷正造「編集者の椅子　「人間零歳」と「日本の企業」」『週刊朝日』一九五七年七月一四日号、八六頁。
(69) 『週刊朝日』の「文化講演会」に関しては前掲の社史のほか、昭和二〇・三〇年代をあつかった『「週刊朝日」の昭和史』第二巻・第三巻（ともに、朝日新聞社、一九八九年）にも記載がない。一九五〇年代の百万雑誌をめぐる重要な事象であると考えられるこのイベントについては、拙稿「近現代日本の大衆社会化と活字メディアの読者参加企画――一九五〇年代『週刊朝日』の「表紙コンクール」「文化講演会」を中心に――」（谷川建司・須藤遙子・王向華編『東アジアのクリエイティヴ産業――文化のポリティクス』森話社、二〇一五年）を参照されたい。

(70) 大宅壮一「群像断裁」第一回『週刊朝日』一九五八年一二月一四日号、二四頁（のちに大宅『群像断裁』〔文藝春秋新社、一九六一年〕に収録）。

(71) 大宅壮一「群像断裁」第二六回『週刊朝日』一九五九年六月七日号、四二頁。

(72) 大宅壮一「群像断裁」第五回『週刊朝日』一九五九年一月一一日号、三六頁。

(73) 大宅壮一「群像断裁」第三三回『週刊朝日』一九五九年七月二六日号、三二頁。

(74) 丸山眞男「近代日本の知識人」『後衛の位置から――『現代政治の思想と行動』追補』未來社、一九八二年、八六‐八七頁。丸山はすでに一九五六年の時点でも同様の指摘をしている（『現代政治の思想と行動』上巻、未來社、一九五六年、一九五頁）。なお「文化人」という言葉の淵源は大正期にまでさかのぼることができる。南後由和によると、「大正期から昭和一桁代までは、洋風の機能的で、新しい「文化生活」を営む都会人が〈文化人〉とされた」（南後「〈文化人〉の系譜――界とマスメディアの交わり」南後・加島卓編『文化人とは何か？』東京書籍、二〇一〇年、二〇頁）。竹内洋によると、「文化人」という言葉が「知識階級」にかわって使用されるようになったのは、昭和一〇年代の戦時期からだという（前掲『革新幻想の戦後史』、二六二頁）。

(75) 「あなたは忙がしすぎる　石橋さんの場合の教訓」『週刊朝日』一九五七年三月一〇日号、九頁。

(76) テレビ出演の例として、『週刊朝日』一九五九年六月二八日号の「ダイアル」という頁に、「催眠術と大宅壮一」という記事がある。そこでは、テレビ出演の際に催眠術をかけられた大宅の写真が掲載されている。ここから、大宅が単に解説者という範疇以上の役割をブラウン管上で繰り広げていたことが窺われる（「催眠術と大宅壮一」『週刊朝日』一九五九年六月二八日号、七八頁）。ちなみに大宅は、番組放送後「私のようなものがかかったということが、よほど世間の興味をひいたらしく、ほんとにかかったのですか、とよくきかれ」たという（大宅「私は催眠術にかかった」『国際文化画報』一九五九年九月号、頁数記載なし）。ここからこの反響の大きさとともに当時の大宅の存在感の大きさを推測できよう。

(77) 大隈、前掲書、三九七頁。

(78) 大隈、前掲書、三七〇頁。

(79) 大隈、前掲書、四六六頁。

(80) 大隈、前掲書、四六九頁。

(81) 第一回から第一一四回まで担当した鈴木經太郎によると、対談相手の人選は当時の編集長・樫原雅春がおこなっていたという。

なお、「新連載企画　大宅壮一『人物料理教室』　第一回山本富士子」を予告する誌面においても、「定評ある〝人物鑑賞力〟による対談を、さらに再構成した立体的な人物探訪」と記載されている（「一足先に正月をおとどけ致します　ユニークな誌面構成でお目見得する…次号『週刊文春』一月四日特大号」『週刊文春』一九六四年一二月二八日号、一二三頁）が、鈴木に確認したところでも、対談の流れは記事の構成にあたり順番が変えられているという。

また鈴木によると、対談相手が大宅に対しインフォーマルな相談を持ちかけることもあり、それはオフレコ扱いになっている（鈴木經太郎、二〇〇九年八月二四日）。オフレコということでいえば、第一六八回（一九六八年四月一五日号）に登場した文芸評論家の奥野健男は、大宅没後、生前の大宅との交流について次のように振り返っている。

いちばん印象に残るのは山崎某女の盗作事件の時の、週刊文春での対談であった。大宅さんは古今の盗作について、菊池寛はじめ国際的文学賞作家の代作についてのあらゆる知識、情報を機関銃のように話された。その大半はオフレコとして週刊誌に載らなかったが、ぼくは文壇、ジャーナリズムの裏の真実に打ちのめされた感じであった（奥野健男「永遠の文学青年」ノンフィクション・クラブ大

宅壮一追悼文集編纂会『追悼文集　大宅壮一と私』季龍社、一九七一年、三二四頁）。

(82) 大宅が他界したときに『週刊文春』の編集長であった小林米紀は、「大宅対談」の頁は大宅のためにあり、大宅が亡くなるまでやってもらおうという趣旨のことをそれまで常々述べていたという（上野徹「大宅対談と私」『大宅文庫ニュース』第六六号、二〇〇五年一二月二〇日、一頁。上野徹、二〇〇九年八月一九日）。

(83) 『建国記念日審議会審議経過』建国記念日審議会、一九六六年。委員のひとり桶谷繁雄は、「キリンも老いては」（『言論人』第十一号、一九六七年）「〝建国記念日〟始末記——この記念の日を、平和で、静かな国民の祭日としたい」（『文藝春秋』一九六七年二月号）で大宅を批判している。

(84) 『サンデー毎日』一九六六年一〇月二三日号、一二一頁。

(85) 藤井淑禎「大宅壮一の文化大革命レポート」『大衆文化』第三号、二〇一〇年、五三頁。

(86) 馬場公彦『戦後日本人の中国像——日本敗戦から文化大革命・日中復交まで』新曜社、二〇一〇年、二四八－二四九頁。

(87) 植田康夫『出版人に聞く17　『週刊読書人』と戦後知識人』論創社、二〇一五年、九七－九八頁。

(88) 大宅壮一マスコミ塾同窓会編『大宅壮一は生きている』共同情報センター、一九八〇年。塚田勝俊「塾生となって」『総合ジャーナリズム研究』一九六七年六月号（第三四号）、五九頁。

(89) 無署名「大宅壮一ノンフィクション賞応募規定発表」『文藝春秋』一九六九年一一月号、三四四頁。前掲『文藝春秋七十年史《本編》』、一八三頁。

(90) 無署名「故大宅壮一氏　マスコミ合同葬」『読売新聞』一九七〇年一一月二九日朝刊一四面。

(91) 無署名「故大宅氏のマスコミ合同葬」『朝日新聞』一九七〇年一一月二九日朝刊三面。

(92) 公益財団法人大宅壮一文庫の沿革については、拙稿「文庫《ふみくら》をひらく　公益財団法人大宅壮一文庫」『書物学』第一四巻、勉誠出版、二〇一八年を参照されたい。

## 第四章

（1） 橋川文三「「大東亜共栄圏」の理念と実態」の第二節第四項「インドネシア軍政の帰結」（『岩波講座日本歴史21　近代8』岩波書店、一九七七年。山田朗・小田部雄次編『展望日本歴史22　近代の戦争と外交』東京堂出版、二〇〇四年に再録）は、早稲田大学大隈記念社会科学研究所編『インドネシアにおける日本軍政の研究』（紀伊國屋書店、一九五九年）に記述の多くを負っており、ジャワの宣伝班に大宅が関わっていたことも触れられている。

倉沢愛子「日本軍政下のジャワにおける映画工作」（『東南アジア―歴史と文化―』第一八号、一九八九年）の内容は、のちに倉沢『日本占領下のジャワ農村の変容』（草思社、一九九二年）に含まれた。さらに倉沢は、このふたつの著作を再構成した「宣伝メディアとしての映画――日本軍占領下のジャワにおける映画制作と上映」（奥村賢編『日本映画史叢書10　映画と戦争――撮る欲望／見る欲望』森話社、二〇〇九年）を発表している。佐藤忠男『増補版　日本映画史2』（岩波書店、二〇〇六年）の第五章第五節「占領下インドネシアでの映画工作」は、『日本占領下のジャワ農村の変容』に記述の多くを負っている。

（2） 及川敬一「第十六軍宣伝班員　大宅壮一」神谷忠孝研究代表『南方徴用作家の基礎的、総合的研究　平成7年度〜平成8年度科学研究費補助金（基盤研究B（1））研究成果報告書』、一九九七年。

（3） たとえば、大宅壮一「レジスタンス派中学生」前掲『大宅壮一選集12』、一六七頁（初出一九五四年）、同「倭寇」同書、二一〇―二一四頁（初出一九五〇年）。

（4） 『南方徴用作家叢書⑪ジャワ篇――大宅壮一・群司次郎正・北原武夫』（龍渓書舎、一九九六年）の編者である木村一信は、次のように述べている。「宣伝班創設時からの中心人物の一人であった大宅のジャワ体験とその折の彼の活動や想念については、今後、調査されなければならないのではないだろうか」（『昭

和作家の〈南洋行〉』世界思想社、二〇〇四年、一五二－一五三頁）。

（5）大宅昌、前掲書、二一二頁。大宅映子によると、自身が高校で写真部に入ったとき、大宅が引き伸ばし機を買いトイレを改造して暗室をつくってくれたという。大宅映子は「私がカメラやりたいって言ったのが嬉しかったんでしょうね、きっと」と振り返った（大宅映子、二〇一三年七月九日）。

（6）第一期日本工房に、大宅は高田保・太田英茂らと「院外団的な立場で参加」（名取洋之助『写真の読みかた』岩波書店［岩波新書］、一九六三年、一三二頁）している。第一期日本工房について森山明子は次のように解説している。「カメラマン、デザイナー、文化人が集った日本工房が、文化的な対外国家宣伝を旨とする『ＮＩＰＰＯＮ』を発刊したのは１９３４（昭和９）年である。ウルシュタイン社の契約カメラマンだった名取洋之助がナチによる外国人記者就業禁止によって帰国し、〈報道写真を普及させる文化運動〉を目的に第一次日本工房をつくるのは１９３３年。メンバーは、『光画』の同人・木村伊兵衛とその出資者である野島康三、写真評論家・伊奈信男、デザイナーの原弘、俳優でドイツ留学もした岡田桑三など。文学者の林達夫が顧問となり、大宅壮一も関与して「ライカによる文芸家肖像展」、「報道写真展」を開いた」（森山明子「産業工芸と商業美術の時代」竹原あき子・森山明子監修『［カラー版］日本デザイン史』美術出版社、二〇〇三年、五七頁）。

（7）二〇一四年一二月一九日にこの作品を東京国立近代美術館フィルムセンター（現・国立映画アーカイブ）でみせていただいた。ライカが登場するシーンは台本の一五頁でも確認することができる。映画の梗概をまとめた無署名「蒙疆映画地平線」（『大都映画』一九三九年三月号）でも写真を撮るシーンに触れられている（三四頁）。なお上記特別映写観覧においてはとちぎあきら氏に手続きをしていただいた。記して感謝したい。

（8）佐藤、前掲『増補版　日本映画史』第二巻、二一－二二頁。

（9）「昭和十五年度映画日誌」『昭和十六年度版日本映画年鑑』大同社、一三－一四頁。「映画界日誌篇昭和十

六年度」『昭和十七年版日本映画年鑑』大同社、一九四二年、七頁、二二頁、四三頁。後者では、五月一九日の記述に「日本映画協会」と記載されている。しかし「映協改組進捗す　評議員、参事選出　寄附行為変更決る」『映画旬報』第一五号（一九四一年六月一日［復刻版：ゆまに書房、二〇〇四年］）四頁を見ると、明らかに「大日本映画協会」の誤植だと判断される。なお、理研科学映画での役職等については、「本社沿革年表」理研科学映画株式会社編『理研科学映画創立五周年』理研科学映画株式会社、一九四三年、六四、六六頁も参照した。

以上の映画にまつわる記録を前掲「大宅壮一年譜」と照らし合わせると、後者にはくいちがいが見られる。また、大宅が大日本映画協会に関わっていたことは、同年譜のほか、大隈、前掲書所収の「大宅壮一年譜」でも触れられていない。

(10)「文化庁日本映画情報システム」(https://www.japanese-cinema-db.jp/) での検索結果。二〇一五年三月三一日最終確認。

(11) 無署名「「兵器シリーズ」特別公開　講演と映画「我が兵器陣」」『朝日新聞』一九四一年八月二一日朝刊五面。

(12) 無署名「「我が兵器陣」写真展　七日より三日間　銀座松坂屋で」『朝日新聞』一九四一年一〇月一日朝刊五面。

(13) 同シリーズについては、大塚英志『手塚治虫と戦時下メディア理論──文化工作・記録映画・機械芸術』星海社（星海社新書）、二〇一八年、三二一－三二三頁も参照されたい。

(14)「時局設問　事変四年は貴方の生活を如何に変えたか」『改造』一九四一年七月時局版、八〇頁。

(15) 町田敬二『ある軍人の紙碑──剣とペン』芙蓉書房、一九七八年、一六六－一六七頁。

(16) 中山正男『毒舌一代──大宅壮一を裸にする』太平出版、一九六六年、一六－一七頁。

(17)『ジャワ年鑑（昭和十九年）』ジャワ新聞社、一九四四年（復刻版：ビブリオ、一九七三年）、一六九－一七〇頁。ジャワ映画公社製作の映画のうち四本が現存している（東京国立近代美術館フィルムセンター編『平成12・13年度科学研究費補助金交付　海外に残存する戦前期の日本映画に関する調査研究（日本占領下インドネシア地域における映画製作）報告書』東京国立近代美術館、二〇〇二年、一四頁）。なお大隈秀夫は、「せっかく設立した映画公社では一編の作品も世に出さなかった」としている（大隈、前掲書、三一五頁）。

(18) 早稲田大学大隈記念社会科学研究所編、前掲書、二五〇頁。なお清水を宣伝班のメンバーにすることは、中山・町田・大宅が相談のうえ決めたことだという（清水斉「民衆宣撫ひとすじに」インドネシア日本占領期史料フォーラム編『証言集――日本軍占領下のインドネシア』龍渓書舎、一九九一年、三二五頁）。

(19) 「新ジャワ文化の殿堂」『ジャワ・バル』第九号、ジャワ新聞社、一九四三年五月一日（復刻版：龍渓書舎、一九九二年）、八頁。

顔合わせと開所式は、「一流芸能家を網羅　啓民文化指導所の初顔合せ」『ジャワ新聞』一九四三年四月二日二面（復刻版：龍渓書舎、二〇一四年）、「大東亜理念に輝く　文化の黎明来る　啓民文化指導所、逞しい発足」同四月一九日二面（同）でも、報じられている。宣誓は、後者の記事による。

(20) 「ジャバへ〝文化の尖兵〟　日本の美点と交流　新聞、ラジオ、文学、映画に活躍」『読売新聞』一九四二年三月一七日夕刊二面。

(21) 倉沢、前掲書、二七四頁、二七六頁。

(22) 倉沢、前掲書、二六七頁。ミスバッハ・ユサ・ビラン（浜下昌宏訳）「日本占領下のインドネシア映画」今村昌平ほか編『講座日本映画4　戦争と日本映画』岩波書店、一九八六年、三〇四頁、三〇五頁も参照。なお啓民文化指導所にかんする近年の研究成果としては、アミヌディン・トゥア・ハモナンガン・シレガー（飯野正仁訳・解説）「プロパガンダのためのプロパガンダ――日本軍政下のインドネシアの芸術」『植民地文化研究』第一三号、二〇一四年がある。

(23) 倉沢、前掲書、二七七-二七八頁。岡田秀則「南方における映画工作――《鏡》を前にした「日本映画」」岩本憲児編『日本映画史叢書2 映画と「大東亜共栄圏」』森話社、二〇〇四年も参照。

(24) 大宅壮一『黄色い革命』文藝春秋新社、一九六一年、二八〇-二八一頁。なお引用文中に登場する市来竜夫のライフヒストリーについては、後藤乾一『火の海の墓標――ある〈アジア主義者〉の流転と帰結』時事通信社、一九七七年を参照。

(25) 早稲田大学大隈記念社会科学研究所編、前掲書、三二七-三五二頁。

(26) 半藤一利『恋の手紙 愛の手紙』文藝春秋、二〇〇六年、一四五-一四六頁。半藤一利、二〇一三年七月六日。

(27) 大宅壮一「歴史の舞台裏」前掲『大宅壮一選集12』、二二三頁(初出一九五六年)。

(28) 大木惇夫「修飾ぬきで」ノンフィクション・クラブ大宅壮一追悼文集編纂会編、前掲書、四六頁。

(29) 浅野晃「インドネシアの大宅壮一――想い出の陸軍宣伝班――」『日本週報』第三三七号(臨時増刊緑風読物号)、一九五五年五月二〇日、一四頁。

(30) 中山、前掲書、一八-一九頁。

(31) 中山、前掲書、一九-二〇頁。なお、この手紙とその経緯については、「特別読物 ジャワ文化人《とんちんかん》部隊かく戦えり 東條首相へ呈した悲壮なる?大宅建白書」『週刊スリラー』一九五九年七月二四日、七一頁も参照。

(32) 中山、前掲書、二二頁。『大宅壮一全集』のパンフレット(『歿後満10周年記念出版 大宅壮一全集全30巻別巻1』蒼洋社・英潮社、一九八〇年)に掲載された青地晨・大隈秀夫・大宅昌・草柳大蔵・末永勝介・永井道雄(座談会)「人間・大宅壮一」のなかで、大隈が次のように語っている。「戦争中に大宅さんをずっとつけ回した特高がいてね。それが終戦になり、パージになって生活できなくなった。あれ、大宅文庫で仕事させせたんですよね」。これに対し昌が「特高ではなく、巡査だったと思いますけど……」と述べている（七頁）。ここからも、大宅がマークされていたことが裏づけられよう。

(33) 大宅壮一「南方と文化宣伝」『日本評論』一九四四年一月号、五六‐五七頁。

第五章

(1) 大宅、前掲「「無思想人」宣言」、二四七頁。

(2) 前掲「大宅壮一年譜」。この年譜は、『大宅壮一エッセンス6　男の顔は履歴書』（講談社、一九七六年）巻末の「大宅壮一年譜」をもとにつくられたようである。

(3) 本名での復帰と活動において象徴的なのは、戦後大宅壮一が『文藝春秋』に初めて登場した一九四九年一二月号「アカハタ・讀賣合戦」は「猿取哲」名での寄稿であったのに対し、一九五〇年一月号「放浪交友記」が「大宅壮一」名での寄稿であることである。この年大宅は本名で六回同誌に登場している（以上、表5‐3・5‐4を参照されたい）。

(4) 大宅壮一「その時―8月15日―私はこうしていた　蜜バチとブタのなかで」『週刊サンケイ』一九五七年八月二五日号、二〇頁。

(5) 青地、前掲「大宅壮一の世界」、五四九頁。

(6) 山本、前掲「大宅壮一」、六二頁。

(7) 山本、前掲「大宅壮一」、六六頁。

(8) NDL‐OPACの「雑誌記事索引検索」の結果でも、「大宅壮一」「猿取哲」ともヒットする記事は一九四九年のものが最も古いものである（検索は二〇一〇年九月三〇日におこなった）。

(9) 検索は二〇一〇年一月二五日におこなった。

(10) なお、「ヒットラーに敬礼する男」『週刊朝日』一九五三年一一月八日号のように、一九五〇年を過ぎて「猿取哲」名を使っている若干の例も見られる。

(11) この号の奥付によると、発行所は日本消防文化協会となっており、発行人は小林隆となっている。編集後記には、「本誌主幹である小林協会理事はこのたび僚社Gメン社をおこして防犯新雑誌『Gメン』を主宰し、終戦後の混乱せる社会の公安、向上に盡瘁《じゅんすい》することになった。『火』同様の御後援をこいねがう次第である」とある(五〇頁)。大宅は同誌に創刊号から寄稿している。それは小林との人間関係によるものと推測される。

(12) 吉川英治「「日本の遺書」に寄す」大宅壮一『日本の遺書』ジープ社、一九五〇年、四頁。

(13) トッパン調査部編『トッパン最新文化便覧』トッパン、一九四九年、二七頁。

(14) 大宅昌、前掲書、一二一-一二二頁。

(15) 大宅映子、二〇一三年七月九日。

(16) 鶴見、前掲「解説」、三八〇-三八一頁。

(17) 無署名「出版社とブレーン・トラスト　ます〳〵密接に」『読売新聞』一九五〇年七月一九日夕刊二面。

(18) 無署名「筆一管の立役者　日本のコラムニストたち」『レポート:日本の内幕・世界の眞相』一九四九年八月号、二〇頁。

(19) 凸版印刷株式会社社史編集委員会編『凸版印刷株式会社六拾年史』凸版印刷、一九六一年、一二五頁。凸版印刷株式会社社史編纂委員会編『TOPPAN1985　凸版印刷株式会社社史』凸版印刷、一九八五年、三一八-三二七頁。凸版印刷株式会社百周年記念事業推進委員会編『凸版印刷株式会社百年史　凸版百年』凸版印刷、二〇〇一年、一一五-一一八頁。

(20) 朝日新聞社編『入江相政日記　第二巻』朝日新聞社、一九九〇年、一八三頁。

(21) 白山眞理『〈報道写真〉と戦争――一九三〇-一九六〇』吉川弘文館、二〇一四年、三四八、三五二-三五三、三五九-三六〇頁。

(22) これらのほか、一九四六年当時大宅が、『めざまし新聞』というタブロイド判の週刊評論新聞の論説員のひとりだったという記録もある（和田義三「「めざまし新聞社」時代」『大宅壮一全集・第九巻・月報3』蒼洋社、一九八〇年、二八頁）。

(23) 大宅、前掲「「無思想人」宣言」、二四七頁。
(24) 大宅、前掲「「無思想人」宣言」、二四七頁。
(25) 大宅壮一「亡命知識人論」『改造』一九四七年一二月号、二二頁。
(26) 多田道太郎「嘔吐」朝日ジャーナル編集部編『ベストセラー物語（上）』朝日新聞社、一九六七年、六三頁。
(27) 渡辺潤「ベストセラー論」中嶋昌彌編『ポピュラー文学の社会学』世界思想社、一九九四年、二八頁。
(28) 大宅が猥談を好んでいたことについては、拙稿「評論と猥談——大宅壮一をめぐって——」井上章一編『性欲の研究——エロティック・アジア』平凡社、二〇一三年を参照されたい。
(29) 猿取哲「同時代人　平野義太郎」『毎日新聞』一九四八年九月一九日四面。
(30) 大宅壮一「戦後知識人の生態」『週刊朝日』一九四八年四月五日号陽春読物集、九三頁。林については、ほかの場所でも同様の批判をおこなっている。

たとえば戦争前マルクス主義の一番盛んだったころ、一番の流行児で、戦争中の一番流行児、戦後の一番流行児、それは確か、林房雄なんで、三つを通じての流行児で、これは人間業では出来ない。こういう型の存在が日本のジャーナリズムに許されているというのは、実に奇怪なことである（大宅壮一・新居格・羽仁五郎ほか「座談会　新聞を批判する」『政党』第一巻第三号、一九四七年一一月、三一頁）。

吉川英治に対する批判は辛辣だが、転向を批判する姿勢やその論理展開は同様である。

最近発表された毎日新聞の世論調査によると、男子があげている「良書」の中で、「太閤記」（一位）、「親鸞」（四位）、「宮本武蔵」（七位）、「三国志」（九位）という風に、吉川英治のものが圧倒的多数を占めている。

「太閤記」といい、「宮本武蔵」といい、題材を封建時代にとっているばかりでなく、その中にもられている思想にいたっては、封建的道徳を幾分近代的に、いいかえればファッショ的に色あげしたもので、戦前戦時においては彼の作品は職業軍人の間に異常な支持をうけ、かれらの軍国主義精神を合理化し、神秘化し、肉づけする上にもっとも大きな役割を演じたことは、あまりにも明らかな事実である。恐らくその影響力の質と量の上からいって、典型的封建作家彼一箇の存在は他の封建作家全体を引っくるめたものに相当するといっても過言ではあるまい。それらの作品が、今日そのまま再製され、ひろく大衆に支持されているということは、まさに戦慄に値するもので、その怖るべき害毒の点からいって、カストリよりはメチールに相当する。

（略）

それよりもわれわれが今問題にしなければならないのは、戦時中における彼の言動である。海軍の勅任嘱託として、「大東亜戦争海軍戦記」の編纂をたのまれ、「文筆にたずさわるものとしてこれにまさる光栄はありません」と二つ返事でこれをひきうけて飛行機で全占領地域を見て廻り、「ミナハサ人は日本兵をほんとうの神兵と思いこんでいる」といったような通信を各地から送ったことは、今も覚えている人があろう。

また問題の翼賛選挙の行われたとき、「選挙も大東亜戦争完遂の一業です……」に始まって、「皇民私達忠誠をこめ大御心に副い奉ります」で終る「翼賛選挙の誓」なるものを、ラジオを通じて一斉に唱和させられたことがあるが、これこそ当時吉川が内務省の委嘱で執筆したものである。この選挙に翼賛会推薦で立候補したというだけで追放になっているのに、この「誓」の作者が、戦犯はおろか追放にもならないで、彼の旧著はそのままどしどし再刊され、彼の名は今も大新聞、大雑誌に昔通り、或は昔以上に現れて前述のような圧倒的支持をうけているのである。

これを「民主日本」の癌と呼ばずして、ほかにどんな癌があるであろうか（猿取哲「日本文化の「奇妙な顔」十人」『自由国民』第一五号、一九四八年一二月、四九‐五〇頁。一〇人の最初に吉川英治をあげている）。

(31) 大宅、前掲「「無思想人」宣言」、二四六頁。大宅は一九五九年に『思想の科学』からのインタビューにおいて「なしくずしの転向の成功者は大宅さんですね」と言われ、「まあそうだな（笑）」と答えている（大宅壮一「私の転向技術論」『思想の科学』一九五九年四月号、四一頁）。

(32) 大宅壮一「文壇今昔譚」『人間喜劇』一九四八年一〇月号、三七頁。

(33) 大宅壮一「鈴木茂三郎論」『人民評論』一九四八年七月号（第四巻第六号）、二一頁。

(34) 大宅壮一「十年後の文学」『大宅壮一選集9　文学・文壇』筑摩書房、一九五九年、二三一頁（初出一九三五年）。

(35) 猿取哲「講壇ジャーナリスト論――河盛好蔵・中野好夫・桑原武夫のプロフィール――」『前進』一九四九年一〇月号（通号二七号）、七〇頁。

(36) 久野収「戦後ジャーナリズムの象徴」大宅壮一全集編集実務委員会編、前掲書、九七頁（初出一九七〇年）。

(37) 前田、前掲論文、二〇五‐二〇六頁。

(38) 大宅壮一「大宅歩の叛逆と死」『文藝春秋』一九六六年四月号、二三六頁。引用箇所に続き大宅はこう述べている。「しかし、私は別に意識してこうなったわけではない。早くから父を失い、私自身で生活をたてなければならなかった私の生い立ちと、私の育った環境が、こういう人間を作り上げてしまったのである」。

第六章

（1）大宅、前掲「「無思想人」宣言」、二四七頁。

（2）前掲「大宅壮一年譜」二三〇頁。

（3）『日本の遺書』は序編・青春篇・外国篇・政治篇から成っており、二〇一八年一二月五日現在、公益財団法人大宅壮一文庫のホームページにおいて、青春篇までの全文が公開されている。それとともに、初出も含めた書誌情報も掲載されている（http://www.oya-bunko.or.jp/content/tabid/161/Default.aspx）。私が本章のもとになる論文を発表したのは、それ以前の二〇一二年三月発行の『出版研究』第四二号である。

（4）大宅、前掲『日本の遺書』、二八二頁。

（5）高島屋史料館に確認したところ、同誌がその後も刊行されたかどうかについては不明であるという（二〇一一年七月三〇日）。なお近衛文麿は一九四四年に山本有三に伝記の執筆を依頼している。山本は二九年後の一九七三年に『毎日新聞』でその連載を開始した。そうした経緯もあり、山本有三の遺族からの蔵書の寄贈をもとに東京都立多摩図書館に設置されている「山本有三文庫」には、『小説読物街』の一九四九年一二月号と一九五〇年一月号が含まれている。閲覧したところ前者には山本本人によると思われる線引きも二か所確認できた。「山本有三文庫」ならびに近衛の伝記執筆等については、二階健次・小川正子「山本有三文庫の蔵書調査」（『研究紀要』第三五号、東京都立中央図書館、二〇〇七年）を参照。

（6）青地、前掲「大宅壮一の世界」、五五三頁。青地が初出を「昭和二十一年頃」としたのは、大宅自身が初出について「終戦直後」「新円ほしさに書いた」と述べていることにもよろう（大宅壮一「あとがき」前掲『大宅壮一選集12』、二七六頁）。

（7）大隈、前掲書、三二〇頁。「本名は出していない」とあることから、大隈は掲載誌を見ずにこの原稿を書いた可能性が高い。

（8）大宅壮一「日本の遺書」『小説読物街』一九四九年一二月号、一八頁リード文。

（9）前章でも触れたように『レポート：日本の内幕・世界の真相』一九四九年八月号の無署名「筆一管の立役者　日本のコラムニストたち」では、猿取哲の正体が大宅壮一であることが暴露されている（二〇頁）。このころ世間に猿取哲の正体が少しずつ知られていたことは推測されよう。

（10）表6-1の④「共産主義者における人間の研究」の初出については、田中繁行氏（公益財団法人大宅壮一文庫）にお調べいただいた（二〇一一年九月一日）。記して感謝したい。

（11）第五章で見たように猿取哲名で大宅が最初に寄稿した雑誌記事は、『自由国民』第一五号（一九四八年一二月）の「日本文化の「奇妙な顔」十人」である。この号の「編集後記」には、「本号のよみもの記事は「日本文化の「奇妙な顔」十人」である。妖刀村正の切れ味をしめす猿取哲は、毎日新聞の紙上でおなじみの匿名評論家」とある（九七頁）。『毎日新聞』に「猿取哲」名で連載していた「同時代人」が評判となったため、原稿の依頼をする側も、猿取哲名の人物評論を求めており、それが、人物論はおもに「猿取哲」名で書くという、一九四〇年代後半における大宅自身の本名とペンネームの使い分けとも重なったと考えられる。

（12）吉川、前掲「「日本の遺書」に寄す」、四頁。

（13）馬場恒吾「「日本の遺書」を讃す」大宅、前掲『日本の遺書』、六頁。

（14）大宅昌、前掲書、二四四－二四五頁。

（15）大宅、前掲『日本の遺書』、二八二頁。

（16）草柳大蔵「文庫版あとがき『実録・天皇記』の実録——その出発・作業・発展まで」大宅壮一『実録・天皇記』だいわ文庫、二〇〇七年、三三五－三三七頁（初出は一九七五年刊行の角川文庫版『実録・天皇記』）。

一九五二年当時の、国家公務員上級職試験に合格した大学卒の初任給は、七六五〇円である（週刊朝日編『戦後値段史年表』朝日新聞社［朝日文庫］、一九九五年、七七頁）。草柳は「百円札や千円札の札束を手にしてふるえながら、即売会に入っていった」という（草柳、前掲「文庫版あとがき」、三三五頁）。一万円札の発行は一九五八年一二月一日である。

（17）前掲「大宅壮一年譜」、一二二〇頁。

（18）『実録・天皇記』作成における、草柳を助手としての資料収集とそれ以降の資料収集との連続性については、無署名「大宅壮一文庫の歩み」大宅壮一文庫創立十周年記念索引目録編纂委員会編『大宅壮一文庫創立十周年記念　大宅壮一文庫索引目録』、財団法人大宅壮一文庫、一九八〇年、三〇一‐三〇三頁を参照。

（19）下村亮一『雑誌記者五十年——虹と嵐と雲と』経済往来社、一九八四年、七四頁。大澤聡も「大宅の仕事の密度そのものは漸次変化していく」と述べている（大澤聡「大宅壮一と小林秀雄——批評の「起源」における複数的可能性」仲正昌樹編『歴史における「理論」と「現実」　叢書アレテイア10』御茶の水書房、二〇〇八年、三二三頁）。

（20）大宅壮一「あとがき」『僕の日本拝見』中央公論社、一九五七年、三〇一頁。

（21）半藤一利「解説」大宅壮一（半藤一利編）『昭和の企業』筑摩書房（ちくま文庫）、二〇〇〇年、三一三頁。

（22）大宅、前掲「亡命知識人論」、二〇‐二二頁。

（23）大宅、前掲「亡命知識人論」、二七頁。

（24）中村政則『戦後史』岩波書店（岩波新書）、二〇〇五年、三二一‐三三三頁。

（25）大宅、前掲「その時—8月15日—私はこうしていた」、二〇頁。

（26）大宅、前掲「亡命知識人論」、一九‐二〇頁。

（27）大宅昌、前掲書、一二二頁。

（28）大隈、前掲書、三一五頁。

（29） 中山正男『一軍国主義者の直言』鱒書房、一九五六年、一二九－一三〇頁。中山は同じことを、一〇年後大宅について書いた『毒舌一代』（太平出版社、一九六六年）のなかでも述べている（二二頁）。再び記せたのは、『一軍国主義者の直言』で書いたエピソードに対し大宅から抗議がなかったからだと考えられる。したがって、このエピソードの信憑性は高いといえよう。

なお『陸軍画報』の用紙権は中山から岩堀喜之助に譲り渡され、岩堀は同年一一月より雑誌『平凡』の刊行を開始する。一九五〇年代前半における同誌の躍進は、第二章で見たとおりである。

（30） 大宅壮一東京マスコミ塾の卒塾生である植田康夫・大下英治・森詠の座談会で、植田は、大宅にまつわる思い出についてこう発言している（「大宅壮一・生誕一〇〇年、没後三〇年　ジャーナリスト精神とは何か。「大宅マスコミ塾」の卒業生が学んだもの。」『潮』二〇〇〇年一一月号、一三四頁）。

それから、状況が変わったとき、あわてて塹壕から飛び出してはいかん、と言っていました。戦後、それまで右翼思想だった人が民主思想になったりするのをじっと見ていたからだと思うのですが。

（31） 鶴見俊輔「転向の共同研究について」思想の科学研究会編、前掲書、一〇頁。

## 第七章

（1） 尾崎秀樹「解説　紀行＝独特な視座」『大宅壮一全集』第一七巻、蒼洋社、一九八二年、三九七頁。

（2） 前掲「大宅壮一年譜」、二二八頁。

（3） 「南十字星は招く」の初出は、長谷川了編『南方政策を現地に視る』（日本外事協会、一九三六年）である（初出時のタイトルは「南洋視察記」）。矢野暢はこの本を「興味ぶかい本」としており、刊行された一九三六年を「あらゆる意味で、近代日本の「南進」との関連でいえば、歴史が大きく曲がった年」だと述べている（矢野暢『「南進」の系譜――日本の南洋史観』千倉書房、二〇〇九年、二九三頁、二九四頁）。

（4）大宅壮一「序」『外地の魅惑』萬里閣、一九四〇年、一‐二頁。

（5）大宅「大陸旅行経済学」前掲『外地の魅惑』、三〇二頁。

（6）大宅「大陸旅行経済学」、三一二‐三一三頁。

（7）大宅「大陸旅行経済学」、三一三頁。

（8）大宅「香港の敵性を暴く」前掲『外地の魅惑』、九九頁。大宅「南支のスパイ合戦」前掲『外地の魅惑』、一三四頁。

（9）大宅壮一「あとがき」『世界の裏街道を行く』文藝春秋新社、一九五五年、三四六‐三四七頁。

一九二七年生まれの新藤謙は、「直接、世界行脚のできない一般大衆にとっては、大宅紀行文は知識を広めるばかりでなく、居ながらにして現地を旅行したような気分にさせてくれる」とし、次のように述べている。

居ながらにして現地を旅行したような気分にさせてくれる、というのは、語り口のうまさや文章がやさしいためばかりではない。書かれている対象が、主として庶民の暮らしだからである。大宅壮一は外国へ行っても、原則としてその国の要人には会わない。面倒な手続きをし、苦心して高位高官に会ったところで、時間にも制限があり、腹蔵ない意見の交換などできるはずがないことを十分承知しているからである。政府機関からの招待旅行も断る。それでは向こう様の都合のいい所しか案内してもらえず、大衆の本当の暮らしに接することができないからである。そんなことなら旅行する意味はない。その国の概略なら本や資料で承知している。にもかかわらず実地にそこへ行くのは、認識を確認するだけではなく、本や資料だけでは得られない大衆の肉声を聴き、息吹きを感じたいからにほかならない。

そこで大宅壮一は努めて陋巷《ろうこう》をさまよい、底辺の庶民に接する。それも事情が許せば通訳を避け一人でする。そのために自分の宿を見失ったり、ホテルの所在が判らず心細い思いもするが、お仕着せ旅行よりは忘れがたい思い出となったにちがいない。大宅のペンは気候、街のたたずまいから、人びとの服装、血色、人柄、料理の質、ジュースの値段にまでおよぶ。それらを通して、その国、その社会の性格を浮き彫りにしようとする。既成の観念を前提にして、それに都合のいいような事象を拾い上げる方法ではなく、なるべくそれにとらわれず、実際の見聞、体験から、全体像を探ろうという方法である。

これまで日本人は西洋に対しては後進国としての劣等感を持ち、何事につけ崇拝したがる傾向があった。一方、その反動として、自分のほうが進んでいると思う国に対しては、優越感を持ち、蔑んだ。大宅壮一はそういう通弊にとらわれなかった。だから観光ふうの旅行を排し、かれがいうところの世界の裏街道を歩いた。ロンドンやパリの表街道も歩いたが、絵葉書ふうの旅行記は書かなかった（新藤謙『大宅壮一とその時代』東京書籍、一九八三年、一四〇－一四一頁）。

（10）『世界の裏街道を行く』の「あとがき」において示されている姿勢が「裏街道シリーズ」の同時代読者にも伝わり、「居ながらにして現地を旅行したような気分にさせてくれ」るものであったことが理解できよう。写真と文章が組み合わせられ「ルポルタージュ」が標榜された大宅の著作は「水底の小河内村」（『中央公論』一九三七年八月号）にさかのぼることができる。この作品について『中央公論社七十年史』は、「ルポルタージュ文学盛行への動きを示す記録として回顧されねばならない」としている（中央公論社『中央公論七十年史』中央公論社、一九五五年、二七七頁）。「水底の小河内村」については、松浦総三『松浦総三の仕事③　ジャーナリストとマスコミ』大月書店、一九八四年、七七頁、武田、前掲書、七－三二頁を参照した。

（11）無署名「大宅壮一「生誕百年」記念特集後篇――大宅壮一の世界旅行」『大宅文庫ニュース』第五五号、

財団法人大宅壮一文庫、二〇〇〇年七月一日、五頁を参照した。
(12)『世界の裏街道を行く』のなかで大宅は、日本から持参したカメラをイタリアで盗まれたため、フランクフルトでライカの最新型MⅢを購入するべく、シュミットの営業所を訪ねている。そこの三、四人の店員のうち、二人が大宅を知っていたという。「ライカが日本で売り出されてまもないころ、私はこのカメラについて何度も書いたが、当時かれらは日本にきていたのである」(大宅、前掲『世界の裏街道を行く』、一七九頁)。第四章第二節で紹介した、大宅は日本国内でも早い段階でライカを手にしていたという昌の回想を裏づけよう。
(13)大宅壮一「まえがき」『ソ連の裏街道を行く』文藝春秋新社、一九六二年、一一頁。
(14)大宅、前掲「まえがき」『この目で見たソ連』、四頁。
(15)産経新聞社「20日朝刊から掲載　黄色い革命・黒い革命　本社特派員大宅壮一氏のルポ」『産経新聞』一九六〇年七月一八日朝刊一面。当初のこの告知には、東南アジア・中近東・アフリカという「三大未開発地帯ゆく」との見出しが記載されているが、連載は台湾に始まり、インドネシアで終わっている。
(16)大宅、前掲『ソ連の裏街道を行く』、七-八頁。
(17)大宅壮一「海外へ渡る人たちへ　移民問答十項」『週刊朝日』一九五五年四月二四日号、五八頁。
(18)当時の中央公論社社長嶋中鵬二は、大宅を「最も高く評価し、何かにつけて相談していた」(中央公論新社、前掲書、一七四頁)。嶋中は週刊誌発刊の準備段階として、一九五八年一〇月「増刊編集部」を新設してみずからが編集長になり、大宅のアドバイスを受けながら、一九五九年五月二〇日にテスト版『中央公論』臨時増刊「マスコミ読本」を発行した。『週刊コウロン』そのものは、一九六一年八月二一日号をもって休刊した(同書、一八三-一八六頁)。大宅は同誌において、「虚頭会談」の連載を持った。このタイトルは、一九五五年の「ジュネーブ四巨頭会談」をもじったものと思われる。「虚頭会談」の一覧は、巻末の資料7-3のとおりである。同誌については、水口義朗『「週刊コウロン」波乱・短命顛末記』(中央公論新社、二〇一六年）も参照した。

(19) 大宅壮一「解説　海外旅行学概論——旅行スポーツ論をめぐって——」大宅壮一・桑原武夫・阿川弘之編『世界の旅』第一巻、中央公論社、一九六一年、四二〇‐四二一頁。

大宅壮一東京マスコミ塾第五期生の加藤昭は、大宅の最初の講義「マスコミ的人格とは何か」を二〇〇二年の時点で「いまだに忘れられない」とし、大宅の話の内容を紹介している（加藤昭「大宅流「マスコミ人必須三原則」」『大宅文庫ニュース』第六〇号、財団法人大宅壮一文庫、二〇〇二年一二月二〇日、一頁）。

〈初めての取材先では最低一週間はタクシーには乗らず、自分の足でその地域を見て回るコト。また食事はホテルで取らず街中の大衆食堂に出向き、その国や土地の労働者がどんな物を食べいくら支払っているか、を見定めるのが重要。そうすれば、その国の実像が見えてくる〉

『外地の魅惑』における発想を大宅が最晩年まで持ち続けたことがわかる。

(20) 中央公論新社、前掲書、二一二‐二一七頁。嶋中鵬二によると、全集出版を本格的に考えることにした理由に、大宅からの助言があったという（嶋中鵬二・戸田寛「中央公論社九十歳——トダカンの業界トップ対談」嶋中鵬二『日々編集　嶋中鵬二遺文集』［私家版］、二〇〇一年、二七三頁［初出一九七五年］）。

(21) 大宅壮一「共産主義のすすめ」『共産主義のすすめ』文藝春秋新社、一九六一年、一四‐一五頁。

(22) 大宅、前掲「共産主義のすすめ」、二六頁。

(23) 大宅、前掲「共産主義のすすめ」、二八頁。

(24) 大宅、前掲「共産主義のすすめ」、二八頁。

(25) 大宅「二億のライカ犬」前掲『この目で見たソ連』、一二七‐一二八頁。

(26) 大宅、前掲「共産主義のすすめ」、五頁。

(27)大宅壮一「事故」『人生旅行』角川書店（角川新書）、一九五六年、一一、一二頁。
(28)大宅「怪奇」前掲『人生旅行』、三二－三三頁。
(29)佐藤卓己「初版　はじめに」『現代メディア史　新版』岩波書店（岩波テキストブックス）、二〇一八年、vii頁。
(30)佐藤卓己「情報宣伝――「十五年戦争」を超える視点」『ファシスト的公共性――総力戦体制のメディア学』岩波書店、二〇一八年、一五七頁。
(31)佐藤、前掲論文、一七三頁。
(32)佐藤、前掲論文、一七三－一七四頁。
(33)佐藤、前掲論文、一七四頁。
(34)佐藤、前掲論文、一八四頁。
(35)佐藤、前掲論文、一八六頁。
(36)補章でも紹介するように、新藤は次のように述べている。「大宅壮一が造語の名手であることはここに繰り返すまでもない。比喩といい造語といい、いずれも連想のモンタージュであって、俳句的表現、映画的表現といっていい」。これに続きこういう。「工場へ急ぐ労働者の群れと、牧舎へ追い立てられる羊の群れ、牢獄から解放された政治家と春の小川をモンタージュさせる手法が、初期映画によく用いられたが、大宅の造語や比喩も、そうした手法といえる」（新藤、前掲書、一七二頁）。造語・比喩に映画的要素が見られるということであれば、それと戦時中のプロパガンダ映画との関連性を考えるのは自然であろう。俳句的要素のルーツについては補章を参照されたい。
(37)マガジンハウス『創造の四十年――マガジンハウスのあゆみ』マガジンハウス、一九八五年、一五頁。
(38)溝渕久美子「戦時下の映画脚本の懸賞と動員――第1回「国民映画脚本募集」と小糸のぶをめぐって」『ＪｕｎＣｔｕｒｅ（ジャンクチャー）超域的日本文化研究』第五号、二〇一四年。

(39) 難波功士『「打ちてし止まむ」――太平洋戦争と広告の技術者たち』講談社(講談社選書メチエ)、一九九八年、一七六-一七七頁。前掲、拙著『「平凡」の時代』、一〇六頁。速水健朗『タイアップの歌謡史』洋泉社、二〇〇七年、二八-三〇頁。
(40) 清水達夫『二人で一人の物語――マガジンハウスの雑誌づくり』出版ニュース社、一九八五年、一三五頁。なお岩堀と清水のライフヒストリーについては、塩澤幸登『「平凡」物語――めざせ!百万部 岩堀喜之助と雑誌『平凡』と清水達夫』茉莉花社、二〇一〇年、同『雑誌の王様――評伝・清水達夫と平凡出版とマガジンハウス』茉莉花社、二〇一三年も参照。

補章
(1) 大阪府立茨木高等学校校史編纂委員会編、前掲書、八六六頁。以下の講演会にかんする記述は、八五六-八五七、八六五頁も参照。なお大宅は一九六〇年一〇月二三日にも講演をしている(同書、八六五頁)。
(2) 大宅、前掲『炎は流れる 第一巻』、三頁。
(3) 前掲「大宅壮一年譜」、二二四頁。大隈、前掲書、五九〇頁。
(4) 大宅、前掲「わが珍商売往来」、一五六頁。
(5) 大宅壮一『青春日記』(上)中公文庫(中央公論社)、一九七九年、一四頁。
(6) 大宅、前掲『青春日記』(下)、一七頁。
(7) 大宅、前掲『青春日記』(下)、二三頁。
(8) 「初陣」の反響は大きかったようである。『少年』一九一七年二月号に掲載された「初陣」の告知で示された投稿締切は二月五日であったが、三月号の「編集余話」では次のように述べられている。「諸君が日頃から渇望されて居ただけ、諸君の歓迎は非常なもので、『初陣』の原稿で昨今記者の机上は毎日山をなして居ります。/今日まで集ったので既に数千通に達して居りますから締切の五日までには一万以上にも達する事と思います」(村羊生「『初陣』の盛観」同号、一一四頁)。また四月号の「編集余話」によると、「初陣」は通常号と同じ部数を発行し予定通り三月一日に発売したが、地方からの注文が続出し、即日再版に着手したという。初版は即日本社売切となり、再版は四日に出来したもののその日のうちに売り切れたという(安部季雄「『初陣』の重版」同号、一一二頁)。

(9) 大宅、前掲『青春日記』(下)、三八頁。

(10) 『少年』一九一四年一二月号(第一三五号)、一〇六頁。

(11) 『少年』一九一四年一〇月号(第一三三号)、一九五頁。

(12) 『少年』一九一五年八月号(第一四三号)、一一七頁。

(13) 『少年』一九一五年一二月号(第一四七号)、一二九頁。

(14) 以上、『少年』一九一六年一月号(第一四八号)、一二五、一二六、一二七、一三四頁。

(15) 『少年』一九一六年二月号(第一四九号)、一一八-一一九頁。

(16) 『少年』一九一六年三月号(第一五〇号)、一二九頁。

(17) 『少年』一九一六年四月号(第一五一号)、一二七頁。

(18) 『少年』一九一六年六月号(第一五三号)、一二一頁。

(19) 読売新聞大阪本社社会部編『実記・百年の大阪』朋興社、一九八七年、六四二頁。同水泳場にかんしては、前掲『茨木高校百年史』、三四一-三四七頁も参照。

(20) 以上、『少年』一九一六年七月号(第一五四号)、一二六、一二八頁。

(21) 大宅、前掲『青春日記』(上)、二九〇頁。

(22) 『少年』一九一六年八月号(第一五五号)、一一三頁。

(23) 大宅、前掲『青春日記』(上)、三一〇-三一一頁。

(24) 大宅、前掲『青春日記』(上)、三一四頁。

(25) 以上、『少年』一九一六年九月号（第一五六号）、一一九、一二七頁。
(26) 大宅、前掲『青春日記』（上）、三二五頁。
(27) 『少年』一九一六年一一月号（第一五八号）、一一四頁。大宅、前掲『青春日記』（上）、三三四 - 三三六頁。
(28) 『少年』一九一七年二月号（第一六一号）、一三一頁。
(29) 『少年』一九一七年三月五日臨時増刊号（第一六三号）、九一 - 九二頁。
(30) 前掲『少年』臨時増刊号、一一〇 - 一一一頁。
(31) 大宅、前掲『青春日記』（下）、七二頁。
(32) 大宅と同じ一九一九年に第三高等学校に入学した、俳人の山口誓子は、こう綴っている。
「大正八年、第三高等学校文科乙類に入学すると、同級生の中に大宅壮一がいた。／入学して大宅と話をしていたとき、大宅が袴の腰に大きなメダルを垂らしているのを見た。少年雑誌の『少年』に投書してもらった「地球牌」である。／『少年』に投書して、もらったメダルが五つたまると「地球牌」という大きなメダルに替えてもらうのだ。私も樺太の大泊中学の一、二年生時代に『少年』の俳句欄に投書して、メダルを一つもらっていた。その地球牌を大宅は高等学校に入ってからも腰に垂らしていたのだ。そして私は高等学校の生徒になってもその地球牌をうらやましがって見たのである。大宅の書いたものを読むと、小学校の高等科に進んでから『日本少年』『少年』『少年倶楽部』に、作文、和歌、俳句その他何でも投書したという。私もその三つの少年雑誌に投書していたのだ」（山口誓子「三高時代の大宅壮一」『大宅壮一全集・第八巻・月報2』蒼洋社、一九八〇年、一三頁）。

　ここから、大宅が中学生時代に『少年』への投稿で獲得した名誉大賞牌に対して、高等学校入学時にも愛着を持っていたことがわかる。

　それとともに、当時の少年雑誌の投稿欄を読むとき、大宅・山口のほかにも、のちに作家や研究者として名を成した人物の名を見ることができる。近代日本における少年少女向け雑誌の投稿欄が果たした教育的機能を、再認識できよう。

(33) 生田長江「訳者から」『世界文学全集』第三〇巻、新潮社、一九二八年、一五頁。

(34) 新藤、前掲書、一七一頁。

# 資　料

【資料3-1】

一九一八年七月二日

とうとう父が死んでもう一七日もすんだ。寄り集った人々は一人二人剥ぐが如くに去った。家族三人に下男二人――広い家の中は火が消えたような淋しさ、賑わしい見世物や出店が帰った後の氏神の境内を一人彷徨う涙ぐましい心持――それ等から遊戯的分子の除かれた、遙かに現実的な悲哀がぞくぞくと泌み込んで来る。

此の十日あまり僕には何日だか、何曜日だか判らなかった。勿論本を開いたりペンを執ったりする暇がなかった。と云って十分に看護も出来なかった。意識は十分確かでありながら、どんな近親が来ても一言も発しなかった。窶れ切ったあの顔を見る事が僕には堪え難い苦痛であった。僕は只朝から晩まで、否昼だか、夜だか知らずに働いた。そして時々ポカンと庭に立っていた。

六月の末になって病気は著しく重くなった。大阪から看護婦が来た。朝鮮の兄も帰って来た。親戚や知己が入り変り、立ち変り出入した。愈々親族会議が開かれた。財産も借金も尽く大阪の叔父に委ねて整理して貰うことに一決した。所が偶々肝腎の兄の不品行が露見してそんな相談も目茶目茶になってしまった。

喜劇だか悲劇だか判らない様な場面を度々見せられて僕はどれだけ苦んだか知れない。幾度涙を流して諫言したか知れない。多くの親戚は兄を廃嫡して僕が相続する様に勧めたが僕は断然辞した。学校の傍ら、此の家の現状を維持し、兄の除隊を待って之を引渡すや、自分は素裸で家を出して貰いたいと願った。何もかも運命だ。

それは七月二日のことであった。一人の老力士が、肩を脱ぎ、腹を突き出し、左手に見舞を提げ、右手で扇を使いながらブラリとやって来た。

「旦那、浅ましいお姿にならっしゃいましたなア、玉の森が参りました、玉の森が……」

父が贔負の力士はどれだけあったか知れない。その中で昔を忘れず見舞に来る者だけあって、熱い涙をハラハラと流した。

父は注射の効でスヤスヤと眠った。玉の森は凝乎と父の顔を見入りながら、追懐の念禁ずる能わざるが如く、「好い旦那でしたがなア」と呟いた。

芸者を総上げして遊び廻ったり、角力のある毎に酒樽の鏡を抜いて自由に飲ましてやり、入浴に若い力士二三人に肩を流させたりした父の豪遊時代の物語を始めた。俥が止った。誰かと思ったら茨木の辻駒だった。

「息のある間にと思って、これッばかしですが御恩返しにと取って参りました。」

こう言って彼は懐中から参百五十円の金を出した。これが父の全盛時代に茨木の岡田に貸した三千五百円の手切金である。一文も返るまいとあきらめていたのに、たとえ、これだけでも手に入ったのは辻駒が俠気を出したからである。

日が西に傾くにつれて病勢は次第に募った。近村の親戚には使を出し、僕は近所の悃懇《こんこん》の家に知らせに出た。大茂へ行って「少し変りましたので」というと、娘が大声出して「大宅の叔父さんが死にかかって……」と叫んだのを死んだと聞いた茂一郎さんが梅の木から転げ落ちて横腹を打って立てないという有様だ。

田舎のお医者さんは、まだ一日や二日は大丈夫だと言ったが、看護婦がたってというので遠い親戚に電報を打つ為に走らした。僕と弟はその間にせき立てられて湯に入った。身を浸すや否や、奥から「早く早く」という母の叫びが聞えた。二人は素裸体で飛んで行くと枕頭の金盥《かなだらい》にドス黒い血が溢れて病人は既に吸う息よりも出す息の方が多くなっている。ああもう駄目だ！　癌が潰えたのだ。さア今が最後だ！　此の時医者へモルヒネを取りに走った玉の森が息せき切って帰って来た。

「ワッ……南無阿弥陀仏南無阿弥陀仏けれど旦那、よう呼び寄せて下さいました。旦那の御厄介になった奴は数《よ》まれぬ程御座いますが、死に目にお会い申すことが出来たのは私と羽根馬とだけです。羽根馬喜べよ」

家の中が急に明るくなって動かれぬ程人が増えた。

危篤の電報の使が帰らぬ前に死去の電報が打たれた。追々到達した親戚は代る代る青ざめた父にすがりついて泣いた。

夜は次第に更けた。死骸は白布に覆われて仏壇の前に置かれた。いつかお経が始っていた。

「……ステニ無常ノ風キタリヌレハフタツノマナコタチマチトチ、ヒトツノイキナカクタエヌレハ、紅顔ムナシク変シテ桃李ノヨソホイヲウシナヒヌルトキハ六親眷属アツマリテナケキカナシムトモ更ニソノ甲斐アルヘカラス……タタ白骨ノミソノコレリアハレトイフモ中々オロカナリ……」

今までうまく作ってあるなア位いの感じで耳にし、口にしていた白骨の御文章の中の句が胸に深く深く食い込んだ。

夜が明けた。山家の方へ二人三人宛葬式知らせに行った近所の人が皆眠そうな顔して帰って来た。

葬式は一日置いて四日に定まった。

七月四日――自分の父の葬式の日である。

朝から夕立が甚だしかったので一同大いに心配したが出棺頃に歇んだのは嬉しい。多くの僧侶と供花の後から、美事なまわしを締めた八人の若力士に担がれた天井輿は徐かに家を出た。兄は軍服で左側に、自分は白衣に麻の裃を着け、編笠を冠って棺に添うた。僕は頭を垂れていたので、誰が送ってくれたか、どれだけの人が集ったか知らなかった。

長い焼香が終り、向上会長の弔辞が朗読せられて後、会葬者に謝して僕等血族も帰途についた。僕は茫然として無意識に歩を運んだ――如何なる苦痛に遭遇すともこれを客観的に凝視するだけの勇気を失うな――というのが僕の修業の的であるけれど。

「お疲れでしょう、悪心しなさらないと貴方にどうこうがあれば大変ですよ、お兄様はあんな方でいらっしゃいますし、お母さんや弟さんがお可愛想でね、併し本当のお疲れはこれから出るんですよ、……」

白衣に、撮《つま》んで載せたような白帽を冠った看護婦が、涙ぐんだ眼で僕を見上げた。

「ええ、どうなるかやって見なければ判りません。兄の無礼は何ともお詫びの為方がありません。それでもまア貴女はよくあれ程まで他人を世話して下さいましたね。毎晩碌々寝ずに……病人が貴方の浮言をいい、貴女が病人の寝言をいうなんて……これも親類に医者があるお蔭でこんな良い人が当ったのだ等と内の者は云っています。」

「また、あんなことをおっしゃる、もう寝言の話だけはよして頂戴、お願いですから……」

「真面目に言ってるんですよ、併し考えてみると看護婦という商売随分嫌な商売ですね、何故多くの若い女が好んであんな者に――失礼ですが――になるんでしょう。」

「妾にも判りませんのよ、貴方当てて御覧なさい。」

「さア、そうですね、思い切って言って言い《ママ》ましょうか。

……

　虚栄心と境遇の衝突に絶望した者が衣服と言語とによって幾分、虚栄心が満足せむられ、加うるに本人の容貌又は技倆の如何によっては或僥倖的栄達を望み得る道――それは看護婦さんではありますまいか？」

「嫌ですよ。貴方は上手ですね、悪口が。外の人達はそうかも知りませんが、妾だけは違うつもりですよ。」

「じゃ貴女だけ特別勉強して、十分の割引して、掛値なしに言いますと、希望と境遇との衝突に病苦が加って生じた悲観に基督教徒的理想が多少こんがらがって貴女を看護婦に導いたのでしょう。ハハ……どうです、当りましたか？」

「前口上の長いことね、当ったようで、当らないようで……まァ此方も大勉強して当ったにして置きましょう。」

「それはそうと此間の晩の話を父が聞いたでしょうか、多分注射で眠ってただろうと思いますが、あんな、つまらんことを長々と喋舌って……」

「つまらんことって、何ですって？」

「僕の所謂人生観、死生観……ハハ……もうお忘れになりましたか？」

「いいえどういたしまして、滅多に忘れないでしょう。牧師さんのお話よりもずっと共鳴いたしました。お父さんも屹度喜んで聞いていらしったでしょう。『負うた子に教えられ』で、それであんな安らかな往生をせられたのかも知れませんよ……貴方クリスチャンになられたそうですが何処の教会？」

「一時は天満教会に籍を置いたこともありますが、あまり遠いのでやめてしまいました。其の後は大阪の街を歩いて手当り次第何処へでも飛込みます。謂わば浪人信者です。併し今の私は私独特の宗教を信じています。」

「そう、ちっとも知らなかったわ。妾はずっと前から天満教会に籍があるの、……あら！　喋舌ってる間にちゃんと帰りました。」

「さよなら！」

「さよなら！　又お眼にかかれるのは何時のことだか判りませんね、さよなら！」

「皆様いろいろ御厄介になりました。ではさよなら！」

　看護婦を載せた俥の提灯の灯は広い街道を走って行った。

僕は先生や友人から来た親切な手紙を読んで泣いた。ああ自分にこれだけ責任を尽す力があるか。

父は十四歳より放蕩を始め、青年時代に法律を志して弁護士試験に失敗し、中年よりは選挙、警察界に足を入れて産を傾け、最後に生涯離さなかった酒の為に死んだ。父は寡黙、寛大、鷹揚《おうよう》で、殊に他人の物と我物とを区別する観念が甚だ乏しかった。金の豊かなる間は何ともいえぬ良い旦那で通ったが、なくなればそうは行かない。併し百万円の遺産を貰うより遙かに嬉しい。どうあっても僕は働かねばならぬのだ。

（出典：大宅壮一『青春日記』（下）中央公論社［中公文庫］一九七九年、二四五－二五一頁）

**【資料3－2】**

「退校中学生の背後《うしろ》に　恐るべき黒い手　危険思想の伝播を恐れて　断然この処分に出づ　多門教諭曰く――加藤校長曰く」（『大阪毎日新聞』一九二〇年一月一三日一一面）

府立茨木中学の服制問題より同校五年生梶川、吉田、中村三名が突如退校処分に附せられしと前記の如くであるが尚右退校処分の真相なるものにつき同校多門教諭の云う所によると

服制問題は単に表面の理由で前記三名の生徒の背後には或る一人の教唆者がある、ソレは一昨年同校在学中危険思想　を宣伝したという廉を以て加藤校長から諭示退校を命ぜられ目下第三高等学校に在学中である三島郡富田村大宅壮一（廿）なるもので壮一は学校の冬季休暇後十二月二十七日まで神戸の賀川豊彦氏方に滞在同日帰郷した所同村なる五年生吉田元治は壮一を訪問して昨年十一月の大観兵式に茨木中学生が和服で参列したゝめ他校の生徒から散々侮辱された旨の話をすると壮一は「ソレは以ての外なりアンな判らぬ校長はウント苛めてやってよい」と切出し遂に吉田外二名を扇動して　今回の問題を持上げしめたので三名が五年生の代表と名乗り校長へ向け提出した嘆願書も実は壮一の手に起草されたのであった、加藤校長は早くからこうした内部の事情を知悉していたので元日に嘆願書を受取るなり直ちに教員を招集した上更に厳重な取調べを遂げ遂に前記三名に対する

退校処分　を決した次第だというのである

已むを得ざるに出た此処分

尚同問題が本紙上に出た十二日の午後校長は阪間府学務課長よりの招電に接し登庁同課長と会見したが右につき校長は語る

私の不徳からつまらぬ問題を惹起して世間を騒がした段何とも申訳がありません実は本校生徒間には予て和服は不便だから何とか改正して欲しいと云っている向もあるようだったけれども私は年来の持論として改正の要を認めず一般父兄間には却て好評を得ていた次第であったが昨年の大観兵式に女生徒から嗤われたとか何とか詰らぬことが原因になって爾来五年級の一部には頻りに服制改良を叫んでいたようだったけれども毫も不穏の様子はなかった、ソレを或者が巧みに教唆して今度の問題を持上げしめた訳である、今度退学した三名の生徒は旨く彼れの手に乗った訳で気の毒ではあるが其儘に放任しておいては危険思想などが伝播してはという懸念から断然たる処分に出た次第です

【資料3－3】

「安全弁〔投書歓迎〕」（『大阪毎日新聞』一九二〇年一月一三日夕刊（一月一四日八面）

加藤府立茨木中学校長へ

茨木中学校　五年生一同

記者足下。三学生退学問題で世間の物議を惹起している加藤府立茨木中学校長は「危険思想の伝播を恐れて」断然たる処分に出たのであると言明していますが、服制問題に関して嘆願書を提出することが果して「危険行為」でしょうか？こゝに我々の提出した嘆願書を高覧に供して公平なる御批判を仰ぎ度いと存じます。

慶賀すべき新年に際して吾々五年生は謹しんで一書を呈します。旧臘我々が閣下に建議しました服装問題に関することですが、今迄は我々の所言が間接に閣下の耳に入って居ましたが、今回熟議の末我々の所思を閣下の前に披瀝して閣下の断然たる即答を戴き度い考です。もう卒業も目前に迫って来ましたから一日も早く解決して安全なる母校を見てから去りたいと思います。徒らに蔭で不平を鳴らすよりも、かく明らかに申し上げる方が閣下の予て説かれる立憲的精神に合致することゝ思います。本校は二十五年の立派な歴史と伝統を有する最も特色ある学校であります。此の長年月の間創立以来の校長として、勤倹力行主義を奉じてよく浮薄なる社会と戦い、剛建素朴なる健児の養成に腐心せられた閣下の努力は、

我々の忘るべからざる所であります。併し我校は今や余りに硬化して居ないでしょうか、我校の「勤倹」には進歩が伴うているでしょうか、我が校の特色が単に特色の為の特色になっていないでしょうか？我々は決して完全を要求するのではありません、併し悪いと知りながら単に決断力の欠乏から盲従して行くのが、立憲国民のとるべき態度でしょうか？不平があるなら学校を出ろと云われるかも知れませんが、これを推論すれば国に欠点があれば国を飛び出せ、人生が嫌になれば直ちに自殺せよと云うことになります。併しそれはあまりに怖ろしい暴君の言ではないでしょうか？我々の内部に萌える立憲的精神を全く枯死せしめないでしょうか？将来東西両文明を融合し、更に進んで日本固有文化を創造すべき責任ある我々は、両者の優劣を的確に批判し、各々の長所を摂取する習慣をつける必要があります。故に此の問題を合理的に解決するか否かと言う事は、我々の学者的良心の死活問題であり、延いて我々の将来の文化生活に影響する所は実に甚大なものがあります。我々は改革と云う事を次の如く解釈します。例えば維新前まで結っていたあの丁髷は、戦国時代には兜を締める効力がありました。男も粉飾を施した元禄の頃には一種の飾りとなって多少存在の意義を持っていましたけれども、明治の御代になって劇甚なる世界の競争場裡に立った時には、如何に古くとも固有であろうとも他に類がなくとも国民全体の不便を除くためには涙をのんで絶って仕舞わなければなりませんでした。要するに改革とは丁度蛇の脱皮の様なものです、生活の様式が硬化して行詰って進歩発達が全く阻止された時に自然に行われるものです。初めには役に立ったものでも何時かそれ自身が硬化して却って我々の桎梏となります、爪でも長く伸びて居れば断ってしまうのが何となく残り惜しいものです。併し我々の便宜と進歩との前には、何時までもそんな事を言って居られません。和服は我校の最も顕著な特色です、我校の全面目は生徒の服装の中に最も具体的に表現されて居ます、和服の制服としての便不便については今更云うまでもないことですが先月中橋文相の制服廃止令が出た時に新聞に現われた諸学校の校長の意見が明らかにこれを語っています。閣下独りの御経験と天下幾十万の教育家の経験の緩和と、何れが貴いかと云う問題になると或は僭越の言かも知れませんが、常識として後者を選ばざるを得ません、今から考えて見れば文相は単に本校のみの為に彼の令を出したかの観があります。和服を着ている職工は我が国でも一寸見当りません、農夫も大工も仕事を為る時は股引を着けます。和服は消極的に遊ぶときの着物です。更に経済的方面から観察しても和服は決して洋服の比でないと思います。親達を煩わす点から考えても、和服の方は数と種類が多くてどんなに不便だか知れません。学校に於て和服が生徒の秩序統一を害することは、我々よりも閣下の方が遙かによく御承知のこと丶思います。盗人にも一分の理とか云うて強いて探せば一つや二つのよい点が見出されるかも知れませんが、全体から見てどちらが便利であるかということは、常識の端くれを持っているものには何人にでも判かる事と思います。更に冬季に入って運動場に出るには、足袋から更えて掛からねばならず、其の上教室で読書することさえも禁ぜられるに至っては、全く我々の立つ瀬がありません。我校に於て諸先生が熱心に奨励せられるにも係わらず体育が一向盛んにならないのは確かに此の不完全な制服の祟りではありますまいか。我々はいつでも此の柔弱な「剛健」贅沢な「質素」懶惰な「力行」に黙って従って居られません。我々が決して虚栄心を満足させる為に此んなことを言っているのではない事は、此の目的が達せられても我々自身が其の恩典に浴することの出来ない身であることが明らかに之を証明しています我々は愛する弟等に「若さ」の権威を与えたいと思います。中学生としての「誇り」を贈り度いと思います。我々には此の目的のために、此の休暇を利用して本校の卒業生の間に同情を求めて居ます。勿論我々は極めて微力ですけれど、我々の至誠は多くの先輩を動かしています、実は此の文も彼等の後援の下に書かれたのであります。願くば我々の衷心を汲んで諸先生とも熟議の上、我々の理性を完全に満足させる様にお答え下さい。前学期に建議申し上げた諸問題の様に曖昧に葬り去られる様な場合には此の文を印刷して全卒業生諸兄に配布するか、若くは新聞紙によって天下の批判を仰ぎたいと思います。辞句の上に僭越な点があれば御許し下さい。我々は学校を愛する熱情から之れを申し上げるのであって内心少しもやましい所のないことを確信して、謹んで此の書を校長閣下に捧呈します。

大正九年一月三日

大阪府立茨木中学校第五年級

**【資料3-4】**

「母校を根本的に改革すべく　茨木中学の卒業生起つ」

(『大阪毎日新聞』一九二〇年一月一五日六面（一月一四

日夕刊〕）

既報茨木中学校の生徒退学問題は其後校友間の問題となり来り在京都の同校卒業生は十三日午後二時より京大基督教青年会館に会合し善後策に就き寄々協議する処ありたるが取り敢ず

一、退学生徒を復校せしむる事

一、今回の事を機会に学校の根本的改革を図る事

を決議し直に校友十数氏の名に依って直接加藤校長に折衝を開始する事となったが尚近日近畿校友大会を開催する筈で各学校に在学中の同校々友に対し夫々意見を求めつゝあり其結果全部の意見を纏め更めて校長に対し具体的の交渉をなす可しと〔以下、空白〕

【資料3-5】

「安全弁〔投書歓迎〕」（『大阪毎日新聞』一九二〇年一月二十日六面（一月十九日夕刊））

校名詐称

大阪府立茨木中学校長

加藤逢吉

此頃我校生徒又は卒業生の名を詐称する者あり。奇怪の事なり。在学中の生徒又は既に卒業せし者に非れば此等の名称を用うべからざるは勿論なり。半途にて退学せし者は半途退学者と称すべし。斯ることは分り切ったる事と思えど知らざる者に諭すのみ。因に言う。本校にて最近退学せしめたる某々に関する件は諸新聞に伝えらるゝ所概ね其事実の真相に非ず。当人等に気の毒なればとて本校にては成るべく公表を避け居たりし為誤伝浮説を生じたるは遺憾なり。当人等に退学を命じたる理由は当人等の性行と其性行の他に及す影響とに基づく。尤も今回の服装問題にも関すれども其問題の本質には全く無関係なり。唯当人等が此問題に藉口し之を利用否害用して校内の秩序を紊さんとする不穏の行動が其の退学理由の一となれるのみ。猶念の為某紙に見えたる所謂危険思想云々に無関係なることを茲に附言す

【資料3-6】

『社会問題講座』全巻構成

『社会問題講座　第一巻』

大正十五年〔一九二六年〕三月十三日印刷　大正十五年

三月二十日発行
編集兼発行者大宅壮一　発行所新潮社

巻頭言　安部磯雄

**講座**

社会問題総論　安部磯雄
マルキシズム概説　高畠素之
サンヂカリスム　石川三四郎
ギルド・ソシヤリズム　北沢新次郎
社会思想発達史　波多野鼎
社会学史　新明正道
経済史概論　石浜知行
失業問題　堀江帰一
資本主義と農政問題　河田嗣郎
世界無産政党発達史　産業労働調査所
婦人の自覚史　山川菊栄
日本民権発達史　白柳秀湖
ロシヤ革命史　富士辰馬
水平運動発達史　吉井浩存
英国フェビアン協会発達史　川原次吉郎
売淫論　村島歸之
社会組織と新聞雑誌　早坂二郎

**科外講話**

労働組合法案を評す　平野義太郎
近代演劇の発達とその社会的意義　秋田雨雀

**雑録**

社会問題文献解題（一）
社会問題年表　第一期　自一六八九年―至一八一五年
税制解剖図表説明――本号巻頭図表参照――　産業労働調査所
レーニン生涯の道標（上）
プロ画帖（その一）
講座術語解
露国プロレタリヤ詩人の近作　昇曙夢訳
内外社会問題日記
独立労働協会の設立
編集部より
巻頭　日本帝国主要歳入並機関構成一覧図
　労働農民党結党式と独立労働協会創立委員会

『社会問題講座　第二巻』
大正十五年四月八日印刷　大正十五年四月十二日発行

編集兼発行者大宅壮一　発行所新潮社
巻頭言　堀江帰一
講座
マルキシズム概説　高畠素之
サンヂカリスム　石川三四郎
社会思想発達史　波多野鼎
社会学史　新明正道
経済史概論　石浜知行
失業問題　堀江帰一
資本主義と農政問題　河田嗣郎
近世小作制度の発達　小野武夫
普通選挙と無産政党　安部磯雄
世界無産政党発達史　産業労働調査所
無産階級文芸論　藤森成吉
婦人の自覚史　山川菊栄
日本民権発達史　白柳秀湖
ロシヤ革命史　富士辰馬
水平運動発達史　吉井浩存
売淫論　村島歸之
社会組織と新聞雑誌　早坂二郎

科外講話
労働農民党の成立に就て　杉山元治郎　一五-二一
小説として書かれた第四階級人類史――バルビュスの「鎖」について――　千葉亀雄　二二-二八
雑録
基礎及び上層建築論（一）
レーニン生涯の道標（下）
ピリニャーク氏新潮社を訪問
社会問題文献解題（二）
社会問題年表［第二期］自一八一八年―至一八四八年
社会事業団体（一）労働者診療所
ソウエート・ロシヤのモダーン・ガール（恋愛・堕胎・性の節制不節制）
プロ画帖（二）
無産階級とラヂオ――労農ロシヤのラヂオ熱――
ロシア革命前後の思い出　ゴルキー
講座第一巻正誤表
「税制整理の結果」説明――巻頭図表参照――　産業労働調査所
内外社会問題日記
日本の社会思想家を一堂に集めて社会問題講座創刊記念

懇親会開かる
編集部より

『社会問題講座　第三巻』
大正十五年五月八日印刷　大正十五年五月十二日発行
編集兼発行者大宅壮一　発行所新潮社

巻頭言　高畠素之

**講座**
経済学概論　安部磯雄
マルキシズム概説　高畠素之
ギルド・ソシヤリズム　北沢新次郎
社会思想発達史　波多野鼎
社会学史　新明正道
経済学史　久留間鮫造
金融論　堀江帰一
資本主義と農政問題　河田嗣郎
近世小作制度の発達　小野武夫
普通選挙と無産政党　安部磯雄
各国労働者教育発達史　浅野晃
世界無産政党発達史　産業労働調査所
社会運動と智識階級　麻生久
無産階級文芸論　藤森成吉
日本民権発達史　白柳秀湖
ロシヤ革命史　富士辰馬
英国フェビアン協会発達史（了）　川原次吉郎

**科外講話**
我国の為替問題（円価騰落事情と其影響）　牧野輝智
メーデーの歴史と社会的意義　新居格
日本農民組合紛擾の真相　荘原達

**雑録**
社会問題文献解題（三）
日本社会主義史上の隠れた恩人——同志社のラーネッド氏——　木村毅
社会問題年表　第三期　自一八四九年—至一八七一年
プロ画帖（三）
基礎及び上層建築論（二）
マルクス及びエンゲルス研究所
「農村搾取状態の図」説明——巻頭図表参照——　産業労働調査所
講座術語解
ロシヤ革命前後の思い出（二）　ゴルキ

内外社会問題日記
英国炭坑業改造案——英国炭坑業委員会報告——
編集部より

『社会問題講座　第四巻』
大正十五年五月八日印刷　大正十五年五月十二日発行
編集兼発行者大宅壮一　発行所新潮社

巻頭言　高橋亀吉
**講座**
経済学概論　安部磯雄
マルキシズム概説（了）　高畠素之
社会思想発達史　波多野鼎
社会学史　新明正道
経済史概論　石浜知行
金融論（了）　堀江帰一
資本主義と農政問題　河田嗣郎
日本労働運動発達史　赤松克麿
インターナショナル発達史　青野季吉
社会運動と智識階級（了）　麻生久
無産階級文芸論（了）　藤森成吉
婦人の自覚史（了）　山川菊栄
日本民権発達史　白柳秀湖
階級闘争史　西雅雄
消費組合論　岡本利吉
社会組織と新聞雑誌（了）　早坂二郎
**科外講話**
英国炭坑争議の過去及び現在　産業労働調査所
新ロシアの婦人　エレナ・テルノーフスカヤ
**雑録**
農民労働党の禁止と労働農民党の成立　小岩井浄
英国総同盟罷業批判
金融資本家としての政府——巻頭図表説明
新潟県小作争議視察記　木村毅
社会問題文献解題（四）
基礎及び上層建築論（三）
海外運動消息
ロシヤ革命前後の思い出（三）　ゴルキイ
日本新聞トラスト化の前兆——「社会組織と新聞雑誌」
　附記　早坂二郎
内外社会問題日記
講座術語解

編集部より
『社会問題講座　第五巻』
大正十五年七月八日印刷　大正十五年七月十二日発行
編集兼発行者大宅壮一　発行所新潮社

巻頭言――岐路に立つ農村日本――　小野武夫
講座
アナーキズム　新居格
労働契約論序説　平野義太郎
社会心理学　市村今朝蔵
経済学概論　安部磯雄
ギルド・ソシヤリズム（了）　北沢新次郎
社会学史　新明正道
インターナショナル発達史（了）　青野季吉
労働組合と労働者教育　阪本勝
日本民権発達史（了）　白柳秀湖
階級闘争史　西雅雄
文学の社会学的研究方法及びその適用（了）　平林初之輔
消費組合論（了）　岡本利吉
我が国の婦人運動（了）　奥むめお
社会運動家及社会思想家列伝　大宅壮一
科外講話
ロシャ大革命前期のインテリゲンツィア――チエホフ劇の一考察――　中村吉蔵
雑録
農民労働党の禁止と労働農民党の成立（二）　小岩井浄
社会問題文献解題（五）
農民史劇『磔茂左衛門』を観る　小野武夫
東京の売淫
プレカノフと片上潜――アムステルダム大会の一挿話――
産業資本家としての政府（官業労働調査）――巻頭図表説明――
講師略伝（一）
講座術語解
内外社会問題日記
編集部より
『社会問題講座　第六巻』
大正十五年八月八日印刷　大正十五年八月十二日発行

編集兼発行者大宅壮一　発行所新潮社

巻頭言　大内兵衛

**講座**

産業革命史　上田貞次郎

アナーキズム　新居格

社会思想発達史　波多野鼎

社会心理学（了）市村今朝蔵

経済学概論（了）安部磯雄

日本経済の現状　高橋亀吉

日本労働運動発達史　赤松克麿

国際労働問題（了）浅利順四郎

資本主義と農政問題　河田嗣郎

社会主義と農民運動　稲村隆一

各国労働者教育発達史　浅野晃

世界無産政党発達史（了）産業労働調査所

階級闘争史（了）西雅雄

借家争議の戦術　布施辰治

社会運動家及社会思想家列伝　大宅壮一

マルサスの人口論（了）布川静淵

**科外講話**

志那に於ける社会革命思想　高須芳次郎

朝鮮解放運動概観　中西伊之助

**雑録**

農民労働党の禁止と労働農民党の成立（三）小岩井浄

社会問題年表 第四期 自一八七二年―至一九〇二年

プロ画帖（四）

社会問題文献解題（六）

所得の集積状態――巻頭図表説明――

『農民小説集』所感　木村毅

講座術語解

社会事業団体（二）帝大セツルメント

労働争議漫談　ＹＺ生

講師略伝㈡

内外社会問題日記

編集部より

『社会問題講座　第七巻』

大正十五年九月八日印刷　大正十五年九月十二日発行

編集兼発行者大宅壮一　発行所新潮社

巻頭言　新居格

講座
財政学概論　大内兵衛
日本社会主義史　木村毅
アナーキズム　新居格
社会学史（了）　新明正道
産業革命史（了）　上田貞次郎
経済史概論　石浜知行
日本経済の現状（了）　高橋亀吉
労働契約論序説（了）　平野義太郎
日本労働運動発達史　赤松克麿
世界労働運動発達史　産業労働調査所
各国労働者教育発達史　浅野晃
資本主義と農政問題（了）　河田嗣郎
法廷に於ける小作争議　水谷長三郎
中間階級論（了）　青野季吉
生物学と産児制限　山本宣治
借家争議の戦術（了）　布施辰治
科外講話
小作争議の実際　三宅正一
雑録
社会問題文献解題（七）
労働争議漫談　ＹＺ生
プロ画帖（五）
社会問題雑著史　松尾一化子
北海道に於ける『社会問題講座』講演会
資本集中の趨勢――巻頭図表説明――
社会問題年表［第五期］自一九〇三年―至一九〇六年
新団体紹介（一）　俸給生活者組合運動の現状　樋口弘
内外社会問題日記
講師略伝（三）
講座術語解
編集部より

『社会問題講座　第八巻』

大正十五年十月十一日印刷　大正十五年十月十五日発行
編集兼発行者大宅壮一　発行所新潮社

学生検挙事件と森戸事件（巻頭言）　吉野作造
講座
日本労働法制史研究　滝川政次郎
世界資本主義経済の現勢　丸岡重堯
社会階級論　服部之総

社会統計論　岡崎文規
財政学概論　大内兵衛
日本の労働事情（了）　村島歸之
日本に於ける農民運動の現勢　杉山元治郎
社会思想発達史（了）　波多野鼎
日本社会主義史　木村毅
世界労働運動発達史　産業労働調査所
各国労働者教育発達史（了）　浅野晃
治安維持法批判（了）　清瀬一郎
資本主義文化と社会主義文化（了）　平林初之輔
社会政策　小林輝次
マルクス国家論　河野密
法廷に於ける小作争議（了）　水谷長三郎
生物学と産児制限（了）　山本宣治

**雑録**

社会問題文献解題（八）
マルクス『経済学批判』　猪股津南雄
社会問題雑著史　松尾一化子
市電自治会分裂問題　西村清一
社会事業団体（三）　日暮里愛隣団
ユヒ・徭役・徒役・和雇・賃組（『日本労働法制史』の述語解）　滝川政次郎
失業労働者同盟　石上太郎
プロ画帖（六）
国家資本主義トラスト日本の体制――巻頭図表説明――
内外社会問題日記
編集部より

『社会問題講座　第九巻』

大正十五年十一月十一日印刷　大正十五年十一月十五日発行
編集兼発行者大宅壮一　発行所新潮社

合同への前程としての分裂（巻頭言）　大山郁夫

**講座**

人間行動の社会学　長谷川萬次郎
日本社会史（了）　本庄栄治郎
財政学概論　大内兵衛
日本労働法制史研究　滝川政次郎
社会統計論（了）　岡崎文規
経済史概論　石浜知行
日本に於ける農民運動の現勢　杉山元治郎

日本社会主義史　木村毅
日本労働運動発達史　赤松克麿
世界労働運動発達史　産業労働調査所
支那の社会思想と社会運動　宮崎龍介
社会階級論（了）　服部之総
民衆娯楽問題（了）　権田保之助
無産政党と労働組合（了）　麻生久
社会政策（了）　小林輝次

**科外講話**

驀進する労働農民党　第四回党中央委員会迄の経過と今後の方針　浅沼稲次郎

**雑録**

社会問題文献解題（九）
社会問題年表［第六期］自一九〇七年―至一九一六年
ロシヤの革命とオブローモフ主義　山内封介
ピエル・アンプの労働文学
世界経済に於ける日本資本主義経済――巻頭図表説明――
プロレタリア解放運動の戦士としてのチャップリン　人見直善
講師略伝（四）
『日本労働法制史』術語解　滝川政次郎
内外社会問題日記
編集部より

『社会問題講座　第十巻』

大正十五年十二月十一日印刷　大正十五年十二月十五日発行
編集兼発行者大宅壮一　発行所新潮社

歴史的爆弾（巻頭言）　麻生久

**講座**

土地国有論（了）　安部磯雄
共同社会と利益社会　波多野鼎
社会倫理学――プロレタリアートと道徳――　淡徳三郎
人間行動の社会学　長谷川萬次郎
財政学概論　大内兵衛
経済学史　久留間鮫造
日本労働法制史研究　滝川政次郎
経済史概論　石浜知行
日本に於ける農民運動の現勢（了）　杉山元治郎
農民運動の世界的現勢一斑（了）　河西太一郎

世界資本主義経済の現勢（了）　丸岡重堯
日本社会主義史　木村毅
帝国主義論（了）　猪俣津南雄
セッツルメント　大林宗嗣
マルクス国家論　河野密
社会運動家及社会思想家列伝　大宅壮一
**雑録**
社会問題文献解題（十）
講師略伝（五）
『日本労働法制史』術語解　滝川政次郎
現実主義大衆政党の組織　片山哲
社会問題年表 第七期 自一九一七年―至一九一九年
内外社会問題日記
編集部より

『社会問題講座　第十一巻』
昭和二年［一九二七年］一月十一日印刷　昭和二年一月十五日発行
編集兼発行者大宅壮一　発行所新潮社

永久の統一と永久の分化（巻頭言）　長谷川如是閑
**講座**
基督教社会主義論（了）　賀川豊彦
経済学史　久留間鮫造
日本労働法制史研究　滝川政次郎
経済史概論　石浜知行
共同社会と利益社会（了）　波多野鼎
ロシヤ無産階級文学の発達（了）　片上伸
日本労働運動発達史（了）　赤松克麿
世界労働運動発達史（了）　産業労働調査所
インタナショナルの現勢（了）　産業労働調査所
恐慌論（了）　藤井米三
支那の社会思想と社会運動　宮崎龍介
セッツルメント　大林宗嗣
マルクス国家論（了）　河野密
日本資本主義発達史　野呂栄太郎
日本社会主義史（了）　木村毅
財政学概論（了）　大内兵衛
人間行動の社会学（了）　長谷川萬次郎
**雑録**
社会問題文献解題（十一）
赤旗事件

日本国家機関の解剖——巻頭図表説明——
社会問題年表 第八期 自一九一八年—至一九二〇年
講師略伝（六）
内外社会問題日記
編集だより

『社会問題講座 第十二巻』

昭和二年三月廿三日印刷 昭和二年三月廿八日発行
編集兼発行者大宅壮一 発行所新潮社

社会単位の問題（巻頭言） 賀川豊彦
講座
明治政治史の一節——維新前後に於ける「公法」の観念
——吉野作造
婚姻制度（了） 穂積重遠
労働協約法概論（了） 末広厳太郎
教育に於ける国家的統一と社会的多様（了） 長谷川萬
次郎
アナーキズム（了） 新居格
経済史概論（了） 石浜知行
日本労働法制史研究（了） 滝川政次郎
社会倫理学（了） 淡徳三郎
原始宗教と社会主義（了） 嘉治隆一
日本労働運動の現況 村島歸之
農民と政治運動（了） 荘原達
セッツルメント（了） 大林宗嗣
各国無産政党の現勢 産業労働調査所
社会運動家及社会思想家列伝 大宅壮一
雑録
社会問題文献解題（十二）
日本と支那との関係——巻頭図表説明——
社会問題年表 第九期 自一九二〇年—至一九二四年
近世日本社会問題年表 第一期 自嘉永元年—至明治三
年
内外社会問題日記
編集部より

『社会問題講座 第十三巻』

昭和二年六月一日印刷 昭和二年六月八日発行
編集兼発行者大宅壮一 発行所新潮社

終刊の辞

**講座**
本邦に於ける社会経済組織の推移（了）　高野岩三郎
経済学史（了）　久留間鮫造
労働組合論（了）　野坂鉄
日本労働運動の現況（了）　村島歸之
共産部落の研究（了）　阪本勝
日本資本主義発達史（了）　野呂栄太郎
各国無産政党の現勢（了）　産業労働調査所
明治政治史の一節（了）　吉野作造
政治行動と政治意識（了）　長谷川萬次郎
社会と教育——社会的教育学並に社会教育に対する一批評——（了）　森戸辰男
無産政党論（了）　大山郁夫
商品価値の批判序説——マルクスの価値法則概要（了）櫛田民蔵
社会運動家及社会思想家列伝（了）　大宅壮一

**雑録**
日本政党発達史序論——巻頭図表説明——
社会問題年表［第十期］自一九二四年—至一九二五年
近世日本社会問題年表［第二期］自明治四年—至明治四十五年

講師略伝（七）
編集部より

## 【資料3-7】『週刊朝日』「日本拝見」一覧

| 回数 | 号数 | 地域 | タイトル | 執筆者 | 備考 |
|---|---|---|---|---|---|
| 第1回 | 一九五三年一一月一日号 | 宇治山田 | 女神の都 | 大宅壮一 | |
| 第2回 | 一九五三年一一月八日号 | 青森 | 裸の町 | 浦松佐美太郎 | |
| 第3回 | 一九五三年一一月一五日号 | 佐世保 | 宿命の〝軍都〟 | 大宅壮一 | |
| 第4回 | 一九五三年一一月二二日号 | 水戸 | 丘の上の町 | 浦松佐美太郎 | |
| 第5回 | 一九五三年一一月二九日号 | 大牟田 | 三井の町 | 大宅壮一 | |
| 第6回 | 一九五三年一二月六日号 | 松本 | アルプスの見える町 | 浦松佐美太郎 | |
| 第7回 | 一九五三年一二月一三日号 | 堺 | 〝日本一〟の町 | 大宅壮一 | |
| 第8回 | 一九五三年一二月二〇日号 | 横浜 | 真空の町 | 門田勲 | |
| 第9回 | 一九五三年一二月二七日号 | 新宮 | アメリカ村 | 大宅壮一 | |
| 第10回 | 一九五四年一月三日号 | 東京 | 東洋の享楽街 | 都心　門田勲 | |
| | 一九五四年一月三日号 | 東京 | 東洋の享楽街 | 郊外　花森安治 | |
| | 一九五四年一月三日号 | 東京 | 東洋の享楽街 | 江東　大宅壮一 | |
| 第11回 | 一九五四年一月一〇日号 | 別府 | サルのいる〝泉都〟 | 大宅壮一 | |
| 第12回 | 一九五四年一月一七日号 | 札幌 | ラーメンの町 | 花森安治 | |
| 第13回 | 一九五四年一月二四日号 | 尾張一宮 | ファッションを織る | 浦松佐美太郎 | |
| 第14回 | 一九五四年一月三一日号 | 野田 | 醬油藩の城下町 | 大宅壮一 | |
| 第15回 | 一九五四年二月七日号 | 鎌倉 | 斜陽のブンカ都市 | 門田勲 | |
| 第16回 | 一九五四年二月一四日号 | 新潟 | 街の動脈天然ガス | 浦松佐美太郎 | |
| 第17回 | 一九五四年二月二一日号 | 京都 | 優にやさしき「進歩性」 | 門田勲 | |
| 第18回 | 一九五四年二月二八日号 | 鹿児島 | 封建主義最後のトリデ | 大宅壮一 | |
| 第19回 | 一九五四年三月七日号 | 尼崎 | 盛大な煙、工場の百貨店 | 花森安治 | |
| 第20回 | 一九五四年三月一四日号 | 会津若松 | 白虎隊へのノスタルジア | 浦松佐美太郎 | |
| 第21回 | 一九五四年三月二一日号 | 松江 | 昔変らぬ「名門」の町 | 花森安治 | |
| 第22回 | 一九五四年三月二八日号 | 盛岡 | 大砲からバターへ | 浦松佐美太郎 | |
| 第23回 | 一九五四年四月四日号 | 宇都宮 | 徹底した中央集権 | 大宅壮一 | |

| | | | | | |
|---|---|---|---|---|---|
| 第24回 | 一九五四年四月一一日号 | 川崎 | 大師サマと競輪サマ | 門田勲 | |
| 第25回 | 一九五四年四月一八日号 | 高知 | 酒と短気と台風の町 | 浦松佐美太郎 | |
| 第26回 | 一九五四年四月二五日号 | 神戸 | 唄のない街 | 門田勲 | |
| 第27回 | 一九五四年五月二日号 | 宇和島 | 善良でユーモラスな人々 | 大宅壮一 | |
| 第28回 | 一九五四年五月九日号 | 芦屋 | ゆたかなオゾン、あまい風 | 花森安治 | |
| 第29回 | 一九五四年五月一六日号 | 徳島 | 大阪の郊外都市 | 浦松佐美太郎 | |
| 第30回 | 一九五四年五月二三日号 | 萩 | 見はてぬ夢の町 | 大宅壮一 | |
| 第31回 | 一九五四年五月三〇日号 | 名古屋 | 偉大なる田舎町 | 門田勲 | |
| 第32回 | 一九五四年六月六日号 | 富山 | 大阪的商業主義 | 大宅壮一 | |
| 第33回 | 一九五四年六月一三日号 | 日光 | 拝観料でもむ町 | 門田勲 | |
| 第34回 | 一九五四年六月二〇日号 | 秋田 | 東北の文化村 | 大宅壮一 | |
| 第35回 | 一九五四年六月二七日号 | 和歌山 | 七不思議の町 | 花森安治 | |
| 第36回 | 一九五四年七月四日号 | 酒田 | 東北の〝堺市〟 | 大宅壮一 | |
| 第37回 | 一九五四年七月一一日号 | 因島 | 船と除虫菊の町 | 浦松佐美太郎 | |
| 第38回 | 一九五四年七月一八日号 | 金澤 | 斜陽化した〝百万石〟 | 大宅壮一 | |
| 第39回 | 一九五四年七月二五日号 | 福岡 | 二つの顔を持った町 | 門田勲 | |
| 第40回 | 一九五四年八月一日号 | 尾道 | 牛と機帆船 | 浦松佐美太郎 | |
| 第41回 | 一九五四年八月八日号 | 浦和 | 汽車の停まらぬ県庁所在地 | 花森安治 | |
| 第42回 | 一九五四年八月一五日号 | 広島 | 変らないのは川だけ | 門田勲 | |
| 第43回 | 一九五四年八月二二日号 | 軽井沢 | 商魂たくましい〝聖地〟 | 浦松佐美太郎 | |
| 第44回 | 一九五四年八月二九日号 | 鳥取 | 災害のたびに容姿一新 | 信太澄夫 | |
| 第45回 | 一九五四年九月五日号 | 彦根 | 古い美しい城下町 | 花森安治 | 発行部数百万部突破 |
| 第46回 | 一九五四年九月一二日号 | 仙台 | はげた「杜の都」 | 門田勲 | |
| 第47回 | 一九五四年九月一九日号 | 小樽 | 石炭と木材の港 | 伊藤整 | |
| 第48回 | 一九五四年九月二六日号 | 佐渡相川 | 日本の五番目の島 | 門田勲 | |
| 第49回 | 一九五四年一〇月三日号 | 天理 | 天理財閥の寄生都市 | 臼井吉見 | |
| 第50回 | 一九五四年一〇月一〇日号 | 長野 | 善光寺を食う町 | 荒垣秀雄 | |
| 第51回 | 一九五四年一〇月一七日号 | 高山 | 生き残った町 | 林房雄 | |

| | | | | | |
|---|---|---|---|---|---|
| 第52回 | 一九五四年一〇月二四日号 | 熊本 | 『もっこす』の町 | 門田勲 | |
| 第53回 | 一九五四年一〇月三一日号 | 甲府 | オドレの木の伝説 | 井伏鱒二 | |
| 第54回 | 一九五四年一一月七日号 | 福井 | なんでもある町 | 浦松佐美太郎 | |
| 第55回 | 一九五四年一一月一四日号 | 函館 | イカつけ文化の町 | 臼井吉見 | |
| 第56回 | 一九五四年一一月二一日号 | 佐賀 | わら屋根の城下町 | 花森安治 | |
| 第57回 | 一九五四年一一月二八日号 | 熱海 | ドテラの町 | 門田勲 | |
| 第58回 | 一九五四年一二月五日号 | 八戸 | 南部センベイの味 | 浦松佐美太郎 | |
| 第59回 | 一九五四年一二月一二日号 | 静岡 | 中の上の町 | 荒垣秀雄 | |
| 第60回 | 一九五四年一二月一九日号 | 下関 | 落日の海峡町 | 花森安治 | |
| 第61回 | 一九五四年一二月二六日号 | 宮崎 | 神話と台風の町 | 林房雄 | |
| 第62回 | 一九五五年一月二日号 | 大阪 | 「たこ焼き」の町 | 門田勲 | |
| 第63回 | 一九五五年一月九日号 | 松山 | 句碑の町 | 伊藤整 | |
| 第64回 | 一九五五年一月一六日号 | 大分 | 未完成小型文化都市 | 林房雄 | |
| 第65回 | 一九五五年一月二三日号 | 千葉 | 日日是好日の町 | 花森安治 | |
| 第66回 | 一九五五年一月三〇日号 | 高松 | 海で得をしている町 | 伊藤整 | 巻頭特集に大宅壮一「開かれた窓々 53カ国をまわって」大宅壮一「続・開かれた窓々 日本政府に注文する」が掲載 |
| 第67回 | 一九五五年二月六日号 | 高崎 | 空ッ風的気質 | 荒垣秀雄 | |
| 第68回 | 一九五五年二月一三日号 | 津山 | 追憶に生きる町 | 臼井吉見 | |
| 第69回 | 一九五五年二月二〇日号 | 日本人拝見 サン・パウロ | 郷愁で生活する町（海外編その1） | 大宅壮一 | |
| 第70回 | 一九五五年二月二七日号 | 岐阜 | さまざまの要所 | 浦松佐美太郎 | |
| 第71回 | 一九五五年三月六日号 | 日本人拝見 ブエノスアイレス | サムライ銘々伝（海外編その2） | 大宅壮一 | |
| 第72回 | 一九五五年三月一三日号 | 長崎 | 二つの顔を持った町 | 門田勲 | |

| | | | | | |
|---|---|---|---|---|---|
| 第73回 | 一九五五年三月二〇日号 | 日本人拝見 ホノルル | 夢の中の日本（海外編その3） | 大宅壮一 | |
| 第74回 | 一九五五年三月二七日号 | 新居浜 | 「住友さん」の町 | 臼井吉見 | |
| 第75回 | 一九五五年四月三日号 | 松阪 | 牛肉と本居宣長 | 浦松佐美太郎 | |
| 第76回 | 一九五五年四月一〇日号 | 奈良 | 「オブジェ」のある町 | 門田勲 | |
| 第77回 | 一九五五年四月一七日号 | 立川 | 基地の町 | 伊藤整 | |
| 第78回 | 一九五五年四月二四日号 | 大津 | 近江八景と人絹の町 | 林房雄 | 大宅壮一「海外へ渡る人たちへ 移民問答十項」が掲載 |
| 第79回 | 一九五五年五月一日号 | 日本人拝見 ペルー | 禁日本人入国（海外編その四） | 大宅壮一 | |
| 第80回 | 一九五五年五月八日号 | 日本人拝見 メキシコ | 日系大物列伝（海外編その五） | 大宅壮一 | |
| 第81回 | 一九五五年五月一五日号 | 習志野 | 戸惑っている町 | 荒垣秀雄 | |
| 第82回 | 一九五五年五月二二日号 | 呉 | 最大の失業都市 | 臼井吉見 | |
| 第83回 | 一九五五年五月二九日号 | 岡山 | 早寝の町 | 門田勲 | |
| 第84回 | 一九五五年六月五日号 | 浜松 | 東西の交流点 | 荒垣秀雄 | |
| 第85回 | 一九五五年六月一二日号 | 八幡 | 鉄の町 | 浦松佐美太郎 | |
| 第86回 | 一九五五年六月一九日号 | 藤沢 | 東京の植民地 | 渡辺紳一郎 | |
| 第87回 | 一九五五年六月二六日号 | 小豆島 | 日本の縮図 | 大宅壮一 | |
| 第88回 | 一九五五年七月三日号 | 富士周辺 | 山へ登った四つの市 | 門田勲 | |
| 第89回 | 一九五五年七月一〇日号 | 桐生 | 織物の町 | 荒垣秀雄 | |
| 第90回 | 一九五五年七月一七日号 | 横田基地界隈 | 追いつめられた瑞穂、砂川町 | 臼井吉見 | |
| 第91回 | 一九五五年七月二四日号 | 弘前 | 伝統の息づく町 | 今日出海 | |
| 第92回 | 一九五五年七月三一日号 | 久留米 | 田園交響曲 | 浦松佐美太郎 | |
| 第93回 | 一九五五年八月七日号 | 福島 | 県庁と果樹園の町 | 林房雄 | |
| | 一九五五年八月一四日号 | | | | |

| | | | | |
|---|---|---|---|---|
| 第94回 | 一九五五年八月二一日号 | 網走周辺 | 秘境・知床半島 | 大宅壮一 |
| 第95回 | 一九五五年八月二八日号 | 上高地 | 男でも登れます | 浦松佐美太郎 |
| 第96回 | 一九五五年九月四日号 | 山形 | 煙突のない町 | 林房雄 |
| 第97回 | 一九五五年九月一一日号 | 阿寒国立公園 | 日本ばなれした景観 | 大宅壮一 |
| | 一九五五年九月一八日号 | | | |
| 第98回 | 一九五五年九月二五日号 | 諏訪 | 精密工業の王国 | 荒垣秀雄 |
| 第99回 | 一九五五年一〇月二日号 | 石巻 | 北上川の港町 | 臼井吉見 |
| 第100回 | 一九五五年一〇月九日号 | 米子 | 山陰の商都 | 信太澄夫 |
| 第101回 | 一九五五年一〇月一六日号 | 米沢 | 「節倹の遺産」の町 | 臼井吉見 |
| 第102回 | 一九五五年一〇月二三日号 | 津 | 観海流発祥地の水難 | 伊藤整 |
| 第103回 | 一九五五年一〇月三〇日号 | 小田原 | 〝天下のケン〟の玄関口 | 渡辺紳一郎 |
| 第104回 | 一九五五年一一月六日号 | 柏崎 | 蒐集狂の町 | 門田勲 |
| 第105回 | 一九五五年一一月一三日号 | 淡路島 | 日本の縮図 | 伊藤整 |
| 第106回 | 一九五五年一一月二〇日号 | 対馬 | 風の中の島 | 林房雄 |
| 第107回 | 一九五五年一一月二七日号 | 前橋 | 座繰りの町 | 荒垣秀雄 |
| 第108回 | 一九五五年一二月四日号 | 佐久間ダム | 人間と機械の交響楽 | 大宅壮一 |
| 第109回 | 一九五五年一二月一一日号 | 天草 | 夢と幻滅の島 | 林房雄 |
| 第110回 | 一九五五年一二月一八日号 | 壱岐 | 海幸山幸の島 | 林房雄 |
| 第111回 | 一九五五年一二月二五日号 | 日本列島 | ボディ・ビル日本 | 大宅壮一 |

**【資料3-8】『週刊朝日』「日本の断面」一覧**

| 回数 | 号数 | タイトル | サブタイトル | 執筆者 |
|---|---|---|---|---|
| 第1回 | 一九五六年一月一日号 | 大内山 | もっと人間的に | 大宅壮一 |
| 第2回 | 一九五六年一月八日号 | 日本体育大学 | アメリカとソ連に勝つ学校 | 林房雄 |
| 第3回 | 一九五六年一月一五日号 | 灘 | 銘酒誕生の地 | 河盛好蔵 |

| | | | | |
|---|---|---|---|---|
| 第4回 | 一九五六年一月二二日号 | 日比谷高校 | エスカレーター教育 | 臼井吉見 |
| 第5回 | 一九五六年一月二九日号 | 上野駅 | 東京のお勝手口 | 戸塚文子 |
| 第6回 | 一九五六年二月五日号 | 前衛書道 | 金釘流嘆くなかれ | 飯沢匡 |
| 第7回 | 一九五六年二月一二日号 | 癌研 | 終着駅から中間始発駅へ | 林房雄 |
| 第8回 | 一九五六年二月一九日号 | 長崎造船所 | 静かなるブーム | 浦松佐美太郎 |
| 第9回 | 一九五六年二月二六日号 | 味の素 | その立志美談的スケッチ | 花森安治 |
| 第10回 | 一九五六年三月四日号 | アメリカ大使館 | もう一つの政府 | 大宅壮一 |
| 第11回 | 一九五六年三月一一日号 | 清瀬村 | 非情の中の療養所 | 大渡順二 |
| 第12回 | 一九五六年三月一八日号 | 松屋町 | ありし日の郷愁 | 林田重五郎 |
| 第13回 | 一九五六年三月二五日号 | 宝塚 | 満四十歳の「少女歌劇」 | 林房雄 |
| 第14回 | 一九五六年四月一日号 | 総評 | 市民の理解を得よ | 椎名麟三 |
| 第15回 | 一九五六年四月八日号 | 新宿駅前交番 | 三つの地図 | 中島健蔵 |
| 第16回 | 一九五六年四月一五日号 | ソ連代表部 | 七人のサムライ | 大宅壮一 |
| 第17回 | 一九五六年四月二二日号 | 東京拘置所 | 小菅一二八四《ひとにはしよ》番地 | 門田勲 |
| 第18回 | 一九五六年四月二九日号 | 靖国神社 | 日本の盛衰のあと | 荒垣秀雄 |
| 第19回 | 一九五六年五月六日号 | みゆき通り | 〝流行の流行〟をつくる街 | 清水一 |
| 第20回 | 一九五六年五月一三日号 | 酪農の村 | 八ケ岳山麓 | 宗友重孝 |
| 第21回 | 一九五六年五月二〇日号 | 東京の寄席 | 生まれつつある後継者 | 安藤鶴夫 |
| 第22回 | 一九五六年五月二七日号 | 祇園 | 封建的自給社会 | 大宅壮一 |
| 第23回 | 一九五六年六月三日号 | 防衛庁 | 日本のペンタゴン | 浦松佐美太郎 |
| 第24回 | 一九五六年六月一〇日号 | 愛生園 | 患者の人間回復 | 大渡順二 |
| 第25回 | 一九五六年六月一七日号 | 兜町 | 近代と大時代との同居 | 大岡昇平 |
| 第26回 | 一九五六年六月二四日号 | ランチ・タイム | 丸ノ内のサラリーマン | 戸塚文子 |
| 第27回 | 一九五六年七月一日号 | 講道館 | 世界の柔道へ | 井上靖 |
| 第28回 | 一九五六年七月八日号 | 安行 | 植木の本籍地 | 荒垣秀雄 |
| 第29回 | 一九五六年七月一五日号 | 六甲山 | 何でもある山 | 門田勲 |
| 第30回 | 一九五六年七月二二日号 | 飛驒 | 電力製造元 | 荒垣秀雄 |
| 第31回 | 一九五六年七月二九日号 | 浪曲 | 消えないメロディ | 安藤鶴夫 |

| | | | | |
|---|---|---|---|---|
| 第32回 | 一九五六年八月五日号 | 高野山 | 聖地、観光地、墓地 | 亀井勝一郎 |
| 第33回 | 一九五六年八月一二日号 | 学習院 | 旧華族に代る〝肩書族〟 | 大宅壮一 |
| 第34回 | 一九五六年八月一九日号 | 真珠 | 世界の女の首を締めるまで | 林房雄 |
| 第35回 | 一九五六年八月二六日号 | 北海道の夏 | 接待役の腕の見せ時 | 門田勲 |
| 第36回 | 一九五六年九月二日号 | トラック定期便 | ホコリ街道の勇士たち | 中島健蔵 |
| 第37回 | 一九五六年九月九日号 | 永田町一番地 | 首相のいない首相官邸 | 荒垣秀雄 |
| 第38回 | 一九五六年九月一六日号 | マイクロウエーブ | 電波界のニューフェース | 丸山鉄雄 |
| 第39回 | 一九五六年九月二三日号 | サーカス | 旅から旅へ | 安藤鶴夫 |
| 第40回 | 一九五六年九月三〇日号 | 警視庁クラブ | 最も激しい競争の中心地 | 門田勲 |
| 第41回 | 一九五六年一〇月七日号 | 江東楽天地 | 東京の宝塚 | 大宅壮一 |
| 第42回 | 一九五六年一〇月一四日号 | 予備校 | 浪人学生の気持を明るく | 河盛好蔵 |
| 第43回 | 一九五六年一〇月二一日号 | 栃木女子刑務所 | 女囚と共に | 大渡順二 |
| 第44回 | 一九五六年一〇月二八日号 | 東京の御不浄 | 汚いが、大事な話 | 渋沢秀雄 |
| 第45回 | 一九五六年一一月四日号 | 本屋さん商売往来 | 出版社から読者まで | 浦松佐美太郎 |
| 第46回 | 一九五六年一一月一一日号 | ヤッチャ場 | 東京青果市場 | 中島健蔵 |
| 第47回 | 一九五六年一一月一八日号 | 山田線 | 日本一の赤字線 | 小野昌次 |
| 第48回 | 一九五六年一一月二五日号 | 学徒援護会 | よろずアルバイト相談所 | 門田勲 |
| 第49回 | 一九五六年一二月二日号 | 「旭硝子」 | 純益六億三千万円の会社 | 土屋清 |
| 第50回 | 一九五六年一二月九日号 | 主婦連 | 井戸端会議から主婦会館まで | 浦松佐美太郎 |
| 第51回 | 一九五六年一二月一六日号 | 農林省 | ピンからキリの陳情団 | 大宅壮一 |
| 第52回 | 一九五六年一二月二三日号 | 百貨店 | サービス世界一 | 渋沢秀雄 |
| 第53回 | 一九五六年一二月三〇日号 | 羽田空港 | 東京名所ナンバー・ワン | 門田勲 |

## 【資料3−9】『週刊朝日』「新・日本拝見」

| 回数 | 号数 | 地域 | タイトル | 執筆者 |
|---|---|---|---|---|
| 第1回 | 一九五七年一月六日号 | 釧路 | 大いなる運命の港 | 浦松佐美太郎 |
| 第2回 | 一九五七年一月一三日号 | 琴平 | 東洋のサン・マリノ | 大宅壮一 |
| 第3回 | 一九五七年一月二〇日号 | 稚内 | サカナと煉瓦と名物市長 | 中野好夫 |
| 第4回 | 一九五七年一月二七日号 | 千里山 | 大阪大陸のサラリーマン半島 | 大宅壮一 |
| 第5回 | 一九五七年二月三日号 | 室蘭 | 働くものの町 | 浦松佐美太郎 |
| 第6回 | 一九五七年二月一〇日号 | 串本 | 観光事業は「ケ・セラ・セラ」 | 渋沢秀雄 |
| 第7回 | 一九五七年二月一七日号 | 千歳 | たち切れない基地との宿縁 | 中野好夫 |
| 第8回 | 一九五七年二月二四日号 | 小倉 | 北九州の金融街 | 門田勲 |
| 第9回 | 一九五七年三月三日号 | 内灘 | その得たもの、失ったもの | 大宅壮一 |
| 第10回 | 一九五七年三月一〇日号 | 唐津 | 災害のない町 | 門田勲 |
| 第11回 | 一九五七年三月一七日号 | 四日市 | 将来の大工業都市 | 浦松佐美太郎 |
| 第12回 | 一九五七年三月二四日号 | 氷見 | 文字通りの〝農山漁市〟 | 大宅壮一 |
| 第13回 | 一九五七年三月三一日号 | 大館 | 新しい街づくりの陣痛 | 中野好夫 |
| 第14回 | 一九五七年四月七日号 | 舞鶴 | 日本の勝手口 | 浦松佐美太郎 |
| 第15回 | 一九五七年四月一四日号 | 鎌倉 | 〝北條高時以来〟の空白 | 小林秀雄 |
| 第16回 | 一九五七年四月二一日号 | 郡山 | 無様式都市 | 中野好夫 |
| 第17回 | 一九五七年四月二八日号 | 清水 | マグロとミカン | 浦松佐美太郎 |
| 第18回 | 一九五七年五月五日号 | 桜島 | ゆたかな村・苦しむ村 | 中島健蔵 |
| 第19回 | 一九五七年五月一二日号 | 東海村 | 新日本の誕生地 | 崎川範行 |
| 第20回 | 一九五七年五月一九日号 | 伊賀上野 | 伊賀の京都 | 門田勲 |
| 第21回 | 一九五七年五月二六日号 | 延岡 | どこへ行っても旭化成 | 中島健蔵 |
| 第22回 | 一九五七年六月二日号 | 宇治 | ほっとしている町 | 門田勲 |
| 第23回 | 一九五七年六月九日号 | 成田 | 〝陸上傷害保険会社〟 | 大宅壮一 |
| 第24回 | 一九五七年六月一六日号 | 山口 | 安定した町 | 浦松佐美太郎 |

| | | | | |
|---|---|---|---|---|
| 第25回 | 一九五七年六月二三日号 | 筑波山 | ガマの油とその風土 | 大宅壮一 |
| 第26回 | 一九五七年六月三〇日号 | 三次 | 表と裏をつなぐ町 | 浦松佐美太郎 |

## 【資料3-10】『週刊朝日』「日本の企業」一覧

| 回数 | 号数 | 企業 | タイトル | 備考 |
|---|---|---|---|---|
| 第1回 | 一九五七年七月一四日号 | キヤノン | 世界的水準のカメラ工業 | |
| 第2回 | 一九五七年七月二一日号 | 八幡製鉄 | 世界第八位の生産力 | |
| 第3回 | 一九五七年七月二八日号 | 松下電器 | 急膨張した〝ナショナル教〟 | |
| 第4回 | 一九五七年八月四日号 | 三菱造船 | 世界一の造船所 | |
| 第5回 | 一九五七年八月一一日号 | 東洋レーヨン | 日本一のもうけ会社 | |
| 第6回 | 一九五七年八月一八日号 | トヨタ自動車 | 中京的商法の勝利 | |
| 第7回 | 一九五七年八月二五日号 | 王子製紙 | 新聞用紙の生産日本一 | |
| 第8回 | 一九五七年九月一日号 | 雪印乳業 | 精神主義と営利主義 | |
| 第9回 | 一九五七年九月八日号 | 日魯漁業 | 〝政漁〟盛衰記 | |
| 第10回 | 一九五七年九月一五日号 | 東映 | 専属館も結ぶ〝感激一家〟 | |
| 第11回 | 一九五七年九月二二日号 | 東洋紡 | 日本紡績業の歩み | |
| 第12回 | 一九五七年九月二九日号 | 富士銀行 | 〝前だれ主義〟の庶民性 | |
| 第13回 | 一九五七年一〇月六日号 | 壽屋 | 古さが強みの洋酒 | |
| 第14回 | 一九五七年一〇月一三日号 | 東通工 | 自信満々の〝戦後派〟 | |
| 第15回 | 一九五七年一〇月二〇日号 | 出光興産 | 政商、軍商、賭商 | |
| 第16回 | 一九五七年一〇月二七日号 | 東洋工業 | 日本的な三輪トラック | |
| 第17回 | 一九五七年一一月三日号 | 日本製鋼 | 機械も製品も全て〝大番〟 | |
| 第18回 | 一九五七年一一月一〇日号 | 日立製作所 | 重工業のデパート | |
| 第19回 | 一九五七年一一月一七日号 | 玩具工業 | アメリカ大衆の人気次第 | |
| 第20回 | 一九五七年一一月二四日号 | 国策パルプ | 異色の経営陣 | |

| | | | | |
|---|---|---|---|---|
| 第21回 | 一九五七年一二月一日号 | 三菱商事 | 〝忠臣〟が復興した財閥 | |
| 第22回 | 一九五七年一二月八日号 | 電電公社 | 半官半民としては良い方 | |
| 第23回 | 一九五七年一二月一五日号 | 野村証券 | 証券民主化の波に乗る | |
| 第24回 | 一九五七年一二月二二日号 | 凸版印刷 | 二代続きのワンマン社長 | |
| 第25回 | 一九五七年一二月二九日号 | 三越 | ゆるがぬ〝獅子の座〟 | |
| 第26回 | 一九五八年一月五日号 | 日本航空 | ニッポン娘で大当り | 最高発行部数一五三万九五〇〇部を記録 |
| 第27回 | 一九五八年一月一二日号 | 電源開発 | どえらく金の要る会社 | |
| 第28回 | 一九五八年一月一九日号 | NHK | 「われこそ国民の放送局」 | |
| 第29回 | 一九五八年一月二六日号 | ドレメ | 驚異的な利益率 | |
| 第30回 | 一九五八年二月二日号 | 魚河岸 | 新聞社と似た気風《きっぷ》 | |
| 第31回 | 一九五八年二月九日号 | 飯野海運 | 俣野社長の手腕と幸運 | |
| 第32回 | 一九五八年二月一六日号 | 日本銀行 | 金融界の消防署 | |
| 第33回 | 一九五八年二月二三日号 | 電通 | 広告界のマンモス | |
| 第34回 | 一九五八年三月二日号 | 帝国石油 | 起死回生の天然ガス | |
| 第35回 | 一九五八年三月九日号 | 武田薬品 | お店《たな》風の近代企業 | |
| 第36回 | 一九五八年三月一六日号 | 清水建設 | 果して世界的水準か | |
| 第37回 | 一九五八年三月二三日号 | 岩波書店 | 第二の文部省 | |
| 第38回 | 一九五八年三月三〇日号 | 「燕」の洋食器 | 生死の境を往来 | |
| 第39回 | 一九五八年四月六日号 | 日本碍子 | 世界産業界の〝大穴〟 | |
| | 一九五八年四月一三日号 | | | |
| 第40回 | 一九五八年四月二〇日号 | 横山町問屋街 | 食うか食われるか〝商業国技館〟 | |
| 第41回 | 一九五八年四月二七日号 | 三井金属鉱業 | ドル箱・神岡鉱山 | |
| 第42回 | 一九五八年五月四日号 | 近鉄 | 国鉄との激しい攻防戦 | |
| 第43回 | 一九五八年五月一一日号 | 資生堂 | 銀座と歩む八十五年 | |
| 第44回 | 一九五八年五月一八日号 | 東京海上火災 | 日本一高給を払う会社 | |
| 第45回 | 一九五八年五月二五日号 | 後楽園 | 〝娯楽産業〟の王座 | |
| 第46回 | 一九五八年六月一日号 | 秩父セメント | ストを知らぬ〝汗愛主義〟 | |

| | | | |
|---|---|---|---|
| 第47回 | 一九五八年六月八日号 | 服部時計店 | 市場独占の強味と弱味 |
| 第48回 | 一九五八年六月一五日号 | 東京電力 | 納得ゆかぬ〝逆立ち料金〟 |
| 第49回 | 一九五八年六月二二日号 | レース工業 | 平和産業中の平和産業 |
| 第50回 | 一九五八年六月二九日号 | 日本楽器 | ソ連へ行く日本製ピアノ |
| 第51回 | 一九五八年七月六日号 | 新三菱重工 | 〝十種競技会社〟 |
| 第52回 | 一九五八年七月一三日号 | 日本通運 | 運送のデパート |
| 第53回 | 一九五八年七月二〇日号 | 麒麟麦酒 | キリン児〝同族公社〟 |
| 第54回 | 一九五八年七月二七日号 | 富士フィルム | カメラ・ブームと共に… |
| 第55回 | 一九五八年八月三日号 | 日本道路公団 | レールのない国鉄 |
| 第56回 | 一九五八年八月一〇日号 | 白洋舎 | 活気を呈する〝せんたく産業〟 |
| 第57回 | 一九五八年八月一七日号 | 東芝 | バランスのとれた総合メーカー |
| 第58回 | 一九五八年八月二四日号 | 帝国ホテル | 〝観光日本〟の一枚看板 |
| 第59回 | 一九五八年八月三一日号 | 東京の地下鉄 | 両棲動物的企業体 |
| 第60回 | 一九五八年九月七日号 | 住友金属鉱山 | 残る家父長的性格 |
| 第61回 | 一九五八年九月一四日号 | 専売公社 | 世界第三位のタバコ生産 |
| 第62回 | 一九五八年九月二一日号 | 東洋高圧 | 世界一の尿素工場 |
| 第63回 | 一九五八年九月二八日号 | ビクター | 松下電器のショーウインドー |
| 第64回 | 一九五八年一〇月五日号 | 第一物産 | 「三井ジャイアントの成立」 |
| 第65回 | 一九五八年一〇月一二日号 | 美津濃 | 安全地帯的企業 |
| 第66回 | 一九五八年一〇月一九日号 | 住宅公団 | 世界一の大家主 |
| 第67回 | 一九五八年一〇月二六日号 | 東京瓦斯 | 地域的独占企業 |
| 第68回 | 一九五八年一一月二日号 | 森永と明治 | 四つに組んだ両横綱 |
| 第69回 | 一九五八年一一月九日号 | 神武景気からナベ底へ | 「日本の企業」一年半の移り変り |

## 【資料3-11】『週刊朝日』「群像連載」一覧

| 回数 | 号数 | タイトル（サブタイトル） | 単行本収録 | 全集収録順 |
|---|---|---|---|---|
| 第1回 | 一九五八年一二月一四日号 | 憲法調査会のめんめん　またの名を〝憲法改正会〟 | ○ | 11 |
| 第2回 | 一九五八年一二月二一日号 | 「思想の科学」のスターたち　毛なみのよい御曹司が大部分 | ○ | 7 |
| 第3回 | 一九五八年一二月二八日号 | 日本の孤島「常磐会」　学習院出の純血種女性 | ○ | 3 |
| 第4回 | 一九五九年一月四日号 | 三人娘の「七光会」　いつまで続くか親たちの光 | ○ | |
| 第5回 | 一九五九年一月一一日号 | マス・コミの産物「若い日本の会」　多角経営的な〝文壇芸能人〟たち | ○ | |
| 第6回 | 一九五九年一月一八日号 | 「横綱審議会」の面々　相撲協会の〝おかざり〟的存在 | ○ | |
| 第7回 | 一九五九年一月二五日号 | 「労農派グループ」の教授たち　総評と左派社会党の理論的支柱 | ○ | 9 |
| 第8回 | 一九五九年二月一日号 | 政治の縮図「日本体育協会」　体育と興行の二重性格に悩む | | |
| 第9回 | 一九五九年二月八日号 | 「喜劇人協会」相撲見立て　〝お笑いブーム〟に乗っては見たが | ○ | |
| 第10回 | 一九五九年二月一五日号 | ブームに浮かび上る「史学会」　若い世代の歴史教育の空白は埋まるか？ | ○ | 10 |
| 第11回 | 一九五九年二月二二日号 | 量産日本一の早稲田文学　「くそリアリズム」の主流 | ○ | |
| 第12回 | 一九五九年三月一日号 | 芸能界の社会党「新劇」　有力劇団兵隊見立て | ○ | |
| 第13回 | 一九五九年三月八日号 | プロ野球陰の人々　三人の〝天皇〟をとりまく実力者たち | ○ | |
| 第14回 | 一九五九年三月一五日号 | 独立を達成した「シナリオ作家」　新しい植民地で活躍する人たち | ○ | |
| 第15回 | 一九五九年三月二二日号 | 星雲状態の「日本宇宙旅行協会」「ロケット協会」と衝突 | ○ | |
| 第16回 | 一九五九年三月二九日号 | 嵐の谷間の「日本ペン」　二つの世界につながる対立 | ○ | |
| 第17回 | 一九五九年四月五日号 | 投機的な国際興行師　舶来芸術ブームに暗躍 | ○ | |
| 第18回 | 一九五九年四月一二日号 | 国鉄と結びつく「旅行業者」　退職者のハケ口にもなる | ○ | |
| 第19回 | 一九五九年四月一九日号 | 人気稼業「野球解説者」　ニュー・フェース出そろう | ○ | |
| 第20回 | 一九五九年四月二六日号 | 近代日本のエネルギー源　石炭・石油・原子力を動かす人々 | ○ | |
| 第21回 | 一九五九年五月三日号 | サラリーマン脱出部隊　マス・コミめがけて殺到 | ○ | 14 |
| 第22回 | 一九五九年五月一〇日号 | 日本中釣テングで超満員　群雄割拠の釣団体 | ○ | |
| 第23回 | 一九五九年五月一七日号 | 円満な人物ぞろいの「防衛庁」　クーデターは起りそうもない | | |

| | | | | |
|---|---|---|---|---|
| 第24回 | 一九五九年五月二四日号 | 〝民主化〟の産物「身上相談ブーム」　名士の回答にクイズ的興味 | ○ | |
| 第25回 | 一九五九年五月三一日号 | ヒマラヤにいどむ日本の山岳界　〝登山ブーム〟中心の人々 | | |
| 第26回 | 一九五九年六月七日号 | 各界審判〝しっかり〟国をあげて無法則時代 | ○ | |
| 第27回 | 一九五九年六月一四日号 | 需要急増の写真作家　〝社会科〟と〝婦人科〟二つの集団 | ○ | |
| 第28回 | 一九五九年六月二一日号 | 〝参議院座〟の新加入者　マユにツバつけて見守ろう | ○ | |
| 第29回 | 一九五九年六月二八日号 | 前衛好きの日本人　建築・演劇・写真・絵画の四天王 | ○ | |
| 第30回 | 一九五九年七月五日号 | マス・コミに登場する財界人　こり出すと会社は〝左前〟に… | ○ | 12 |
| 第31回 | 一九五九年七月一二日号 | パッとしない政界文筆人　マス・コミ政治の時代というけれど… | ○ | 13 |
| 第32回 | 一九五九年七月一九日号 | 替玉横行の芸能人文筆界　天下の人気者を〝鑑別〟する | ○ | |
| 第33回 | 一九五九年七月二六日号 | 放送タレント合格〝文化人〟　マス・コミの世界に新しい植民地 | ○ | |
| 第34回 | 一九五九年八月二日号 | 〝逃げ腰〟の講師団　日教組批判の投げた波紋 | ○ | 8 |
| 第35回 | 一九五九年八月九日号 | 〝グラマー作家〟はんらん　中小出版社の〝生きる〟手段 | ○ | |
| 第36回 | 一九五九年八月一六日号 | 反省と分解作用の「右翼」　〝第三の道〟を往く「新日協」 | ○ | |
| 第37回 | 一九五九年八月二三日号 | 男性を使う婦人たち　男の経済力が弱くなった？ | ○ | |
| 第38回 | 一九五九年八月三〇日号 | 映画六社の社長さん　テレビ出現で〝曲り角〟に当面 | ○ | |
| 第39回 | 一九五九年九月六日号 | 最高裁判事を裁く　15人の思想と人から | ○ | |
| 第40回 | 一九五九年九月一三日号 | 各界碁将棋天狗名鑑　アマとプロは段違い | ○ | |
| 第41回 | 一九五九年九月二〇日号 | ジンクス破る二代目経営者　ようやく近代的になった出版業 | ○ | |

「単行本収録」欄の○印は、その回が単行本『群像断裁』（文藝春秋新社、一九六〇年）に収録されていることを示している。「全集収録順」欄の数字は、『大宅壮一全集』第一四巻（蒼洋社、一九八〇年）の後半に収録された一四本の文章のうち何番目に登場しているかを示している（前半には『大学の顔役』［文藝春秋新社、一九五九年］が収録されている）。

## 【資料3-12】『週刊文春』連載「大宅壮一人物料理教室」「大宅対談」

| 回数 | 号数 | | 肩書 | メインタイトル | サブタイトル | 単行本 | 全集 | 備考 |
|---|---|---|---|---|---|---|---|---|
| 第1回 | 一九六五年一月四日号 | 山本富士子 | | お富士さん子供を生みなさい | 気のつよい美女、山本富士子を調理すれば… | | ○ | 表紙に「新連載企画 大宅壮一の人物料理教室」 |
| 第2回 | 一九六五年一月一一日号 | 奥村綱雄 | | 太らすといって、巻きあげて | 陽気な忍術使い、野村証券会長・奥村綱雄 | | | |
| 第3回 | 一九六五年一月一八日号 | 金田正一 | | 〝金田天皇〟のマイ・ペース宣言 | 将来への夢から、女の話までいいたい放題 | | | |
| 第4回 | 一九六五年一月二五日号 | 川口松太郎 | | まだお若い直木賞最上級生 | 極道の人生流転を続けた川口松太郎の作家魂 | | | |
| 第5回 | 一九六五年二月一日号 | 児玉誉士夫 | | 昭和の怪物児玉誉士夫の内幕 | 千万人にひとりという影の実力者を解剖する | | ○ | 表紙に「大宅壮一「人物料理教室」昭和の怪物・児玉誉士夫」 |
| 第6回 | 一九六五年二月八日号 | 渋谷のり子 | | 愛されるより愛するのが好き | うたと恋に生きぬいた渋谷のり子の純情忍法 | ○ | ○ | |
| 第7回 | 一九六五年二月一五日号 | 武藤絲治 | | 書生っぽ社長の進軍ラッパ | カネボウを率いるワンマン武藤絲治の人間経営学 | | | |
| 第8回 | 一九六五年二月二二日号 | 宇都宮徳馬 | | アジアをかける自民党の一匹狼 | 〝代議士なんて、いつでもやめる〟宇都宮徳馬の反骨 | | ○ | |
| 第9回 | 一九六五年三月一日号 | 石井好子 | | 怪物おじいちゃんと孫娘 | 久原房之助に可愛がられた孫娘・石井好子の根性 | | | |
| 第10回 | 一九六五年三月八日号 | 佐藤和三郎 | | 資産10億で眠れない男一匹 | 株と女と富士山に賭けた男・佐藤和三郎の事業観 | | | |
| 第11回 | 一九六五年三月一五日号 | 開高　健 | | ベトナム戦線から生きて帰る | 作家・開高健が身をもって体験した〝戦争〟の実態 | | | |
| 第12回 | 一九六五年三月二二日号 | ミヤコ蝶々 | | 離婚で有名になったらアキマヘン | 色気はやめて芸道一筋、〝夫婦善哉〟10年選手のミヤコ蝶々 | | | |
| 第13回 | 一九六五年三月二九日号 | 福田恆存 | | 福田恆存流ケンカのすすめ | 論争をたのしむ江戸ッ子評論家の手口を分解すれば… | | | |
| 第14回 | 一九六五年四月五日号 | 市川崑 | | 〝国辱〟映画の汚名をあびて | 「ボクは五輪映画の犠牲者だ」と叫ぶ総監督・市川崑の胸の中 | | | |

| | | | | | | | | |
|---|---|---|---|---|---|---|---|---|
| 第15回 | 一九六五年四月一二日号 | 瀬戸内晴美 | | 男が好きだから書くのです | おしゃれな阿波女・瀬戸内晴美の底抜けお色気ばなし | ○ | | |
| 第16回 | 一九六五年四月一九日号 | 正力松太郎 | | 世界一が好きな大風呂敷の中身 | 勝負に一度も負けたことがないという正力松太郎の事業欲 | | | |
| 第17回 | 一九六五年四月二六日号 | 神山茂夫 | | 除名の勲章をぶらさげた反逆児 | 代々木の〝赤い館〟にかみつく神山茂夫の闘魂 | | | |
| 第18回 | 一九六五年五月三日号 | 森光子 | | 体当り女優男性放浪のすべて | 芸に生き恋に生きる森光子の愛の履歴書 | | | |
| 第19回 | 一九六五年五月一〇日号 | 田中角栄 | | 浪花節で役人を酔わせる〝三助〟大臣 | 越後の働き者と自任する大蔵大臣・田中角栄 | | ○ | |
| 第20回 | 一九六五年五月一七日号 | 三船敏郎 | | せまい日本映画界には住みあきた | 低俗な映画界に斬り込む一匹侍・三船敏郎の気合 | | ○ | |
| 第21回 | 一九六五年五月二四日号 | 森脇将光 | | 吹原事件のカギを握る怪物 | 奇怪なドラマの内幕を逮捕直前に公開した、森脇将光 | | | |
| 第22回 | 一九六五年五月三一日号 | 大山康晴 | | 吹いても飛ばない大山将棋の極意 | わが敵は〝勝ちに飽きること〟と自負する、大山康晴の胸中 | | ○ | |
| 第23回 | 一九六五年六月七日号 | 平林たい子 | | 政治家なんてみんなバケモノよ | 汚れた政界の内幕を斬る、〝オンナ一匹狼〟平林たい子 | | | |
| 第24回 | 一九六五年六月一四日号 | 鈴木博彦 | | ベトコンの捕虜になった25日間 | 知られざるベトコンの内部と抑留生活を語る緊急対談 | | | |
| 第25回 | 一九六五年六月二一日号 | 臼井吉見 | | ニセモノ文化人はにおいでわかる | 大衆を愚弄するものは誰か？臼井吉見のズバリ真贋鑑別法 | | | |
| 第26回 | 一九六五年六月二八日号 | グエン・ビン・ドック<br>マイ・チミン<br>チャン・バン・ラム<br>グエン・カオ・タン | 学生指導者<br>従軍看護婦<br>少佐<br>団長 | 戦火のベトナムからきた四人の闘士 | 二十年間の泥沼戦争の実情を訴える政府役人、将校、看護婦、学生 | | | 「南ベトナムからきた政府使者」との記載あり |
| 題27回 | 一九六五年七月五日号 | 鶴岡一人 | | 監督商売の内幕を斬る鶴岡親分 | 独走する南海の立役者が、初公開する球界商法の秘密 | | | |
| 題28回 | 一九六五年七月一二日号 | 佐藤賢了 | | ベトナムを第二の満洲にするな！ | 「日本軍と同じ失敗を繰返すな」と叫ぶ佐藤賢了 | | | |
| 題29回 | 一九六五年七月一九日号 | 杉村春子 | | 中共から帰ってきた新劇の〝女帝〟 | 訪中新劇団の副団長・杉村春子の見た中共の素顔 | | | |

| | | | | | | |
|---|---|---|---|---|---|---|
| 題30回 | 一九六五年七月二六日号 | 中曾根康弘 | 死の前夜河野〝総理〟はかく語った | われもし首相なりせば…実力者最後の発言を伝える中曾根康弘 | | |
| 題31回 | 一九六五年八月二日号 | 小川栄一 | 日本一の大ラッパを吹く〝観光の鬼〟 | 観光日本を買い占めて世界征服をめざす男・小川栄一 | | ○ |
| 題32回 | 一九六五年八月九日号 | 渋谷天外 | わてのホンマの喜劇は恐妻だす | 舞台生活五十年、女極道四十年の喜劇役者・渋谷天外の楽屋裏 | | |
| 題33回 | 一九六五年八月一六日号 | 近藤荒樹 | 日本に〝恐慌の嵐〟がやってくる | 現状のままでは国ぐるみ倒産すると警告する金融王・近藤荒樹 | | |
| 題34回 | 一九六五年八月二三日号 | 吉行淳之介 | いまだから話そうお色気修業の秘伝 | 青春は〝遊廓〟で鍛えられたという吉行淳之介 | ○ | ○ |
| 題35回 | 一九六五年八月三〇日号 | 加瀬俊一 | 私が見た日本降伏の決定的瞬間 | ミズリー艦上から20年、日本外交の舞台裏を語る加瀬俊一 | | |
| 題36回 | 一九六五年九月六日号 | 中山恒明 | ガンで死なない方法教えます | 〝一億総ガン・ノイローゼ〟を吹き飛ばす世界的名医・中山恒明 | | ○ |
| 題37回 | 一九六五年九月一三日号 | 石田博英 | 保守党はこの二年で生まれ変る | 政界批判から女性観まで—自民党一匹侍・石田博英の告白 | | |
| 題38回 | 一九六五年九月二〇日号 | 石垣純二 | 亭主族に告ぐ〝夜の女房管理法〟 | 性氾濫時代に生き抜く法と、女房長生きの秘訣を説く石垣純二 | ○ | |
| 題39回 | 一九六五年九月二七日号 | 今日出海 | デモ弾圧下にみる韓国の素顔 | 衛戍令がしかれている現地の内幕を抉る今日出海の視察報告記 | | |
| 題40回 | 一九六五年一〇月四日号 | 山中宏 | 損をしないこれからの株の買い方 | 上昇相場は本ものか？政界の理論派山中宏がみた景気診断 | | |
| 題41回 | 一九六五年一〇月一一日号 | 伊藤整 | 〝花の女流作家〟の素顔とモデル小説 | 噂の中に生きた女流作家たちの生態を解剖する伊藤整 | | |
| 題42回 | 一九六五年一〇月一八日号 | 大屋政子 | 財界でこんな賢夫人みたことない | 〝おとうちゃん夫人〟大屋政子の優雅な生活と意見 | | ○ |
| 題43回 | 一九六五年一〇月二五日号 | 安藤昇 | 映画界はヤクザの世界より非情だ | 年中いのちを張った〝演技〟をして来た男・安藤昇の赤裸な告白 | | |
| 題44回 | 一九六五年一一月一日号 | 大森実 | 果たして反米か？ハノイ報告 | 命を賭けて〝動乱アジア〟の実相を訴える国際事件記者・大森実 | | |
| 題45回 | 一九六五年一一月八日号 | 太田薫 | デモだけでは勝てない日韓闘争 | きたるべき激突をまえに安保闘争以上の秘策を語る太田薫 | | |
| 題46回 | 一九六五年一一月一五日号 | 酒井美意子 | 加賀百万石の誇りに生きる名流夫人 | 「旧華族の真の姿をみて下さい」という酒井美意子の勇気ある発言 | | |

| | | | | | | |
|---|---|---|---|---|---|---|
| 題47回 | 一九六五年一一月二二日号 | 川上哲治 | "日本一"監督が公開する巨人の内幕 | ONK操縦法から史上最強チームまで大いに語る川上哲治 | | |
| 題48回 | 一九六五年一一月二九日号 | 藤井丙午 | 狂った政界を叱る財界の"政治部長" | 日韓国会から芸能界まで、"ヒノエウマ"紳士・藤井丙午の快気炎 | | |
| 題49回 | 一九六五年一二月六日号 | 佐々木更三 | ワスの党が政権をとる日 | "万年野党"の汚名返上の青写真を公開する佐々木更三社会党委員長 | | |
| 題50回 | 一九六五年一二月一三日号 | 沢田美喜 | 財閥令嬢から"混血児の母"への道 | 18年間に千人の孤児を育てた"傑女"沢田美喜の自信と誇り | | |
| 題51回 | 一九六五年一二月二〇日号 | 大蔵貢 | エロダクション元祖のSEX哲学 | 沈滞の映画界にお色気映画でかせぎまくる大蔵貢 | ○ | |
| 題52回 | 一九六五年一二月二七日号 | 今東光 | 選ばれた今年の"アク党"10傑 | 毒舌家・今東光とともに斬りまくった65年の話題の人物診断簿 | | |
| 題53回 | 一九六六年一月三・一〇日新年特大号 | 松永安左エ門 | いまでも女を忘れぬ九十翁の初夢 | 若いうちに道楽しておけという野人の最長老・松永左エ門の人生哲学 | ○ | |
| 題54回 | 一九六六年一月一七日号 | 福田赳夫 | 不況征伐―これに今年は命を賭ける | 減税と公債のカンフル注射で自信満まんの大蔵大臣・福田赳夫 | | ○ |
| 題55回 | 一九六六年一月二四日号 | 糸川英夫 | 人類に訪れる未来生活の青写真 | 頭のなかは21世紀のことばかりというロケット博士・糸川英夫 | | |
| 題56回 | 一九六六年一月三一日号 | 五味康祐 | 告白―交通事故加害者と作家の間 | 判決のおりた直後、初めて沈黙を破って心境を公開する・五味康祐 | | |
| 題57回 | 一九六六年二月七日号 | 川又克二 | 外車攻勢と闘う"ミスター国産車" | 企業診断と労組に強い興銀出身社長・川又克二の"愛車進軍歌" | | |
| 題58回 | 一九六六年二月一四日号 | 黒岩重吾 | "魔性の女"は顔を見ればわかる | 株と女と占いで修業―背徳と愛欲を描く作家・黒岩重吾の秘密 | | |
| 題59回 | 一九六六年二月二一日号 | 大浜信泉 | 都の西北―嵐のなかの"騒大"総長 | 「人生劇場」騒動以来最大の全学ストの内幕を訴える早大総長・大浜信泉 | | |
| 題60回 | 一九六六年二月二八日号 | 今道潤三 | "白痴"番組は道徳教育より大切だ | 民間放送の内幕を縦横に公開する実力社長・今道潤三の快気炎 | | |
| 題61回 | 一九六六年三月七日号 | 木村禧八郎 | "三重苦"に喘ぐサラリーマンの税金 | 調べれば調べるほど不公平な税金の魔術をあばく・木村禧八郎 | | |
| 題62回 | 一九六六年三月一四日号 | 奈良林祥 | 間違いだらけの日本人の性生活 | 童貞の悲劇、2DK不感症など最近の実態をえぐる・奈良林祥 | ○ | |
| 題63回 | 一九六六年三月二一日号 | 木村秀政 | 史上最悪の連続航空事故の内幕 | 相次ぐ"悲劇の根"にメスを入れる全日空事故調査団長・木村秀政 | | |

| | | | | | | |
|---|---|---|---|---|---|---|
| 題64回 | 一九六六年三月二八日号 | 前田一 | 春闘に挑む日経連の〝盲目の闘士〟 | 資本家陣営の名監督・前田一氏が述懐する労働対策と人生哲学 | | |
| 題65回 | 一九六六年四月四日号 | 勝新太郎 | 映画界を斬りまくる座頭市剣法 | めくら役で演技開眼したという勝新太郎の快気炎と舞台裏 | | ○ |
| 題66回 | 一九六六年四月一一日号 | 林寿郎 | 愛すべき動物たちの意外な性生活 | 人間と共通面の多い動物の隠された素顔を回想する・林寿郎氏 | ○ | |
| 題67回 | 一九六六年四月一八日号 | 宮田文子 | 世界を駈けめぐる78歳の〝妖婦〟 | 秘境コンゴの奇習から男性遍歴まで女傑・宮田文子さんの告白 | ○ | |
| 題68回 | 一九六六年四月二五日号 | 盛田昭夫 | 新入社員に与えるわが学歴無用論 | 〝利潤追求の戦場〟で勝つための能力発見法を公開する盛田昭夫 | | |
| 題69回 | 一九六六年五月二日号 | 團伊玖磨 | 作曲家はなぜ美女にモテるか? | セックスから音楽まで芸術院賞をうけた團伊玖磨氏の放談 | ○ | ○ |
| 題70回 | 一九六六年五月九日号 | 三島由紀夫 | ぼくが作った〝憂国〟映画の内幕 | 一大ショックを与えた切腹映画の秘密を語る三島由紀夫氏 | | ○ |
| 題71回 | 一九六六年五月一六日号 | 佐伯勇 | 水揚げ一日四億円―近鉄藩の殿さま | 日本一の私鉄〝大将軍〟佐伯勇氏が語るレジャー経営学 | | |
| 題72回 | 一九六六年五月二三日号 | 田多井吉之介 | 夜を愉しむ夫と妻の健康管理法 | バイタリティのある積極的性生活をデザインする田多井吉之介 | ○ | |
| 題73回 | 一九六六年五月三〇日号 | 村井順 | 国際スパイ都市・トーキョーの素顔 | 緊迫した世界情勢のなかで暗躍する諜報活動を抉る村井順 | | |
| 題74回 | 一九六六年六月六日号 | 藤山愛一郎 | ひとは都知事候補というけれど… | その微妙な心境とバラ色の国民生活設計図を描く藤山愛一郎氏 | | |
| 題75回 | 一九六六年六月一三日号 | 畔上てるゐ | 「宴のあと」も愛に生きる有田夫人 | プライバシー裁判の〝和解〟と般若苑マダム畔上てるゐのその後 | | |
| 題76回 | 一九六六年六月二〇日号 | 佐々木直矢 | 在米の困った特攻《ハラキリ》留学生を叱る | 年々急増する〝国辱的〟日本青年の実態を訴える佐々木直矢神父 | | |
| 題77回 | 一九六六年六月二七日号 | 市村清 | 〝敗軍の経営者〟が吹く再突撃ラッパ | 今度は本当の〝経営の神様〟になるという市村清氏の再建の秘策 | | |
| 題78回 | 一九六六年七月四日号 | 岸信介 | 七月改造―弟よ思う通りにやれ | 内閣改造問題から保守二党論まで語る〝陰の総理〟岸信介氏 | | |
| 題79回 | 一九六六年七月一一日号 | 中川イセ | 娼婦から市議へ―網走の女傑一代 | 藍綬褒章をもらった、中川イセさんの波乱万丈の半生 | | |
| 題80回 | 一九六六年七月一八日号 | 山崎種二 | 〝投機の城〟の常勝将軍旋風55年 | 相場の神様とうたわれた山崎種二が回想するカブト町人生 | | |

| | | | | | | |
|---|---|---|---|---|---|---|
| 題81回 | 一九六六年七月二五日号 | スベンド・アーガ・ヌーボ・アンデルセン | 北欧のSEX王国からきた特派員 | 世界一自由な性生活を楽しめる国の生態を語るアンデルセン氏 | | |
| 題82回 | 一九六六年八月一日号 | 小尾乕雄 | 学校群で有名校患者を全滅せよ | 高校入試の〝ショック療法〟を号令する総指揮官・小尾乕雄 | | |
| 題83回 | 一九六六年八月八日号 | 森崎実 | 信用できるか？TV視聴率の正体 | 放送会社の死命を制する〝怪物〟視聴率をつくりだす男・森崎実 | | |
| 題84回 | 一九六六年八月一五日号 | 秋山安三郎 | 三代目の若妻を迎えた80翁の色の道 | 惚れた女を口説くコツ、夫婦和合の技術を公開する秋山安三郎 | ○ | |
| 題85回 | 一九六六年八月二二日号 | 松村毛登 | 「おれは大物」の発明ばあさん一代 | 柴田錬三郎氏の評判小説のモデル松村毛登さんの87年に亘る奮闘記 | | |
| 題86回 | 一九六六年八月二九日号 | 宮沢喜一 | 総理に惚れられた〝幻の官房長官〟 | 自民党ニューライト路線の若大将・宮沢喜一の実力と政治感覚 | | ○ |
| 題87回 | 一九六六年九月五日号 | 司馬遼太郎 | わが愛する維新群像の人物評定 | 明治百年を迎え海舟、竜馬を俎上に司馬史観を語る司馬遼太郎 | | ○ |
| 題88回 | 一九六六年九月一二日号 | 坂井米夫 | いまだからいう在米40年の記者魂 | 一生平記者でありたいという坂井米夫特派員の波乱の回想 | | |
| 題89回 | 一九六六年九月一九日号 | 木崎国嘉 | 風流ドクターのSEX人生診断 | スタミナ・栄養・長生きなど木崎国嘉氏の縦横無尽のお色気談義 | | |
| 題90回 | 一九六六年九月二六日号 | 三波春夫 | 60億を稼ぎまくった三波節の秘密 | 10年で2、500万枚のレコードを売った男・三波春夫の歌謡哲学 | | ○ |
| 題91回 | 一九六六年一〇月三日号 | 井植歳男 | 〝電化大革命〟で幸福を売りまくる男 | 〝海賊の末裔〟のスタミナ社長・井植歳男が公開する経営の極意 | | |
| 題92回 | 一九六六年一〇月一〇日号 | 永島達司 | わが13年の〝呼び屋〟稼業の内幕 | ビートルズ旋風をよんだ永島達司の和製タレント輸出計画 | | |
| | 一九六六年一〇月一七日号 | 大宅考察組レポート | この目で見た中国の隠された素顔 | ジャリ革命吹きすさぶ大陸の内幕を斬る四人のサムライ | | |
| 第93回 | 一九六六年一〇月二四日号 | 中山正男 | 二つの顔をもつ臨戦下の台湾 | その知られざる現状を報告する文化視察団団長・中山正男 | | |
| 第94回 | 一九六六年一〇月三一日号 | 桑田忠親 | 一億総〝宝〟さがし運動のすすめ | 日本には行方不明の文化財や埋蔵金がいっぱいあるという桑田忠親 | | |
| 第95回 | 一九六六年一一月七日号 | 丹下キヨ子 | ブラジルから帰った大姐御の夢 | 六年間実業家として活躍した丹下キヨ子の土産話と怪気炎 | | |
| 第96回 | 一九六六年一一月一四日号 | 剣持加津夫 | カメラが告発した人工中絶の恐怖 | 消えゆく胎児の悲劇をあばいた異色写真家剣持加津夫の三年間 | | |

| | | | | | |
|---|---|---|---|---|---|
| 第97回 | 一九六六年一一月二一日号 | 嶋田卓彌 | 小僧から一等社長へのアイデア人生 | 当世社員気質を叱る元祖経営コンサルタント嶋田卓彌のド根性 | ○ | |
| 第98回 | 一九六六年一一月二八日号 | 平山雄 | ガンの〝犯人〟探し100万キロの追跡行 | アジア各地にその実態を追い求めた平山雄氏の苦闘の成果 | | |
| 第99回 | 一九六六年一二月五日号 | 菊田一夫 | 風と共に去った〝新帝劇の乱〟 | 和解までの内幕と国民劇への夢を描く〝劇壇藤吉郎〟菊田一夫 | | |
| 第100回 | 一九六六年一二月一二日号 | 楠本憲吉 | 〝女を叱る〟で売り出した恐妻家 | 浮気亭主族を弁護するマジメ粋人楠本憲吉氏の当世女性気質論 | | |
| 第101回 | 一九六六年一二月一九日号 | 瀬川美能留 | 兜町―暗雲市場に陽はいつ昇る | 投資家不在の証券界に人気回復を叫ぶ瀬川美能留氏の処方箋の中身 | | |
| 第102回 | 一九六六年一二月二六日号 | 青木一三 | 一流スカウトに愛妻家はいない | ストーブリーグの花形・青木一三氏の〝人買い稼業〟16年の内幕 | | この号まで（構成村島健一）の記載あり |
| 第103回 | 一九六七年一月二日号 | 殿山泰司 | 女には足の裏でもいいから褒めろ | 三文役者を自認する〝性の達人〟殿山泰司氏の無責任お色気放談 | ○ | この号より構成人の記載なし |
| 第104回 | 一九六七年一月九・一六日合併新春特大号 | 佐賀潜 | 〝黒い選挙〟が利権政治の根源だ！ | 〝検事〟作家・佐賀潜氏がメスを入れた政界の黒い霧のカラクリ | | |
| 第105回 | 一九六七年一月二三日号 | 時実利彦 | 〝脳細胞〟からみたＳＥＸ診断 | 大脳生理の権威・時実利彦教授が解剖する頭とお色気の微妙な関係 | | |
| 第106回 | 一九六七年一月三〇日号 | 大宅昌子 | 〝ブルドッグ亭主〟と暮した37年 | 野次馬評論家を圧倒しつづけた〝猛妻賢母〟大宅昌子さんの裏面 | ○（「昌」表記） | |
| 第107回 | 一九六七年二月六日号 | 高木健夫 | 内線のカギを握る劉少奇の実力 | ナゾに包まれた〝赤い嵐〟の正体とゆくえを考察する高木健夫氏 | | |
| 第108回 | 一九六七年二月一三日号 | 弘世現 | 保険嫌いが噛みつく〝日生王国〟 | 〝生命のお値段〟論争で頑張る実力Ｎｏ.1社長・弘世現氏 | | |
| 第109回 | 一九六七年二月二〇日号 | 吉永小百合 | 小百合に教える男性鑑別法 | 「大いに男にだまされなさい」転機をむかえた・吉永小百合 | ○ | この号より「大宅対談」 |
| 第110回 | 一九六七年二月二七日号 | 梅沢文雄 | おんなの半分は整形美人だ！ | 神を怖れぬ〝美容工場〟の創始者・梅沢文雄の気炎 | | |
| 第111回 | 一九六七年三月六日号 | 水野成夫 | おんな道楽より野球を愛す | 巨人に敗けたら三角帽をかぶるという〝興行主〟水野成夫氏 | | |
| 第112回 | 一九六七年三月一三日号 | 谷山治雄 | 税務署の攻略法教えます | 節税作戦を説いて大蔵省を震撼させる男・谷山治雄氏 | | |

| | | | | | |
|---|---|---|---|---|---|
| 第113回 | 一九六七年三月二〇日号 | 橘善守 | “毛神話”を裏切った毛沢東 | 劉少奇逮捕説と第三の男・周恩来登場の背景にメスを入れる橘善守 | |
| 第114回 | 一九六七年三月二七日号 | 江戸英雄 | 新名物・36階ビルの立役者 | 超高層ビル時代を推進する水戸ッポ社長・江戸英雄氏 | |
| 第115回 | 一九六七年四月三日号 | 秦野章 | ブタ箱経験もある「べらんめェ」総監 | 都知事選対策からストリップまで縦横に語る私大出総監1号・秦野章 | ○ |
| 第116回 | 一九六七年四月一〇日号 | 立川談志 | おれの商品価値は生意気だ！ | 落語ブームの異端児立川談志のホコリ高き怪気炎 | ○ |
| 第117回 | 一九六七年四月一七日号 | 遠藤周作 | 女房をもらうなら長女を狙え！ | 大宅式性教育に脱帽した“ウソ”の殉教者遠藤周作 | |
| 第118回 | 一九六七年四月二四日号 | 徳川義親 | 社会党を作って閉口しています | “御三家筆頭”徳川義親氏が語る殿様稼業のうら表 | |
| 第119回 | 一九六七年五月一日号 | 中村鴈治郎 | 私も“老いらくの恋”をしたい | 人間国宝に指定された中村鴈治郎丈が語る役者生活の60年 | ○ |
| 第120回 | 一九六七年五月八日号 | 橋本凝胤 | 性《セックス》的人間の氾濫は末世じゃよ | 「わしは日本のカンフル剤だ」と快気炎をあげる橋本凝胤師 | |
| 第121回 | 一九六七年五月一五日号 | 円谷英二 | ただいま怪獣界は生産過剰です | 怪獣たちで「忠臣蔵」を作りたいという“生みの親”円谷英二監督 | |
| 第122回 | 一九六七年五月二二日号 | 宇田川龍男 | 肥ったネズミは牛肉よりうまい | 人類最強の敵チュー公3億匹の恐怖を訴える宇田川龍男氏 | |
| 第123回 | 一九六七年五月二九日号 | 吉屋信子 | 徳川の夫人は30歳が“女”の定年 | 初の時代小説がヒットした吉屋信子氏の語る大奥秘話 | |
| 第124回 | 一九六七年六月五日号 | 山崎清 | 人相でわかる夜のスタミナ | “顔博士”山崎清氏がズバリ斬る顔とSEXの相関関係 | |
| 第125回 | 一九六七年六月一二日号 | 森村勇 | 女より快適な飛行機の乗り心地 | 全日空社長に就任した“ヒコーキ野郎”森村勇氏70歳の快気炎 | |
| 第126回 | 一九六七年六月一九日号 | 大津円子 | 華僑が狙う『ダイヤモンド』作戦 | 売り子から女宝石王―大津円子氏が語る“女の勲章”の内幕 | |
| 第127回 | 一九六七年六月二六日号 | 城市郎 | 発禁本一万冊のスリルに溺れて | 酒・煙草を絶って20年、禁じられた本の蒐集に賭けた城市郎氏の執念 | ○ |
| 第128回 | 一九六七年七月三日号 | 江上波夫 | “追分節”は日本先住民族の歌だ | “日本人はどこから来たか？”江上波夫氏が語る民族の秘密 | |
| 第129回 | 一九六七年七月一〇日号 | 塩田丸男 | 亭主の知らない団地夫人の正体 | 団地研究家・塩田丸男がえぐるマダム族の生態解剖 | |

| | | | | | | |
|---|---|---|---|---|---|---|
| 第130回 | 一九六七年七月一七日号 | 五島昇 | 週末は南洋美人とデートしよう | 南洋諸島を開発して世界の観光界に挑む五島昇氏の青写真 | | |
| 第131回 | 一九六七年七月二四日号 | 九里尚志 | 首狩り族が惚れた日本男児 | ボルネオのエビ漁で成功した九里尚志氏の痛快無比な半生 | | |
| 第132回 | 一九六七年七月三一日号 | 高橋潔士 | アメリカへ移った〝ヤマトダマシイ〟 | 東大助手から帰化弁護士第一号になった高橋潔士氏の感慨 | | |
| 第133回 | 一九六七年八月七日号 | 渋谷天外 | 女極道の真髄はつまみ食いだす | 再起して舞台をつとめる渋谷天外の中風とSEXの相関々係 | ○ | |
| 第134回 | 一九六七年八月一四日号 | 片岡一久 | 宝くじ族200万人のギャンブル魂 | 宝くじと共に20年―片岡一久氏が語る人間喜劇の内幕 | | |
| 第135回 | 一九六七年八月二一日号 | 駒田信二 | 中国〝あらびあんないと〟の世界 | 夏の夜話には最適の中国艶笑文学の魅力を語る駒田信二氏 | | |
| 第136回 | 一九六七年八月二八日号 | 寺田馨 | あなたも〝蒸発人間〟の予備軍だ | 増加する奇妙な失踪人の心理と行動を追跡する寺田馨氏の捜査メモ | | |
| 第137回 | 一九六七年九月四日号 | 緒方知三郎 | 人生100年―不老人間誕生の秘密 | 84歳の名医・緒方知三郎氏が語る〝長寿ドクターの自己診断書〟 | | |
| 第138回 | 一九六七年九月一一日号 | 山本源左衛門 | それでも皇居前30階ビルは建てる | 高層ビルで大東京をデザインする山本源左衛門氏の青写真 | | |
| 第139回 | 一九六七年九月一八日号 | 夏目通利 | 怒れサラリーマン！税金は敵だ | 〝正直者はバカを見る〟と叫ぶ夏目通利氏の反税闘争への決起宣言 | | |
| 第140回 | 一九六七年九月二五日号 | 有吉義弥 | 芸者を船にのせて外資を稼げ！ | 風流人・有吉義弥日本郵船社長が披露する船と女の共通性 | | |
| 第141回 | 一九六七年一〇月二日号 | 謝国権 | 日本男児よ『夜の生活』に自信をもて | 〝硬度No．1〟と折りがみをつけた謝国権氏の男性能力診断書 | | |
| 第142回 | 一九六七年一〇月九日号 | 江頭数馬 | 北京の内幕―毛沢東に追放されて | 中共を追われた江頭数馬記者が明かす文化大革命の隠された顔 | | |
| 第143回 | 一九六七年一〇月一六日号 | 稲葉秀三 | 電子計算機が決定する重役コース | 現代の新興宗教〝コンピューター〟の布教師・稲葉秀三氏の辻説法 | | |
| 第144回 | 一九六七年一〇月二三日号 | 尾崎盛光 | われこそ東大生の〝やり手婆ぁ〟 | 〝下士官こそ出世の早道〟尾崎盛光氏の語る古今就職の内幕 | | ○ |
| 第145回 | 一九六七年一〇月三〇日号 | 檜山義夫 | 釣りブームの犠牲者ハゼ10億尾 | 庶民の釣り場〝東京湾〟をあらすものを怒る魚の先生檜山義夫氏 | | |
| 第146回 | 一九六七年一一月六日号 | 加瀬俊一 | 白足袋を脱いだ元老吉田茂 | 元国連大使が語る知られざる〝宰相の真骨頂〟 | | |

| | | | | | |
|---|---|---|---|---|---|
| 第147回 | 一九六七年一一月一三日号 | 小倉清太郎 | 長寿の秘訣は〝酵素〟にあり | 72歳の老齢で単身ソ連の長寿村を訪れた小倉清太郎医博の健康談義 | |
| 第148回 | 一九六七年一一月二〇日号 | 玉置明善 | 42歳定年という猛烈な会社 | プロ野球なみのサラリーマン契約更新制を実施した玉置明善氏 | |
| 第149回 | 一九六七年一一月二七日号 | 梶山季之 | わたしの浮気三原則 | 自称〝スケベ人間〟の作家梶山季之氏が公開する男性復権の秘訣 | |
| 第150回 | 一九六七年一二月四日号 | 館稔 | 日本民族混血のすすめ | 深刻化する人口問題に挑んで40年…館稔氏が語るその実情 | |
| 第151回 | 一九六七年一二月一一日号 | 会田雄次 | 〝妻〟が書きたい三下り半 | 家庭という牢獄から脱出せよと男性を叱咤する会田雄次氏 | |
| 第152回 | 一九六七年一二月一八日号 | 榊原仟 | 心臓外科の最高裁長官 | 切ったハートが6500…心臓の大家榊原仟博士が明かす生命の秘密 | ○ |
| 第153回 | 一九六七年一二月二五日号 | 柴田錬三郎 | 女より賭けを愛する〝狂四郎〟 | 男なら賭けろ！柴田錬三郎氏の力説するギャンブル人生論 | |
| 第154回 | 一九六八年一月一日号 | 塚本幸一 | 女の下着の知識教えます | 神秘のベール〝女のパンティ〟…秘密をあかす塚本幸一氏の下着哲学 | ○ |
| 第155回 | 一九六八年一月八・一五日合併新春特大号 | 坂口謹一郎 | 〝ヤマタの大蛇《おろち》〟の飲んだ酒 | 「お酒を飲むほうが専門です」坂口謹一郎博士が語る〝日本酒の神秘〟 | |
| 第156回 | 一九六八年一月二二日号 | 宮地伝三郎 | おサル版「性生活の知恵」 | サル学の権威宮地伝三郎博士が公開するサルの愛情管理法 | |
| 第157回 | 一九六八年一月二九日号 | 野方重任 | 男だけの話〝人生は太く長く〟 | 劣等感を吹きとばせ！野方重任氏が披露する日本男児改造の設計図 | |
| 第158回 | 一九六八年二月五日号 | 井上禅定 | 結婚するなら「縁切り寺」で | 東慶寺住職井上禅定師が語る〝松ヶ岡〟から見た男女の機微 | |
| 第159回 | 一九六八年二月一二日号 | 平田敬一郎 | 電算機時代の社長の条件 | 平田敬一郎氏が語る〝コンピュータが設計する未来社会の青写真〟 | |
| 第160回 | 一九六八年二月一九日号 | 塚本憲甫 | 肺ガンは煙草だけの罪じゃない | ここまで探ったガンの正体…塚本憲甫医博が語る文明とガンの関係 | |
| 第161回 | 一九六八年二月二六日号 | コロムビア・トップ | 現代〝TVタレント〟総まくり | てんやわんやのタレント界を交通整理するコロムビア・トップ | |
| 第162回 | 一九六八年三月四日号 | 松前重義 | 元二等兵総長の私学経営 | 混乱する私学の現状を憂え、健全経営のコツを語る松前重義氏 | |
| 第163回 | 一九六八年三月一一日号 | 戸川幸夫 | 五本脚になった象の亭主 | 動物文学の第一人者・戸川幸夫氏があかす〝けもののプライバシー〟 | ○ |

| | | | | | | | |
|---|---|---|---|---|---|---|---|
| 第164回 | 一九六八年三月一八日号 | 萩原吉太郎 | | 〝政商〟政治家のフトコロを覗く | 〝北海道の実力者〟萩原吉太郎氏が語る政治家とのつきあいかた | | |
| 第165回 | 一九六八年三月二五日号 | 藤島茂 | | 日本で一つの貞操帯を作った話 | 〝トイレット部長〟藤島茂氏がかたむけた古今貞操帯のウンチク | | |
| 第166回 | 一九六八年四月一日号 | 小山内宏 | | 〝鼠捕り〟に勝てない最新兵器 | 泥沼のベトナム戦争の未来を予言する軍事評論家・小山内宏氏 | | |
| 第167回 | 一九六八年四月八日号 | 田実渉 | | 銀行から上手に金を借りる法 | 〝べらんめえ頭取〟を自認する三菱銀行田実渉頭取の快気炎 | | |
| 第168回 | 一九六八年四月一五日号 | 奥野健男 | | 〝盗作〟小説家恥ずべし | 〝世に盗作のタネはつきまじ、〟と語る文芸評論家・奥野健男氏 | | |
| 第169回 | 一九六八年四月二二日号 | 南喜一 | | 70にして立つ〝ガマ大将軍〟 | 〝ヨワイ奴は大成しない〟と喝破する一代の性豪・南喜一氏 | | |
| 第170回 | 一九六八年四月二九日号 | 佐貫亦男 | | 10兆円—月世界への往復切符 | ここまで来た宇宙開発…佐貫亦男氏が語る人類の〝無限への挑戦〟 | | |
| 第171回 | 一九六八年五月六日号 | 落合京一郎 | | 男女を産みわけるテクニック | 子宮はなくとも子は育つ・未来の医学を推理する落合京一郎氏 | | |
| 第172回 | 一九六八年五月一三日号 | 猿谷要 | | 2000万人の〝黒いベトコン〟 | 黒人はアメリカの時限爆弾だ | | |
| 第173回 | 一九六八年五月二〇日号 | 中内功 | ダイエー社長 | 女と麻薬の外は何でも売ります | ストリップ商法でかせぐ〝大売り屋〟 | | |
| 第174回 | 一九六八年五月二七日号 | 遠山景久 | ラジオ関東社長 | むかし陸軍いまマスコミ | 7代目〝遠山の金さん〟の経営哲学 | | |
| 第175回 | 一九六八年六月三日号 | 井深大 | ソニー社長 | 大会社総身にチエがまわりかね | 日本企業の〝ビックリ箱〟の秘密 | | ○ |
| 第176回 | 一九六八年六月一〇日号 | 堤清二 | 西武百貨店店長 | 大いに五島昇とケンカせよ | ライバル経営者のケンカこそ最大のPRだ | | ○ |
| 第177回 | 一九六八年六月一七日号 | 小野譲 | 慶応大学医学部客員教授 | 指先の名人芸〝異物博士〟 | 恋人の〝入れ歯〟をのんでいた23歳の美人 | | |
| 第178回 | 一九六八年六月二四日号 | 戸川昌子 | 作家 | 〝万国のホモよ団結せよ〟 | 一夫一婦のブタよりもホモの天才になれ | | |
| 第179回 | 一九六八年七月一日号 | 高木東六 | 作曲家 | ソプラノの女性が最高です | 〝ロマン派〟東六の音楽的おんな修業 | | ○ |
| 第180回 | 一九六八年七月八日号 | 盛毓度 | 留園社長 | 誰よりも〝ヤマト魂〟を愛す | ケタはずれ中国財閥の御曹子と生まれて | | |

| | | | | | |
|---|---|---|---|---|---|
| 第181回 | 一九六八年七月一五日号 | 長沼弘毅 | | わたしのダービー作戦 | 長沼流〝競馬の見かた〟おしえます |
| 第182回 | 一九六八年七月二二日号 | 六浦光雄 | 漫画家 | 弁当には〝ビタミンI《アイ》〟がある | 〝ロクさん〟世の教育ママに訴える |
| 第183回 | 一九六八年七月二九日号 | 竹鶴政孝 | ニッカウヰスキー社長 | 天下一品のヒゲと鼻 | 〝ウイスキー人生〟わき目もふらず50年 |
| 第184回 | 一九六八年八月五日号 | ナタリア・ムラビョワ | | 女ひとり日本で生きたロシア貴族 | ロシア革命・戦争・離婚…荒波の中で |
| 第185回 | 一九六八年八月一二日号 | 佐々木忠義 | 海洋学者 | おつぎの買い物は〝海底別荘〟 | 人類のユメ大いなる〝海の時代〟の幕あき |
| 第186回 | 一九六八年八月一九日号 | 越永重四郎 | 東京都監察医務院 | ㊙トウキョウ〝変死体〟地図 | 人間の〝終着駅〟を見つづける男 |
| 第187回 | 一九六八年八月二六日号 | 南雲吉和 | 五反田整形外科病院長 | カミナリはなぜヘソが好きか | ヘソ医者ただいま孤軍奮闘中 |
| 第188回 | 一九六八年九月二日号 | 斎藤茂太 | 精神神経科斎藤病院長 | 〝おねしょ〟が遺伝した話 | 〝猛父と猛母〟へのわが闘争記 |
| 第189回 | 一九六八年九月九日号 | 児玉威 | 神奈川県衛生研究所長 | トイレ博士の国鉄〝黄害〟作戦 | 公害追放のための〝恥部コンサルタント〟 |
| 第190回 | 一九六八年九月一六日号 | 長谷川仁 | 日動画廊社長 | 宝石を買うか絵を買うべきか | 40年、画壇を見つめてきた男の話 |
| 第191回 | 一九六八年九月二三日号 | 近藤啓太郎 | 作家 | 〝飲む打つ買う〟最後の文士 | 〝ミス千葉〟にほどこした女房教育 |
| 第192回 | 一九六八年九月三〇日号 | 宮本常一 | 民俗学者 | 〝夜這い〟こそ最高の結婚教育 | 日本の僻地ひとりぽっちの旅5000日 |
| 第193回 | 一九六八年一〇月七日号 | 小林宏治 | 日本電気社長 | 世界の首相が〝おはよう電話〟 | 通信衛星で戦争を追放する法 |
| 第194回 | 一九六八年一〇月一四日号 | 曾野綾子 | 作家 | 新幹線に床屋を作ったら | おんなは〝後進国〟の方がトクです |
| 第195回 | 一九六八年一〇月二一日号 | 山崎富治 | 山種証券社長 | これが〝カブト町の3C〟だ | 〝兜町の厳窟王〟から〝クールな貴公子〟へ |

○

| | | | | | | |
|---|---|---|---|---|---|---|
| 第196回 | 一九六八年一〇月二八日号 | 胡暁子 | 香港財閥・胡一虎氏夫人 | 〝男性中の男性は周恩来です〟 | わたしの〝国際結婚に成功する法〟 | |
| 第197回 | 一九六八年一一月四日号 | 金田一春彦 | 東外大教授 | 日本語を乱した?西田幾太郎 | 〝日本語裁判〟を提唱します | |
| 第198回 | 一九六八年一一月一一日号 | 相馬雄二 | 中村屋社長 | 〝反マイホーム〟で生きた明治100年 | お菓子のアカデミズム・中村屋三代 | ○ |
| 第199回 | 一九六八年一一月一八日号 | 佐々学 | 東大教授 | 〝西郷ドン〟はフィラリア病? | 世界の風土病をたずねた30年 | |
| 第200回 | 一九六八年一一月二五日号 | 小松左京 | 作家 | 文化庁に〝聖談〟保存局をつくれ! | 秋の夜におくるSF的セックス談義 | |
| 第201回 | 一九六八年一二月二日号 | イーデス・ハンソン | TVタレント | 〝アメリカ人は田舎ものだなァ〟 | 日の丸に涙した〝おかしな外人〟 | ○ |
| 第202回 | 一九六八年一二月九日号 | 田辺昇一 | 経営コンサルタント | 神さま、仏さま、タナベさま | 経営の基本は強いSEXだ | |
| 第203回 | 一九六八年一二月一六日号 | 内田吐夢 | 映画監督 | 乃木大将の女房操縦法 | 〝男くさい男〟の映画生活50年 | |
| 第204回 | 一九六八年一二月二三日号 | 三文字正平 | 弁護士 | 東條英機の白骨が呼んでいる | 東京裁判のツワモノたち | |
| 第205回 | 一九六八年一二月三〇日号 | 植草甚一 | 映画・音楽評論家 | キリストもLSDを飲んでいた | ゲイ・ボーイの真髄に迫るアングラ教祖 | ○ |
| 第206回 | 一九六九年一月六日号 | 西川哲三郎 | 農学博士 | ニワトリに取りつけた〝人工肛門〟 | 〝十雌一雄〟ニワトリの夫婦生活 | |
| 第207回 | 一九六九年一月一三・二〇日合併新春特大号 | 海音寺潮五郎 | 作家 | 西郷隆盛は平社員どまりだ | 女もよろこぶ薩摩隼人の〝男尊女卑〟 | |
| 第208回 | 一九六九年一月二七日号 | 荒川秀俊 | 気象学者 | 天気予報で成功した真珠湾奇襲 | 気象学で解明する日本の歴史 | ○ |
| 第209回 | 一九六九年二月三日号 | 平井富雄 | 神経科医 | 自己催眠でマージャン必勝 | 〝SEXノイローゼ〟よサヨウナラ | |
| 第210回 | 一九六九年二月一〇日号 | 黒川紀章 | 建築家 | 未来都市は毛深いものになる | 性解放でミツバチの巣からクモの巣へ | ○ |
| 第211回 | 一九六九年二月一七日号 | 岡本巳之助 | 岡本理研ゴム社長 | むかし〝ハート美人〟いま… | 輸出で国威発揚する〝サック社長〟 | |

| | | | | | | | |
|---|---|---|---|---|---|---|---|
| 第212回 | 一九六九年二月二四日号 | 黒沢聰樹 | イカリ消毒社長 | 銀座のネズミはオンナがお好き | 3億匹と対決する〝ネズミの殺し屋〟 | | ○ |
| 第213回 | 一九六九年三月三日号 | 中村敏郎 | 東京女子医大皮膚科部長 | 女性の24歳はもう〝婆さん〟 | 〝植毛博士〟女性だけの悩みに取組んで | | |
| 第214回 | 一九六九年三月一〇日号 | 野坂昭如 | 作家 | ゲバ学生は〝野球〟が養成した | 全共闘に片思いして〝ゲリラ志願〟 | | |
| 第215回 | 一九六九年三月一七日号 | 早川種三 | 日本建鉄会長 | つぎは大学再建！〝会社直し大明神〟 | 落第5回、ペンキ屋あがりの魔術師 | | |
| 第216回 | 一九六九年三月二四日号 | 小沢昭一 | 俳優 | 芸能人は偉くなりすぎたナ | 荒木クン！　日蔭者なんだョわれわれは | | ○ |
| 第217回 | 一九六九年三月三一日号 | 安藤馨 | 富士通ファコム社長 | コンピュータ分析！川端文学の秘密 | 経営者よ　コンピュータ馬鹿になるな！ | | |
| 第218回 | 一九六九年四月七日号 | 加藤芳郎 | 漫画家 | 玉の井から出て吉原に終る | 黒っぽい〝漫春画〟を描きたいナァ | | ○ |
| 第219回 | 一九六九年四月一四日号 | 加太こうじ | 大衆芸能評論家 | テキ屋式〝女性操縦法〟ご披露します | 紙芝居〝加太こう一家〟の人物鉱脈 | | |
| 第220回 | 一九六九年四月二一日号 | 石山四郎 | 経営評論家 | こんな社長は辞表を書け | 女はステレオと同じ耐久消費財なのか | | |
| 第221回 | 一九六九年四月二八日号 | 平田洋三 | 平田肛門科病院院長 | 日本人3人寄ればジ主が1人 | 60万人の尻をのぞいたヒップス先生 | | |
| 第222回 | 一九六九年五月五日号 | 三鬼陽之助 | 経済評論家 | 〝夜遊び〟から生まれた新日本製鉄 | 財界検事が論告する社長の実力テスト | | |
| 第223回 | 一九六九年五月一二日号 | 桑田忠親 | 国学院大学教授 | 謙信は〝女色〟も知っていた | 〝川中島〟は甲信越代表決定戦 | | |
| 第224回 | 一九六九年五月一九日号 | 山口茂男 | 真珠店「マリモ」社長 | 秘境〝サンタクロースの生地〟 | トルコ風呂の母国を探検して | | |
| 第225回 | 一九六九年五月二六日号 | 西条凡児 | 「おやじバンザイ」司会者 | 〝おやじ〟バンザイ〝ドけち〟バンザイ | 年齢は毎年53歳、足は地下鉄の大阪人哲学 | | |
| 第226回 | 一九六九年六月二日号 | 江戸家猫八 | 声帯模写 | 戦国ダービー50億円の必勝作戦 | 本命はミノル、対抗はギャロップ | | |

| | | | | | | |
|---|---|---|---|---|---|---|
| 第227回 | 一九六九年六月九日号 | 八木喜三朗 | 玄竜会、八木観相塾主宰 | クレオパトラは女房に向かない | サラリーマンは鼻ペチャを妻に持て | ○ |
| 第228回 | 一九六九年六月一六日号 | 田中四郎 | 大阪外国語大学教授 | 新・アラビアンナイトの世界 | 日本でも男女を問わず割礼すべし | |
| 第229回 | 一九六九年六月二三日号 | 糸川英夫 | 海洋開発技術研究会理事長 組織工学研究所長 | 海洋開発で金儲けするコツ | 〝月世界旅行〟よりも〝海の別荘〟へ | |
| 第230回 | 一九六九年六月三〇日号 | 佐野文哉 | ミイラ研究家 | 日本のミイラ仏はヒッピー族 | ミイラとりがミイラになって | |
| 第231回 | 一九六九年七月七日号 | 丹野仲治 | 仲屋ブラシ工業社長 | パリジェンヌの毛髪で〝湿度計〟 | 毛の研究—人毛からイタチまで | |
| 第232回 | 一九六九年七月一四日号 | 阿部主計 | 幽霊・妖怪研究家 | 菅原道真が幽霊ナンバーワン | 日本海海戦前夜に現われた坂本竜馬 | |
| 第233回 | 一九六九年七月二一日号 | 梅棹忠夫 | 京大人文科学研究所 | 遊牧民ベドウィン族の割礼式 | 花嫁のいないモゴール族の結婚式 | |
| 第234回 | 一九六九年七月二八日号 | 吉野昭夫 | 吉野経営管理者紹介事業所所長 | こんな課長をスカウトせよ | 教祖サマは転職コンサルタント | |
| 第235回 | 一九六九年八月四日号 | 西丸震哉 | 農林省食糧研究所栄養化学研究室長 | ニューギニアの人食い人種 | 日本人は首狩り族だった | |
| 第236回 | 一九六九年八月一一日号 | 藤島泰輔 | 作家 | 英国議会よ日本の国会を見習え | 先祖の〝美田〟が英国人を無気力に | |
| 第237回 | 一九六九年八月一八日号 | 佐野圭司 | 東大医学部教授脳神経外科 | 人間の頭脳は移植できるか | 〝原子炉治療法〟のこれから先 | |
| 第238回 | 一九六九年八月二五日号 | 野口恵三 | 弁護士 | 正妻は情婦に慰謝料を請求できる | 女の強姦罪はありうるか | |

| | | | | | |
|---|---|---|---|---|---|
| 第239回 | 一九六九年九月一日号 | 鈴木和男 | 東京歯科大助教授法歯学研究室 | キスマークは体をあらわす | 歯は人間の履歴書である |
| 第240回 | 一九六九年九月八日号 | 大村秀雄 | 鯨類研究所所長 | マッコウ鯨のハレム望見 | 1頭のオスにメスが60頭 |
| 第241回 | 一九六九年九月一五日号 | 田中小実昌 | 翻訳家・作家 | ストリップは尻えくぼにかぎる | 〝特出〟は古い　いまや〝オープン〟 |
| 第242回 | 一九六九年九月二二日号 | 御木徳近 | ＰＬ教団教主 | 神様業ほどステキな商売はない | 情報産業がやがて新宗教に |
| 第243回 | 一九六九年九月二九日号 | 豊沢豊雄 | 発明学会会長 | 銀行を相手にして儲けた話 | 美人ヌード灰皿・ストリップ人形…… |
| 第244回 | 一九六九年一〇月六日号 | 田口憲一 | 経営評論家 | 大富豪《スーパー・リッチ》の象徴はバス・ルームの数 | 最低条件は資産1億5000万ドル |
| 第245回 | 一九六九年一〇月一三日号 | 中山千夏 | 女優 | 女優はなぜ医者と結婚するか | 四ツ子の混血を産んでダーク・ダックスを |
| 第246回 | 一九六九年一〇月二〇日号 | 森川昭彦 | 銀座整形外科・院長 | 〝完全なる女性〟をつくる話 | 総理大臣もセールスマンも美容整形を |
| 第247回 | 一九六九年一〇月二七日号 | 上田学而 | 中国文学者 | 男も強く女も強い物語 | 人間解放！中国艶笑文学の世界 |
| 第248回 | 一九六九年一一月三日号 | 亀岡大郎 | 経営評論家 | フォードの花嫁はどこの会社か | ㊙情報！　自由化定まった自動車業界 |
| 第249回 | 一九六九年一一月一〇日号 | 瓜生忠夫 | 映画評論家 | 駅弁・うまかろうやすかろう | 駅弁マニアが選んだ全国ベストテン |
| 第250回 | 一九六九年一一月一七日号 | 永六輔 | 放送作家 | 極道とは生きることとみつけたり | 芸人は男色知って一人前 |
| 第251回 | 一九六九年一一月二四日号 | 渥美俊一 | 日本リテイリングセンターチーフ・コンサルタント | 〝三越・大丸〟何するものぞ！ | 〝渥美教〟信者の数は1075社 |
| 第252回 | 一九六九年一二月一日号 | 大沼晶誉 | 白十字病院院長 | どんな〝媚薬〟が効き目があるか | 〝イモリ〟で鑑別する婚外行動 |
| 第253回 | 一九六九年一二月八日号 | 斎藤栄三郎 | 経済評論家 | 30年後！初任給は100万円 | 夫婦相和シテ利殖する秘訣 |

| | | | | | | |
|---|---|---|---|---|---|---|
| 第254回 | 一九六九年一二月一五日号 | 高田栄一 | 日本ハ虫類学会会員 ハ虫類飼育芸術研究所所長 | ヘビの美人はどこで鑑別するか | 宇宙時代は一夫多妻に帰れ！ | |
| 第255回 | 一九六九年一二月二二日号 | 池松武之亮 | 耳鼻咽喉科・池松病院院長 | イビキが招いた殺人事件 | 仰向けバンザイ型で寝るな！ | |
| 第256回 | 一九六九年一二月二九日号 | 市橋立彦 | グレイ大広社長 | 広告トリックあの手この手 | 広告は世界を変えるか！ | |
| 第257回 | 一九七〇年一月五日号 | 山内昌 | 日本ゼリア社長 | 新・成金物語〝マッタケの袋〟 | 人口問題で敢闘する発明学校優等生 | |
| 第258回 | 一九七〇年一月一二・一九日合併新春特大号 | 松尾静磨 | 日本航空社長 | スチュアーデス世界腕くらべ | 日航社員は〝臆病モノ〟とみつけたり | |
| 第259回 | 一九七〇年一月二六日号 | 川上宗薫 | 作家 | 〝夜の狩人〟は悲しからずや | 失神作家No．1のホステス捕獲術 | ○ |
| 第260回 | 一九七〇年二月二日号 | 草柳大蔵 | 評論家 | 70年型エリートは〝満貫人間〟 | 品種改良で〝出口王仁三郎〟的奇型児を | |
| 第261回 | 一九七〇年二月九日号 | 井之口章次 | 日本民俗学会理事国学院大学講師 | 〝葬式博士〟の墓つくり無用論 | 葬式は〝追い出しコンパ〟と考えよう | |
| 第262回 | 一九七〇年二月一六日号 | 山鹿義教 | 偽造通貨研究家 | 〝贋金づくり〟のテクニック | 和同開珎から10円玉自動販売機まで | |
| 第263回 | 一九七〇年二月二三日号 | 青木孝韶 | アイデアABC社長 | 〝大人の玩具〟ほどステキな商売はない | ご存知！〝銀座のシイタケ〟を | ○ |
| 第264回 | 一九七〇年三月二日号 | 成冨武章 | 成冨内科院長 | 〝エリート社員早死に説〟その医学的理由 | 〝土曜ホステス〟になぜ下痢が多いか | |
| 第265回 | 一九七〇年三月九日号 | 緒方研二 | 日本電信電話公社技術局長 | 〝セックス相談用電話〟をつくれ！ | 〝三分通話〟はリンカーンの演説から | |
| 第266回 | 一九七〇年三月一六日号 | 高原須美子 | 経営評論家 | 亭主を生命保険に入れるな！ | 〝日曜日もダメよ〟ビジネスマン女房学入門 | |

| | | | | | | |
|---|---|---|---|---|---|---|
| 第267回 | 一九七〇年三月二三日号 | 伊東彊自 | 東海大教授 | ミステリー〝スモッグ殺人事件〟 | 〝線香の煙が直立するときは天気がよい〟 | |
| 第268回 | 一九七〇年三月三〇日号 | 岡部寛之 | 経済学博士 | 世界のおんな〝100ヵ国巡礼地図〟 | 観光なんかムダ！海外旅行術第一条 | |
| 第269回 | 一九七〇年四月六日号 | 村松博雄 | 医事評論家 | スウェーデン流〝アウト・セックス〟の条件 | 会社への〝忠誠心〟はセックス対策で | |
| 第270回 | 一九七〇年四月一三日号 | 円山雅也 | 弁護士 | 妻の整形手術で離婚請求できるか | 夫と二号を別れさせる脱税作戦のコツ | ○ |
| 第271回 | 一九七〇年四月二〇日号 | 坂本二郎 | 未来学者 | ホステスで〝都市〟の性格診断 | バンク・ブランチ・バーの3Bがポイント | ○ |
| 第272回 | 一九七〇年四月二七日号 | 渡紀彦 | 株式会社ワタケン代表 | 〝人妻バンク〟で離婚のすすめ | アポロ科学が証明した人生六年周期説 | ○ |
| 第273回 | 一九七〇年五月四日号 | 小原秀雄 | 動物学者 | チンパンジーにもやがて労組ができる | 横暴なる人類は〝恐竜〟の如く滅亡する | |
| 第274回 | 一九七〇年五月一一日号 | 深尾茂 | 永大産業会長 | マンションはセックス産業であるか | 土地を政府が時価で買い、半値で売れ | |
| 第275回 | 一九七〇年五月一八日号 | 高賀富士子 | 資生堂美容部長 | クレオパトラが使った〝練香水〟 | 〝アゲ底美人〟にダマされるな！ | ○ |
| 第276回 | 一九七〇年五月二五日号 | 森島恒雄 | 工学院大学教授 | 〝コマーシャルの天才〟キリスト | 拷問の教科書〝魔女狩り〟のテクニック | |
| 第277回 | 一九七〇年六月一日号 | 長谷川直義 | 医学博士 | 医学的根拠ナシ〝糖尿病不能説〟 | 心身医学による夫婦和合のテクニック | |
| 第278回 | 一九七〇年六月八日号 | 前山茂 | 海外養蜂専務 | ローヤルゼリーは〝枯木に花を咲かせるか〟 | 原料はタダ労働力はハチまかせの略奪産業 | |
| 第279回 | 一九七〇年六月一五日号 | なだいなだ | 作家 | 〝アル中特急〟に途中下車ナシ | 「一杯はいると調子がいい」は赤信号 | ○ |
| 第280回 | 一九七〇年六月二二日号 | 高木克二 | 平和堂貿易社長 | マリー・アントワネットの懐中時計 | 世界最高はダリがデザインした六千万 | |
| 第281回 | 一九七〇年六月二九日号 | 新野弘 | 東海大学教授 | ここ掘れ！日本宝石分布図 | 東シナ海の底に眠る世界的大油田 | |
| 第282回 | 一九七〇年七月六日号 | 畑正憲 | 動物エッセイスト | ミミズが一番！わが動物味覚リスト | ブルーフィルムを見せられたオランウータン | ○ |
| 第283回 | 一九七〇年七月一三日号 | 荻昌弘 | 映画評論家 | 300年の秘伝公開！半熟タマゴ製造法 | 女性はなぜ名コックになれないか | |

| | | | | | |
|---|---|---|---|---|---|
| 第284回 | 一九七〇年七月二〇日号 | 木佐森吉太郎 | 株式評論家 | 株はなぜ損をするか儲かるか | 70年型「相場道の極意」入門 |
| 第285回 | 一九七〇年七月二七日号 | 福井静夫 | 艦船研究家 | 太平洋戦史〝日米軍艦ゲーム〟ありせば | イギリス製〝氷空母〟220万トンの青写真 |
| 第286回 | 一九七〇年八月三日号 | 渡辺孚 | 法医学者 | 〝心臓移植〟は医者の使命か道楽か | 毛髪から砒素ナポレオンは毒殺だった? |
| 第287回 | 一九七〇年八月一〇日号 | 並木正男 | 中央宝石研究所長 | 月にダイヤモンドは出るか | 史上最高のダイヤは英王室の錫杖 |
| 第288回 | 一九七〇年八月一七日号 | 西尾出 | 三井物産CC室長代理 | 女類はお呼びでないコンピュータ | 商社の営業マンには躁鬱質が多い |
| 第289回 | 一九七〇年八月二四日号 | 西尾忠久 | 東急エージェンシー主幹 | 30秒にかける知的ビジネス | 「ハッパフミフミ」はレベルが低い |
| 第290回 | 一九七〇年八月三一日号 | 新藤隆夫 | 公衆衛生院精神衛生室長 | こうすれば天才が生まれる | 〝孤独〟の産物川端康成のノーベル賞 |
| 第291回 | 一九七〇年九月七日号 | 鷲海正平 | 銀座鷲海クリニック院長 | SEX革命のにない手〝美容整形〟 | 人間の欲望は最大限にのばせる |
| 第292回 | 一九七〇年九月一四日号 | 吉村昭 | 作家 | 11本の鉛筆と「陸奥」爆沈のナゾ | ドキュメンタリー文学は男だけがやれる |
| 第293回 | 一九七〇年九月二一日号 | 福岡徹 | 「軍神」の著者 | 乃木大将を〝因数分解〟する | インテリすぎた軍神の悲劇 |
| 第294回 | 一九七〇年九月二八日号 | 百瀬結 | 日本ビクター社長 | 未来産業の主力は〝音〟だ | 意志で運命をへしまげた「明治の人」 |
| 第295回 | 一九七〇年一〇月五日号 | 佐藤愛子 | 作家 | 人生は戦いである | 父・紅緑は私のなかに生きている |
| 第296回 | 一九七〇年一〇月一二日号 | 淀川長治 | 映画評論家 | 映画のつぎにおかあさん | ムズムズと映画の虫にとりつかれた |
| 第297回 | 一九七〇年一〇月一九日号 | 島崎敏樹 | 精神病理学者 | 釈迦もキリストもヒッピー族 | LSDパーティはアメリカ文化への拒絶反応 |
| 第298回 | 一九七〇年一〇月二六日号 | 瀬戸内晴美 | 作家 | 知らぬは亭主ばかりなり | 女は90になっても色気はおとろえない |

○

| | | | | | | | |
|---|---|---|---|---|---|---|---|
| 第299回 | 一九七〇年一一月二日号 | 佐藤藤三郎 | 農業 | おらが嫁サはカーつき仕事ぬき | 消費とレジャーだけが発達した農村生活 | | |
| 第300回 | 一九七〇年一一月九日号 | 濃人渉 | ロッテ・オリオンズ監督 | わが野球生涯に悔なし！ | 被爆体験が野球にかりたてた | | |
| 第301回 | 一九七〇年一一月一六日号 | 牛尾治朗 | ウシオ電機社長 | 企業の内ゲバとはナニか？ | 日本人は変革に対してつよい民族 | | |
| 第302回 | 一九七〇年一一月二三日号 | 加藤諦三 | 人生評論家 | 青年は無気力化しているか | 無理してまで出世したくない若者たちの人生論 | | |
| 第303回 | 一九七〇年一一月三〇日号 | 大原健士郎 | 精神医学者 | 清らかな情死なんてありえない | 若い人はロマンティックな死に場所を求める | | |

肩書は誌面による。「単行本」欄は『大宅壮一人物料理　スタミナ編』（太平出版、一九六七年）再録の有無を示している。「全集」欄は『大宅壮一全集』第15巻（蒼洋社、一九八二年）再録の有無を示している。

**【資料3-13】『サンデー毎日』連載「サンデー時評」**

| 回数 | 号数 | タイトル | 備考 |
|---|---|---|---|
| 第1回 | 一九六五年一〇月一七日号 | 享楽カロリー | 表紙に「新連載　大宅壮一のサンデー時評」（大宅の写真が使われている） |
| 第2回 | 一九六五年一〇月二四日号 | 粉飾政治・粉飾裁判？ | 表紙に「大宅壮一　サンデー時評」 |
| 第3回 | 一九六五年一〇月三一日号 | 漁船の集団遭難 | 表紙に「サンデー時評　大宅壮一」 |
| 第4回 | 一九六五年一一月七日号 | 人間の〝集中豪雨〟 | |
| 第5回 | 一九六五年一一月一四日号 | 新聞の魅力とは何か | |
| 第6回 | 一九六五年一一月二一日号 | 富士山麓で感じたこと | |
| 第7回 | 一九六五年一一月二八日号 | 政治家の〝集団発狂〟 | |
| 第8回 | 一九六五年一二月五日号 | 台湾人の台湾 | |
| 第9回 | 一九六五年一二月一二日号 | 「調和の日」を提案する | |

| | | | |
|---|---|---|---|
| 第10回 | 一九六五年一二月一九日号 | われわれはもっと驚こう | |
| 第11回 | 一九六五年一二月二六日号 | 〝がめつさ〟について | |
| 第12回 | 一九六六年一月二日号 | 66年の最大の課題 | |
| | 一九六六年一月九日号 | | 大宅ら6名による「サンデー・ティーチ・イン ミリ人物評定・後継者はだれか」が掲載 70 |
| 第13回 | 一九六六年一月一六日号 | 万国博はギャンブルだ | |
| 第14回 | 一九六六年一月二三日号 | 国家予算の〝ぶんどり戦争〟 | |
| 第15回 | 一九六六年一月三〇日号 | またも〝転向〟の季節を迎えた | |
| 第16回 | 一九六六年二月六日号 | 社会党には荒療治が必要 | |
| 第17回 | 一九六六年二月一三日号 | 鷹司平通氏の事故死 | |
| 第18回 | 一九六六年二月二〇日号 | 私は危うく難をまぬがれた | |
| 第19回 | 一九六六年二月二七日号 | 〝早大騒動〟に思う | |
| 第20回 | 一九六六年三月六日号 | 売春制度復活論について | |
| 第21回 | 一九六六年三月一三日号 | 〝教育不在〟の日本の大学 | |
| 第22回 | 一九六六年三月二〇日号 | 空の事故の〝集中豪雨〟 | |
| 第23回 | 一九六六年三月二七日号 | われわれはそれに気づかない | |
| 第24回 | 一九六六年四月三日号 | 一億総憂うつ | |
| 第25回 | 一九六六年四月一〇日号 | 売春防止法の強化 | |
| 第26回 | 一九六六年四月一七日号 | 日本のナショナリズム | |
| 第27回 | 一九六六年四月二四日号 | 太田議長の都知事選出馬 | |
| 第28回 | 一九六六年五月一日号 | 狂気でない異常の恐ろしさ | |
| 第29回 | 一九六六年五月八日号 | 大切なのは国民の生活だ | |
| 第30回 | 一九六六年五月一五日号 | 郭沫若の自己批判 | |
| 第31回 | 一九六六年五月二二日号 | 女子学生の入学制限 | |
| 第32回 | 一九六六年五月二九日号 | 中共の核実験と日本 | |
| 第33回 | 一九六六年六月五日号 | あるコマーシャル・ソング | |
| 第34回 | 一九六六年六月一二日号 | 少年と青年と成人 | |
| 第35回 | 一九六六年六月一九日号 | 〝自殺〟と〝自死〟 | |

| | | | |
|---|---|---|---|
| 第36回 | 一九六六年六月二六日号 | 安倍能成氏の死 | |
| 第37回 | 一九六六年七月三日号 | 松村氏の〝保守二党論〟 | |
| 第38回 | 一九六六年七月一〇日号 | 都知事選と大政党の権威 | |
| 第39回 | 一九六六年七月一七日号 | 人生と〝完全試合〟した妊婦 | |
| 第40回 | 一九六六年七月二四日号 | 日本に農業政策はあるのか | 松下電器のテープレコーダの広告に大宅壮一 |
| 第41回 | 一九六六年七月三一日号 | 電子計算機、視聴率、入学率 | |
| 第42回 | 一九六六年八月七日号 | クイズ文化 | |
| 第43回 | 一九六六年八月一四日号 | ライシャワー大使の辞任 | |
| 第44回 | 一九六六年八月二一日号 | 赤いジュウタンのギャング | |
| 第45回 | 一九六六年八月二八日号 | 寄付は〝第二の税金〟か | |
| 第46回 | 一九六六年九月四日号 | 「取消し」と「変更」 | |
| 第47回 | 一九六六年九月一一日号 | 善意のワンマン | |
| 第48回 | 一九六六年九月一八日号 | サラリーマンの六三制 | 表紙・写真・カバーストーリー「日本のマスコミ・ベトコン大宅村塾」 |
| 第49回 | 一九六六年九月二五日号 | 鈴木茂三郎氏の引退 | |
| | 一九六六年一〇月二日号 | | |
| | 一九六六年一〇月九日号 | | 『サンデー毎日緊急増刊　大宅考察組の中共報告』の広告が掲載 |
| 第50回 | 一九六六年一〇月一六日号 | あざやかな三原色の国 | 表紙に「現地報告　大宅考察組と紅衛兵の討論会」、グラビア「「大宅考察組」中共を行く」」、記事「現地録音大宅考察組と紅衛兵の大討論会」、『サンデー毎日緊急増刊』広告掲載 |
| 第51回 | 一九六六年一〇月二三日号 | 趙安博氏の弁明に答える | |
| 第52回 | 一九六六年一〇月三〇日号 | 壁新聞と怪文書 | |
| 第53回 | 一九六六年一一月六日号 | ガンサーとサルトル | |
| 第54回 | 一九六六年一一月一三日号 | 告訴ブームについて | |
| 第55回 | 一九六六年一一月二〇日号 | 荒木元大将の死 | |
| 第56回 | 一九六六年一一月二七日号 | 急増する中小企業の倒産 | |

| | | | |
|---|---|---|---|
| 第57回 | 一九六六年一二月四日号 | 亀井勝一郎の清純 | |
| 第58回 | 一九六六年一二月一一日号 | 政治家の秘書 | |
| 第59回 | 一九六六年一二月一八日号 | 名乗りをあげよ保守第二党 | |
| 第60回 | 一九六六年一二月二五日号 | 建国記念日問題と私　軽率、無思慮、不明を国民にわびる | |
| 第61回 | 一九六七年一月一日号 | 選挙レースのフライング | |
| 第62回 | 一九六七年一月八日号 | 私のマスコミ生活 | 「大宅考察組の'66－'67日本報告」掲載 |
| 第63回 | 一九六七年一月一五日号 | 戦後コースの明治的修正 | 大宅昌と斎藤輝子の対談「快妻・猛妻に〝更年期なし〟」の掲載 |
| 第64回 | 一九六七年一月二二日号 | フシのある人間 | |
| 第65回 | 一九六七年一月二九日号 | 〝一匹狼〟の一匹性 | |
| 第66回 | 一九六七年二月五日号 | 三位決定戦への興味 | |
| 第67回 | 一九六七年二月一二日号 | サンデー時評ワイド版　総選挙を考察する | |
| 第68回 | 一九六七年二月一九日号 | 都知事選と社会党 | |
| 第69回 | 一九六七年二月二六日号 | 毛沢東とスカルノ | |
| 第70回 | 一九六七年三月五日号 | 大学、大学生および大学教授 | |
| 第71回 | 一九六七年三月一二日号 | 巌流島の東京都知事選 | |
| 第72回 | 一九六七年三月一九日号 | 文化大革命と四作家の声明 | |
| 第73回 | 一九六七年三月二六日号 | 〝第二婦人〟論争 | |
| 第74回 | 一九六七年四月二日号 | 石垣綾子さんの再婚 | |
| 第75回 | 一九六七年四月九日号 | 政治の〝悲劇〟と〝喜劇〟 | |
| 第76回 | 一九六七年四月一六日号 | 宝石という名の〝麻薬〟 | |
| 第77回 | 一九六七年四月二三日号 | 企業化した政党・政治家 | |
| 第78回 | 一九六七年四月三〇日号 | 革新系都知事の誕生 | |
| 第79回 | 一九六七年五月七日号 | 対話時代 | |
| 第80回 | 一九六七年五月一四日号 | レジャー時代 | |
| 第81回 | 一九六七年五月二一日号 | 一生愚夫にまみえず | |

| | | |
|---|---|---|
| 第82回 | 一九六七年五月二八日号 | 「都民党」とはなにか |
| 第83回 | 一九六七年六月四日号 | レモン爆弾の幻想 |
| 第84回 | 一九六七年六月一一日号 | 女性の政治的能力 |
| 第85回 | 一九六七年六月一八日号 | 八ヵ月ぶりの香港 |
| 第86回 | 一九六七年六月二五日号 | 中東戦争をマニラで聞く |
| | 一九六七年七月二日号 | 「現地座談会　大宅考察組の東南アジア報告」掲載 |
| 第87回 | 一九六七年七月九日号 | 「青年の船」の発案者として |
| 第88回 | 一九六七年七月一六日号 | スパイについて |
| 第89回 | 一九六七年七月二三日号 | 〝焼身他殺〟事件に思う |
| 第90回 | 一九六七年七月三〇日号 | コラーサ号とNHK |
| 第91回 | 一九六七年八月六日号 | 中国通のメンタル・テスト |
| 第92回 | 一九六七年八月一三日号 | 黒人騒動は国内植民地の解放運動 |
| 第93回 | 一九六七年八月二〇日号 | 新型の〝中間層国家〟日本 |
| 第94回 | 一九六七年八月二七日号 | 社会党解散論 |
| 第95回 | 一九六七年九月三日号 | 〝潜在離婚〟の社会党 |
| 第96回 | 一九六七年九月一〇日号 | 福祉国家とはなにか |
| 第97回 | 一九六七年九月一七日号 | 羽越豪雨 |
| | 一九六七年九月二四日号 | |
| 第98回 | 一九六七年一〇月一日号 | 現代への抵抗 |
| 第99回 | 一九六七年一〇月八日号 | 電気人間に狙われる |
| 第100回 | 一九六七年一〇月一五日号 | 国慶節と前進座 |
| 第101回 | 一九六七年一〇月二二日号 | 教育・宗教・政党の企業化 |
| 第102回 | 一九六七年一〇月二九日号 | 民族の精神構造の深層部 |
| 第103回 | 一九六七年一一月五日号 | 吉田が死んで戦後は終わった |
| 第104回 | 一九六七年一一月一二日号 | 〝国葬〟に思う |
| 第105回 | 一九六七年一一月一九日号 | ロシア革命五十周年 |
| 第106回 | 一九六七年一一月二六日号 | 由比老人の死の純粋度 |
| 第107回 | 一九六七年一二月三日号 | 首相訪米は成功か、失敗か |

| | | |
|---|---|---|
| 第108回 | 一九六七年一二月一〇日号 | 日本国の〝家庭教師〟 |
| 第109回 | 一九六七年一二月一七日号 | スパイと秘密 |
| 第110回 | 一九六七年一二月二四日号 | いつまで続く昭和元禄時代 |
| 第111回 | 一九六七年一二月三一日号 | 生命とは？人間とは？ |
| 第112回 | 一九六八年一月七日号 | 宇宙紀元元年 |
| 第113回 | 一九六八年一月一四日号 | 〝明治〟との対決の年 |
| 第114回 | 一九六八年一月二一日号 | 北村サヨと笠信太郎の死 |
| 第115回 | 一九六八年一月二八日号 | 日本は国際的な〝駆込み寺〟 |
| 第116回 | 一九六八年二月四日号 | 佐世保事件と社会を動かす〝力〟 |
| 第117回 | 一九六八年二月一一日号 | 〝虚栄の市〟万国博 |
| 第118回 | 一九六八年二月一八日号 | 裏口入学と大学企業 |
| 第119回 | 一九六八年二月二五日号 | 〝舌禍〟と政治家の能力 |
| 第120回 | 一九六八年三月三日号 | 大学企業化のすすめ |
| 第121回 | 一九六八年三月一〇日号 | 金嬉老のミニ・クーデター |
| 第122回 | 一九六八年三月一七日号 | 人間の評価はむずかしい |
| 第123回 | 一九六八年三月二四日号 | 平和国家の忠誠心 |
| 第124回 | 一九六八年三月三一日号 | 〝売ト産業〟時代 |
| 第125回 | 一九六八年四月七日号 | 神に対する人間の勝利 |
| 第126回 | 一九六八年四月一四日号 | ベトナム戦争とミニ・クーデター |
| 第127回 | 一九六八年四月二一日号 | 対決を迫られる米黒人問題 |
| 第128回 | 一九六八年四月二八日号 | 裏返しの安易さを排す |
| 第129回 | 一九六八年五月五日号 | 経営者の道義と倫理 |
| 第130回 | 一九六八年五月一二日号 | ある〝農業革命〟 |
| 第131回 | 一九六八年五月一九日号 | 人類の〝恥部〟に取組め |
| 第132回 | 一九六八年五月二六日号 | 選挙シーズンの憂鬱 |
| 第133回 | 一九六八年六月二日号 | 〝物価のみのべ〟を忘れるな |
| 第134回 | 一九六八年六月九日号 | ドゴールと吉田茂 |
| 第135回 | 一九六八年六月一六日号 | 出版倫理を確立せよ |

| | | |
|---|---|---|
| 第136回 | 一九六八年六月二三日号 | テロとアメリカ社会の機能 |
| 第137回 | 一九六八年六月三〇日号 | アングラは新しくない |
| 第138回 | 一九六八年七月七日号 | 学生運動とその限界 |
| 第139回 | 一九六八年七月一四日号 | 国会議員の企業化 |
| | 一九六八年七月二一日号 | |
| | 一九六八年七月二八日号 | |
| | 一九六八年八月四日号 | |
| 第140回 | 一九六八年八月一一日号 | 『太平洋大学』の旅 |
| 第141回 | 一九六八年八月一八日号 | チェコの小国的英知 |
| 第142回 | 一九六八年八月二五日号 | 〝神〟に挑戦する心臓移植 |
| 第143回 | 一九六八年九月一日号 | 集中豪雨化したレジャー |
| 第144回 | 一九六八年九月八日号 | 自壊作用を起こす〝大国〟 |
| 第145回 | 一九六八年九月一五日号 | スポンサーつき議員 |
| 第146回 | 一九六八年九月二二日号 | 社会党改革の私案 |
| 第147回 | 一九六八年九月二九日号 | 離婚夫婦の同居−社会党 |
| 第148回 | 一九六八年一〇月六日号 | 若者の精神構造 |
| 第149回 | 一九六八年一〇月一三日号 | 〝議員公害〟をくいとめよう |
| 第150回 | 一九六八年一〇月二〇日号 | アナキズムの復活 |
| 第151回 | 一九六八年一〇月二七日号 | 平和日本は亡命者天国になれ |
| 第152回 | 一九六八年一一月三日号 | ポスト・ベトナムの課題 |
| 第153回 | 一九六八年一一月一〇日号 | 「万国博」と「70年闘争」 |
| 第154回 | 一九六八年一一月一七日号 | この道はいつかきた…… |
| 第155回 | 一九六八年一一月二四日号 | 三つの選挙の魔術性 |
| 第156回 | 一九六八年一二月一日号 | 〝失神〟とゲバルト |
| 第157回 | 一九六八年一二月八日号 | 求人難時代の学生運動 |
| 第158回 | 一九六八年一二月一五日号 | 政治家のタイプ |
| 第159回 | 一九六八年一二月二二日号 | 二つの無罪の意味 |
| 第160回 | 一九六八年一二月二九日号 | 68年を象徴する悲劇 |

| | | |
|---|---|---|
| 第161回 | 一九六九年一月五日号 | サラリーマンと減税運動 |
| 第162回 | 一九六九年一月一二日号 | 〝土地〟の魔性を考える |
| 第163回 | 一九六九年一月一九日号 | 〝まず手がでる〟封建性 |
| 第164回 | 一九六九年一月二六日号 | 新しい型の〝レジャー〟 |
| 第165回 | 一九六九年二月二日号 | 「全学連」と「新人会」 |
| 第166回 | 一九六九年二月九日号 | ＰＴＡ的清潔主義？ |
| | 一九六九年二月一六日号 | |
| 第167回 | 一九六九年二月二三日号 | ああ東大アカデミズム |
| 第168回 | 一九六九年三月二日号 | 革新系議員の〝定年退職〟 |
| 第169回 | 一九六九年三月九日号 | わたしと新雑誌 |
| 第170回 | 一九六九年三月一六日号 | 学生運動の五十年 |
| 第171回 | 一九六九年三月二三日号 | プロとアマの〝芸術的評価〟 |
| 第172回 | 一九六九年三月三〇日号 | 〝天下り〟と〝天上り〟 |
| 第173回 | 一九六九年四月六日号 | 〝闘争〟の変質 |
| 第174回 | 一九六九年四月一三日号 | 日本の外交官 |
| 第175回 | 一九六九年四月二〇日号 | 海音寺潮五郎氏の引退 |
| 第176回 | 一九六九年四月二七日号 | 〝自民新党〟のすすめ |
| 第177回 | 一九六九年五月四日号 | ムードとしての社会不安 |
| 第178回 | 一九六九年五月一一日号 | 〝元禄〟オブラートの中の〝戦国〟 |
| 第179回 | 一九六九年五月一八日号 | 〝大学立法案〟を考える |
| 第180回 | 一九六九年五月二五日号 | ベトナム戦の人類史的意味 |
| 第181回 | 一九六九年六月一日号 | 〝寺子屋〟のすすめ |
| 第182回 | 一九六九年六月八日号 | 大学教授の〝社会復帰〟 |
| 第183回 | 一九六九年六月一五日号 | 七年ぶりのヨーロッパ旅行 |
| | 一九六九年六月二二日号 | |
| | 一九六九年六月二九日号 | |
| | 一九六九年七月六日号 | |
| | 一九六九年七月一三日号 | |

| | | |
|---|---|---|
| | 一九六九年七月二〇日号 | |
| | 一九六九年七月二七日号 | |
| | 一九六九年八月三日号 | |
| 第184回 | 一九六九年八月一〇日号 | 午後五時のヨーロッパ |
| 第185回 | 一九六九年八月一七日号 | 世界的な議会制度の老衰化 |
| 第186回 | 一九六九年八月二四日号 | 近代社会の〝性〟とは |
| 第187回 | 一九六九年八月三一日号 | 私の〝経営学〟論 |
| 第188回 | 一九六九年九月七日号 | 暴力論 |
| 第189回 | 一九六九年九月一四日号 | 政党の〝存在理由〟 |
| 第190回 | 一九六九年九月二一日号 | ポスト　ホーチ・ミン |
| 第191回 | 一九六九年九月二八日号 | 〝生きる〟とは働くこと |
| 第192回 | 一九六九年一〇月五日号 | 革命的スポーツの論理 |
| 第193回 | 一九六九年一〇月一二日号 | 情報化に適応しない議会制度 |
| | 一九六九年一〇月一九日号 | |
| 第194回 | 一九六九年一〇月二六日号 | オーストラリアあれこれ |
| 第195回 | 一九六九年一一月二日号 | 体制内での価値体系の混乱 |
| 第196回 | 一九六九年一一月九日号 | 三人の友を失う |
| 第197回 | 一九六九年一一月一六日号 | アポロ飛行士〝授章〟に反対する |
| 第198回 | 一九六九年一一月二三日号 | 革命のための条件 |
| 第199回 | 一九六九年一一月三〇日号 | 長谷川如是閑の三つの顔 |
| 第200回 | 一九六九年一二月七日号 | 〝花より団子〟の選択 |
| 第201回 | 一九六九年一二月一四日号 | 〝対談〟というゲーム |
| 第202回 | 一九六九年一二月二一日号 | 現代のシャーマニズム |
| 第203回 | 一九六九年一二月二八日号 | 〝人間〟の商品化とマスコミ |
| 第204回 | 一九七〇年一月四日号 | マスコミのＤＰＥ |
| 第205回 | 一九七〇年一月一一日号 | 国家権力というもの |
| 第206回 | 一九七〇年一月一八日号 | 体質を反省せよ！社会党 |
| | 一九七〇年一月二五日号 | |

| | | |
|---|---|---|
| 第207回 | 一九七〇年二月一日号 | 西サモア大酋長就任記 |
| 第208回 | 一九七〇年二月八日号 | 日本文化の特異体質ー家元 |
| 第209回 | 一九七〇年二月一五日号 | 体質と価値体系の変化 |
| 第210回 | 一九七〇年二月二二日号 | 社会党に〝踏絵〟をすすめる |
| 第211回 | 一九七〇年三月一日号 | 政治と二つのタブー |
| 第212回 | 一九七〇年三月八日号 | 生活条件の変化と闘争理論 |
| 第213回 | 一九七〇年三月一五日号 | 肉食獣型と草食獣型人間 |
| 第214回 | 一九七〇年三月二二日号 | 性の解放と独占欲 |
| 第215回 | 一九七〇年三月二九日号 | ブラジルの〝亀裂〟 |
| 第216回 | 一九七〇年四月五日号 | 人間をとる漁師 |
| 第217回 | 一九七〇年四月一二日号 | 中立主義のむずかしさ |
| 第218回 | 一九七〇年四月一九日号 | 日本政府の三つのエラー |
| 第219回 | 一九七〇年四月二六日号 | 不感症化した〝生命の危険〟 |
| 第220回 | 一九七〇年五月三日号 | 極限状況下の人間 |
| 第221回 | 一九七〇年五月一〇日号 | ポリティカル・アニマル |
| 第222回 | 一九七〇年五月一七日号 | 〝良心〟によって行う「悪」 |
| 第223回 | 一九七〇年五月二四日号 | 日本の社会主義者 |
| 第224回 | 一九七〇年五月三一日号 | アメリカ型ゲームの代償 |
| 第225回 | 一九七〇年六月七日号 | ギャンブル |
| 第226回 | 一九七〇年六月一四日号 | 大学と教育の自由化 |
| 第227回 | 一九七〇年六月二一日号 | 政策の不在 |
| 第228回 | 一九七〇年六月二八日号 | 多極化と分化作用 |
| 第229回 | 一九七〇年七月五日号 | マイホーム英国論 |
| 第230回 | 一九七〇年七月一二日号 | 〝人事の佐藤〟の名が泣く |
| | 一九七〇年七月一九日号 | |
| 第231回 | 一九七〇年七月二六日号 | 男性文化の復活 |
| 第232回 | 一九七〇年八月二日号 | 自律神経障害のニッポン |
| 第233回 | 一九七〇年八月九日号 | 風俗は政治に優先する |

| | | |
|---|---|---|
| 第234回 | 一九七〇年八月一六日号 | 文明が変える生活条件 |
| 第235回 | 一九七〇年八月二三日号 | 将軍本間雅晴を見る目 |
| 第236回 | 一九七〇年八月三〇日号 | 公害元年 |
| 第237回 | 一九七〇年九月六日号 | 現代人の心理的ヘドロ |
| 第238回 | 一九七〇年九月一三日号 | 女性解放運動にみるアメリカの後進性 |
| 第239回 | 一九七〇年九月二〇日号 | 新しい〝死に方〟 |
| 第240回 | 一九七〇年九月二七日号 | テレビ・ブームの限界点 |
| 第241回 | 一九七〇年一〇月四日号 | 現代の下士官型人間 |
| 第242回 | 一九七〇年一〇月一一日号 | 残虐な〝血のつながり〟 |
| | 一九七〇年一〇月一八日号 | |
| 第243回 | 一九七〇年一〇月二五日号 | 34年ぶりのサイパンとグアム |
| 第244回 | 一九七〇年一一月一日号 | どれが本当の若者なのか |

【資料3-14】大宅壮一東京マスコミ塾の「講師およびカリキュラム」（『大宅壮一東京マスコミ塾　要項』［鳥山輝氏蔵］掲載のものをもとに作成）

| 講師 | テーマ | 講師 | テーマ |
|---|---|---|---|
| 大宅壮一 | マスコミ的人格 | 伴俊彦 | グラフィック・マガジン |
| 池島信平 | 現代編集者論 | 牛山純一 | フィルム・ドキュメンタリー |
| 藤原弘達 | アカデミズムとジャーナリズム | 渡部雄吉 | カメラワークのポイント |
| 大森実 | 国際ジャーナリズム | 伊藤逸平 | 現代マンガ文化論 |
| 小和田次郎 | 潜在ニュースの意味と処理 | 小倉友昭 | 芸能界とマスコミ |
| 三鬼陽之助 | 経済記者のあり方 | 尾崎秀樹 | 大衆文学論 |
| 扇谷正造 | 筆者と読者 | 山田宗睦 | 大衆と思想 |
| 青地晨 | マスコミと自由 | 上田哲 | キャンペーン戦略論 |

| | |
|---|---|
| 佐賀潜 | マスコミと法律 |
| 渡辺恒男 | 政界記者 |
| 小谷正一 | ＰＲ時代 |
| 岸田純之助 | 通信衛星の時代 |
| 松尾静磨 | ＳＳＴ時代とマスコミ |
| 小坂徳三郎 | 産業人とマスコミ |
| 小川栄一 | レジャー論 |
| 加太こうじ | 街頭芸術論 |
| 田英夫 | 視覚言語と活字言語 |
| 柳川太郎 | 印刷とマスコミ |
| 高木健夫 | 新聞小説論 |
| 嶋中鵬二 | 出版と出版人 |
| 梶山季之 | 最高機密の取材 |
| 岸本康 | 科学ジャーナリズム |
| 神吉晴夫 | 創作出版論 |
| 村島健一 | フィクションとノンフィクション |
| 巌谷大四 | 文芸ジャーナリズム |
| 江口博輔 | テレビジャーナリズム論 |
| 堀川直義 | インタビュー論 |
| 宮崎吉政 | 政治記者 |
| 入江徳郎 | コラム論 |
| 小山内宏 | 軍事科学入門 |
| 島崎千里 | 情報化時代におけるＰＲ |
| 草柳大蔵 | 職業としての文筆業 |
| 大隈秀夫 | ルポルタージュ論 |
| 大和田能夫 | データー整理の方法と実際 |
| 末永勝介 | リライトの方法と実際 |

| | |
|---|---|
| 立川談志 | 笑いについて |
| 荒井良徳 | スポーツ界と記者 |
| 志賀信夫 | テレビとラジオ |
| 鈴木均 | 社内報 |
| 石川弘義 | マスコミとレジャー |
| 今井彰 | テレビニュース |
| 安岡明夫 | 現代マンガ論 |
| 内川芳美 | 新聞論 |
| 永六輔 | 芸能界とマスコミ |
| 相島敏夫 | マスコミと科学 |
| 木島則夫 | インタビューの実際 |
| 奥野健男 | 現代作家論 |
| 村松博雄 | ジャーナリストの生理学 |
| 水野肇 | 医学ジャーナリズム |
| 松田ふみ子 | マーケットとしての女性論 |
| 黒崎勇 | 創刊号論 |
| 丸山邦男 | 無署名ジャーナリズム論 |
| 三枝佐枝子 | 婦人雑誌論 |
| 大熊房太郎 | 医学ジャーナリズム |
| 川竹和夫 | テレビジャーナリズム論 |
| 楠本憲吉 | 現代文章論 |
| 岡本博 | 今日の映画論 |
| 加固三郎 | パブリシティ |
| 浜口庫之助 | ヒットソング |
| 五島勉 | 週刊誌論 |
| 樫原雅春 | 総合雑誌論 |

## 【資料7-1】『週刊娯楽よみうり』連載「おしゃべり道中」一覧

| 回数 | 号数 | 対談相手 | 職業 | 備考 |
| --- | --- | --- | --- | --- |
| 第1回 | 一九五五年一一月四日号（創刊号） | 力道山 | プロ・レスラー | |
| 第2回 | 一九五五年一一月一一日号 | 草笛光子 | 女優 | |
| 第3回 | 一九五五年一一月一八日号 | 醍醐敏郎 | 柔道六段、講道館研修員 | |
| 第4回 | 一九五五年一一月二五日号 | 別所毅彦 | 投手（巨人） | |
| 第5回 | 一九五五年一二月二日号 | 淀かほる | 宝塚スター | |
| 第6回 | 一九五五年一二月九日号 | 内田吐夢 | 映画監督 | |
| | 一九五五年一二月一四日臨時増刊号 | 秋田実 | 漫才作家 | 記事タイトルは「大宅壮一のおしゃべりサロン」 |
| | | ミヤコ・蝶々 | 漫才 | |
| | | 南都雄二 | 漫才 | |
| 第7回 | 一九五五年一二月一六日号 | 水戸光子 | 女優 | |
| 第8回 | 一九五五年一二月二三日号 | 溝口健二 | 映画監督 | |
| 第9回 | 一九五六年一月六日号 | 木暮実千代 | 女優 | |
| 第10回 | 一九五六年一月一三日号 | 中村鴈治郎 | 歌舞伎俳優 | |
| 第11回 | 一九五六年一月二〇日号 | 菅原ツヅ子 | 歌手 | |
| 第12回 | 一九五六年一月二七日号 | 金子繁治 | 東洋フェザー級選手権保持者 | |
| 第13回 | 一九五六年二月三日号 | 雪代敬子 | 女優 | |
| 第14回 | 一九五六年二月一〇日号 | 芥川比呂志 | 新劇俳優演出家 | |
| 第15回 | 一九五六年二月一七日号 | 月丘夢路 | 女優 | |
| 第16回 | 一九五六年二月二四日号 | 小月冴子 | 松竹歌劇団大幹部スター | |
| 第17回 | 一九五六年三月二日号 | 市川雷蔵 | カブキ俳優、俳優 | |
| 第18回 | 一九五六年三月九日号 | 西條凡児 | 時事漫談家 | |
| 第19回 | 一九五六年三月一六日号 | 山本富士子 | 女優 | |
| 第20回 | 一九五六年三月二三日号 | 寿美花代 | 宝塚歌劇星組男装スター | |

| | | | |
|---|---|---|---|
| 第21回 | 一九五六年三月三〇日号 | 高田浩吉 | 俳優、歌手 |
| 第22回 | 一九五六年四月六日号 | 渡辺妃生子 | 卓球選手 |
| 第23回 | 一九五六年四月一三日号 | 猪谷千春 | スキー選手 |
| 第24回 | 一九五六年四月二〇日号 | 中村扇雀 | 関西カブキ俳優 |
| 第25回 | 一九五六年四月二七日号 | 実川延二郎 | 関西カブキ俳優 |
| 第26回 | 一九五六年五月四日号 | 藤沢嵐子 | タンゴ歌手 |
| 第27回 | 一九五六年五月一一日号 | 伊東絹子 | ファッション・モデル |
| 第28回 | 一九五六年五月一八日号 | 山口淑子 | 女優、ソプラノ歌手 |
| 第29回 | 一九五六年五月二五日号 | 伊吹まり代 | ストリップ・ティザー |
| 第30回 | 一九五六年六月一日号 | 磯野千鳥 | 松竹歌劇団スター |
| 第31回 | 一九五六年六月八日号 | 大川橋蔵 | カブキ俳優 |
| 第32回 | 一九五六年六月一五日号 | 川上哲治 | 巨人軍助監督兼内野手 |
| 第33回 | 一九五六年六月二二日号 | 江利チエミ | ジャズ・シンガー |
| 第34回 | 一九五六年六月二九日号 | 浪花千栄子 | 女優 |
| 第35回 | 一九五六年七月六日号 | 丹下キヨ子 | 声優、司会者 |
| 第36回 | 一九五六年七月一三日号 | 中野弘子 | 女剣劇役者 |
| 第37回 | 一九五六年七月二〇日号 | 東千代之介 | 俳優 |
| 第38回 | 一九五六年七月二七日号 | 曽我廼家十吾 | 喜劇俳優、映画助監督 |
| 第39回 | 一九五六年八月三日号 | 坂東蓑助 | カブキ俳優 |
| 第40回 | 一九五六年八月一〇日号 | 故里明美 | 宝塚歌劇女優（月組） |
| 第41回 | 一九五六年八月一七日号 | 月形竜之介 | 俳優 |
| 第42回 | 一九五六年八月二四日号 | 有馬稲子 | 女優 |
| 第43回 | 一九五六年八月三一日号 | 浦里はるみ | 女優 |
| 第44回 | 一九五六年九月七日号 | 北原三枝 | 女優 |
| 第45回 | 一九五六年九月一四日号 | 渋谷天外 | 軽演劇俳優 |
| 第46回 | 一九五六年九月二一日号 | 香川京子 | 女優 |
| 第47回 | 一九五六年九月二八日号 | 大友柳太朗 | 俳優、歌手 |
| 第48回 | 一九五六年一〇月五日号 | 天龍 | 相撲評論家 |

| | | | | |
|---|---|---|---|---|
| 第49回 | 一九五六年一〇月一二日号 | 淡路恵子 | 女優 | |
| 第50回 | 一九五六年一〇月一九日号 | 砂川捨丸 | 漫才界の大御所 | |
| 第51回 | 一九五六年一〇月二六日号 | 山根壽子 | 女優 | |
| 第52回 | 一九五六年一一月二日号 | 夢路いとし | 漫才 | |
| | | 喜味こいし | 漫才 | |
| 第53回 | 一九五六年一一月九日号 | 秋月恵美子 | 大阪松竹歌劇団スター | |
| 第54回 | 一九五六年一一月一六日号 | 中村富十郎 | カブキ俳優 | |
| 第55回 | 一九五六年一一月二三日号 | 河上敬子 | 女優、女医、ラジオ・ドクター | |
| 第56回 | 一九五六年一一月三〇日号 | 二上達也 | 将棋八段（A級） | |
| 第57回 | 一九五六年一二月七日号 | 宮城千賀子 | 女優 | |
| 第58回 | 一九五六年一二月一四日号 | 左幸子 | 女優 | |
| 第59回 | 一九五六年一二月二一日号 | 高橋貞二 | 俳優 | |
| 第60回 | 一九五六年一二月二八日号 | 南田洋子 | 女優 | 大宅と宮城音彌・高木健夫の座談会「ことしはサル回し時代」が掲載 |
| 第61回 | 一九五七年一月四日・一一日合併号 | 吉本明光 | ラジオ・音楽評論家、読売・報知嘱託 | |
| | | 丸山鉄雄 | NHKテレビ局芸能副課長 | |
| 第62回 | 一九五七年一月一八日号 | 森繁久弥 | 俳優、ラジオ・スター | |
| 第63回 | 一九五七年一月二五日号 | 清川虹子 | 女優 | |
| 第64回 | 一九五七年二月一日号 | 古今亭志ん生 | 落語家 | |
| 第65回 | 一九五七年二月八日号 | 佐田啓二 | 俳優 | |
| 第66回 | 一九五七年二月一五日号 | 水の江滝子 | プロデューサー（日活） | |
| 第67回 | 一九五七年二月二二日号 | 京マチ子 | 女優 | |
| 第68回 | 一九五七年三月一日号 | 牧阿佐美 | バレリーナ | |
| 第69回 | 一九五七年三月八日号 | 古川緑波 | 舞台俳優（軽演劇） | |
| 第70回 | 一九五七年三月一五日号 | 呼出し太郎 | 呼出しの最古参 | |
| 第71回 | 一九五七年三月二二日号 | 尾上九朗右衛門 | カブキ俳優 | |
| 第72回 | 一九五七年三月二九日号 | 加東大介 | 俳優 | |
| 第73回 | 一九五七年四月五日号 | 田中澄江 | 劇作家 | |

| | | | |
|---|---|---|---|
| 第74回 | 一九五七年四月一二日号 | 石井好子 | シャンソン歌手 |
| 第75回 | 一九五七年四月一九日号 | 小西得郎 | 野球評論家 |
| 第76回 | 一九五七年四月二六日号 | 宮城まり子 | 歌手 |
| 第77回 | 一九五七年五月三日号 | 今井正 | 映画監督、シナリオ・ライター |
| 第78回 | 一九五七年五月一〇日号 | 小林桂樹 | 俳優 |
| 第79回 | 一九五七年五月一七日号 | 吾妻徳穂 | 吾妻流宗家、春藤会主宰 |
| 第80回 | 一九五七年五月二四日号 | 中川三郎 | 日本タップ界の第一人者 |
| 第81回 | 一九五七年五月三一日号 | 江戸家猫八 | 物まね |
| 第82回 | 一九五七年六月七日号 | フランキー堺 | 俳優、ドラム奏者 |
| 第83回 | 一九五七年六月一四日号 | 沢村貞子 | 女優 |
| 第84回 | 一九五七年六月二一日号 | 高橋圭三 | アナウンサー |
| 第85回 | 一九五七年六月二八日号 | 浜村美智子 | 歌手 |
| 第86回 | 一九五七年七月五日号 | 三味線豊吉 | 三味線師匠 |
| 第87回 | 一九五七年七月一二日号 | 笠置シヅ子 | テレビ・スター、ジャス・シンガー |
| 第88回 | 一九五七年七月一九日号 | 丸尾長顕 | 作家・演出家 |
| 第89回 | 一九五七年七月二六日号 | 望月優子 | 女優 |
| 第90回 | 一九五七年八月二日号 | 中田康子 | 女優 |
| 第91回 | 一九五七年八月九日号 | 丸山明宏 | 歌手（シャンソン） |
| 第92回 | 一九五七年八月一六日号 | ジョージ・ルイカー | ラジオ司会者 |
| 第93回 | 一九五七年八月二三日号 | 春日八郎 | 歌手 |
| 第94回 | 一九五七年八月三〇日号 | マキノ光雄 | 東映専務 |
| 第95回 | 一九五七年九月六日号 | 森光子 | 声優（ＡＢＣ放送専属） |
| 第96回 | 一九五七年九月一三日号 | 竹脇昌作 | ニュース映画解説者 |
| 第97回 | 一九五七年九月二〇日号 | 秋田実 | 上方演芸会社社長兼作家 |
| 第98回 | 一九五七年九月二七日号 | 村松梢風 | 作家 |
| 第99回 | 一九五七年一〇月四日号 | 初音礼子 | 声優 |

| | | | |
|---|---|---|---|
| 第100回 | 一九五七年一〇月一一日号 | 片岡仁左衛門（十三代目） | カブキ俳優（関西カブキ） |
| 第101回 | 一九五七年一〇月一八日号 | 島ひろし<br>ミス・ワカサ | 漫才<br>漫才 |
| 第102回 | 一九五七年一〇月二五日号 | 淡谷のり子 | 歌手 |
| 第103回 | 一九五七年一一月一日号 | 天津乙女 | 宝塚大幹部女優 |
| 第104回 | 一九五七年一一月八日号 | 京塚昌子 | 新派女優 |
| 第105回 | 一九五七年一一月一五日号 | 左卜全 | 俳優 |
| 第106回 | 一九五七年一一月二二日号 | キャロル・ウォレス | 女形歌手 |
| 第107回 | 一九五七年一一月二九日号 | 桂小金治 | 落語家、俳優 |
| 第108回 | 一九五七年一二月六日号 | 長嶋茂雄 | 立教大学四年在学中。三塁手、不動の四番打者 |
| 第109回 | 一九五七年一二月一三日号 | 扇千景 | 女優 |
| 第110回 | 一九五七年一二月二〇日号 | 大宮敏光 | 喜劇役者 |
| 第111回 | 一九五七年一二月二七日号 | 藤本真澄 | 東宝重役、製作本部長 |
| 第112回 | 一九五八年一月三・一〇日合併号 | 柳家金語楼 | 落語家 |
| 第113回 | 一九五八年一月一七日号 | 重山規子 | NDTダンサー |
| 第114回 | 一九五八年一月二四日号 | 高峰三枝子 | 女優 |
| 第115回 | 一九五八年一月三一日号 | 津川雅彦 | 俳優 |
| 第116回 | 一九五八年二月七日号 | 筑紫まり | 宝塚歌劇（声専）スター |
| 第117回 | 一九五八年二月一四日号 | 雪村いづみ | 歌手 |
| 第118回 | 一九五八年二月二一日号 | 三橋達也 | 俳優 |
| 第119回 | 一九五八年二月二八日号 | 司葉子 | 女優 |
| 第120回 | 一九五八年三月七日号 | 高英男 | シャンソン歌手 |
| 第121回 | 一九五八年三月一四日号 | 三益愛子 | 女優 |
| 第122回 | 一九五八年三月二一日号 | 三船浩 | 歌手 |
| 第123回 | 一九五八年三月二八日号 | ミッキー・カーチス | ロカビリー歌手 |

| | | | | |
|---|---|---|---|---|
| 第124回 | 一九五八年四月四日号 | 音羽美子 | 歌手 | |
| 第125回 | 一九五八年四月一一日号 | 飯田蝶子 | 女優 | |
| 第126回 | 一九五八年四月一八日号 | 三遊亭小金馬 | 落語家 | |
| 第127回 | 一九五八年四月二五日号 | コロムビア・ローズ | 歌手 | |
| 第128回 | 一九五八年五月二日号 | 近衛十四郎 | 俳優 | |
| 第129回 | 一九五八年五月九日号 | 姫ゆり子 | 松竹歌劇スター | |
| 第130回 | 一九五八年五月一六日号 | 伴淳三郎 | 喜劇俳優 | |
| 第131回 | 一九五八年五月二三日号 | 奈良あけみ | ヌードダンサー | |
| 第132回 | 一九五八年五月三〇日号 | 田村高広 | 俳優 | |
| 第133回 | 一九五八年六月六日号 | 神楽坂浮子 | 歌手 | |
| 第134回 | 一九五八年六月一三日号 | 一竜斎貞鳳 | 講談 | |
| 第135回 | 一九五八年六月二〇日号 | 楠田芳子 | シナリオ作家 | |
| 第136回 | 一九五八年六月二七日号 | 林家三平 | 落語家 | |
| 第137回 | 一九五八年七月四日号 | 金田正一 | 国鉄スワローズ投手 | |
| 第138回 | 一九五八年七月一一日号 | 水谷良重 | 歌手 | |
| 第139回 | 一九五八年七月一八日号 | 川﨑敬三 | 俳優 | |
| 第140回 | 一九五八年七月二五日号 | ペギー葉山 | ジャズ歌手 | |
| 第141回 | 一九五八年八月一日号 | 島倉千代子 | 歌手 | |
| 第142回 | 一九五八年八月八日号 | 中村扇雀 | 二代目中村鴈治郎の長男 | タイトルは「おのろけ道中」 |
| | | 扇千景 | 映画女優 | |
| 第143回 | 一九五八年八月一五日号 | 宝田明 | 俳優 | |
| 第144回 | 一九五八年八月二二日号 | 桑野みゆき | 女優 | |
| 第145回 | 一九五八年八月二九日号 | 越路吹雪 | 女優 | |
| 第146回 | 一九五八年九月五日号 | 吉田正 | 作曲家 | |
| 第147回 | 一九五八年九月一二日号 | 藤村有弘 | コメディアン | |
| 第148回 | 一九五八年九月一九日号 | 若水ヤエ子 | テレビスター | |
| 第149回 | 一九五八年九月二六日号 | 久我美子 | 女優 | |
| 第150回 | 一九五八年一〇月三日号 | フランク永井 | 歌手 | |

| | | | |
|---|---|---|---|
| 第151回 | 一九五八年一〇月一〇日号 | ヘレン・ヒギンス | ファッション・モデル |
| 第152回 | 一九五八年一〇月一七日号 | 中村勘三郎 | カブキ俳優 |
| 第153回 | 一九五八年一〇月二四日号 | 稲垣浩 | 映画監督 |
| 第154回 | 一九五八年一〇月三一日号 | 若尾文子 | 女優 |
| 第155回 | 一九五八年一一月七日号 | 早川雪洲 | 国際俳優 |
| 第156回 | 一九五八年一一月一四日号 | 池部良 | 俳優 |
| 第157回 | 一九五八年一一月二一日号 | 石原裕次郎 | 俳優 |
| 第158回 | 一九五八年一一月二八日号 | 浦辺粂子 | 女優 |
| 第159回 | 一九五八年一二月五日号 | 平尾昌章 | ロカビリー歌手 |
| 第160回 | 一九五八年一二月一二日号 | 香川京子 | 女優 |
| 第161回 | 一九五八年一二月一九日号 | 川上哲治 | 読売巨人軍コーチ |
| 第162回 | 一九五八年一二月二六日号 | 江原真二郎 | 俳優 |
| 第163回 | 一九五九年一月二・九日合併号 | 水谷八重子 | 新派女優 |
| 第164回 | 一九五九年一月一六日号 | 草笛光子 | 女優 |
| 第165回 | 一九五九年一月二三日号 | 団令子 | 女優 |
| 第166回 | 一九五九年一月三〇日号 | 式守伊之助 | 立行司 |
| 第167回 | 一九五九年二月六日号 | 白川由美 | 女優 |
| 第168回 | 一九五九年二月一三日号 | 岡田茉莉子 | 女優 |
| 第169回 | 一九五九年二月二〇日号 | 杉下茂 | 中日監督 |
| 第170回 | 一九五九年二月二七日号 | 淡島千景 | 女優 |
| 第171回 | 一九五九年三月六日号 | 中沢不二雄 | パ・リーグ専任会長 |
| 第172回 | 一九五九年三月一三日号 | 乙羽信子 | 女優 |
| 第173回 | 一九五九年三月二〇日号 | 永井智雄 | 新劇俳優 |
| 第174回 | 一九五九年三月二七日号（最終号） | ペギー葉山 | ジャズ歌手 |

## 【資料7-2】『企業の新街道を行く』対談一覧

| 対談相手 | 肩書 | タイトル |
|---|---|---|
| 赤坂武 | 日本鋼管株式会社社長 | 世界に進出する〝鉄のパイプ〟 |
| 安西浩 | 東京瓦斯株式会社副社長 | エネルギー革命のパイオニア |
| 飯田新一 | 株式会社高島屋社長 | 老舗デパートに吹きこむ近代性 |
| 石川六郎 | 鹿島建設株式会社副社長 | 国づくりのワールド・チャンピオン |
| 石田退三 | トヨタ自動車工業株式会社会長 | 世界のハイウエーを走破する |
| 稲山嘉寛 | 八幡製鉄株式会社社長 | 鉄一筋に三十五年 |
| 上野次郎男 | 積水化学工業株式会社社長 | 世界の化学工業をリードする |
| 上野十蔵 | 中外製薬株式会社社長 | アイデアが生んだ世界の保健薬 |
| 越後正一 | 伊藤忠商事株式会社社長 | ネットワークで築いた総合商社 |
| 小川栄一 | 藤田観光株式会社社長 | 日本を縦断する観光計画 |
| 大原総一郎 | 倉敷レイヨン株式会社社長 | 繊維産業の中で光る国産技術 |
| 奥村綱雄 | 野村證券株式会社会長 | 生きぬいた証券四十年 |
| 川崎千春 | 京成電鉄株式会社社長 | 大車輪で築く新観光ルート |
| 川村勝巳 | 大日本インキ化学工業株式会社社長 | 印刷文化を塗りかえるカラー・メーカー |
| 木川田一隆 | 東京電力株式会社社長 | 堅実一路の電力経営 |
| 北沢敬二郎 | 株式会社大丸会長 | デパート界の王座を守る伝統商法 |
| 北島織衛 | 大日本印刷株式会社社長 | 暮らしを彩る印刷界の王者 |
| 進藤孝二 | 大阪商船三井船舶株式会社社長 | 七つの海をむすぶ海運界の勇者 |
| 田代茂樹 | 東洋レーヨン株式会社会長 | 合成繊維時代の旗手 |
| 玉置明善 | 千代田化工建設株式会社社長 | 化学工業建設のプロデューサー |
| 堤清二 | 株式会社西武百貨店店長 | デパート界の若き獅子 |
| 土光敏夫 | 石川島播磨重工業株式会社会長 | 躍進をつづける重工業の覇者 |
| 西山彌太郎 | 川崎製鉄株式会社社長 | 〝鉄の時代〟を推進する十五年計画 |
| 平木信二 | リッカーミシン株式会社社長 | 女性ひとりにミシン一台を |

| | | |
|---|---|---|
| 平塚常次郎 | 日魯漁業株式会社会長 | 国際信用でつらぬくサケ・マス漁業 |
| 福島敏行 | 日本通運株式会社社長 | 日本全土を走る〝黄色の大動脈〟 |
| 真鍋八千代 | 株式会社後楽園スタヂアム社長 | 一千万人の娯楽の殿堂 |
| 松尾静磨 | 日本航空株式会社社長 | 世界の空にはばたく日本のつばさ |
| 松下幸之助 | 松下電器産業株式会社会長 | 世界のナショナルを築いた原動力 |
| 水上達三 | 三井物産株式会社社長 | 新輸出倍増論 |
| 茂木啓三郎 | キッコーマン醤油株式会社社長 | 醤油づくり三百年の伝統 |
| 百瀬結 | 日本ビクター株式会社社長 | 大衆を魅惑する音響メーカー |
| 山下太郎 | アラビア石油株式会社社長 | 独創が開発した油田王国 |
| 山本為三郎 | 朝日麦酒株式会社社長 | ほろにがの味をつくって半世紀 |

## 【資料7-3】『週刊コウロン』連載「虚頭会談」一覧

| 回数 | 号数 | 出席者 | 出席者 | 出席者 | 出席者 | 出席者 | タイトル |
|---|---|---|---|---|---|---|---|
| 第1回 | 一九五九年一一月二四日号 | 大宅壮一 | フランキー堺（俳優） | | | | 私は会社になりたい |
| 第2回 | 一九五九年一二月一日号 | 大宅壮一 | フランキー堺（俳優） | | | | 若い世代のガクワリズム |
| 第3回 | 一九五九年一二月八日号 | 大宅壮一 | フランキー堺（俳優） | | | | 坊主まるもうけ |
| 第4回 | 一九五九年一二月一五日号 | 大宅壮一 | 今東光（作家） | | | | 東光易断 女を占う |
| 第5回 | 一九五九年一二月二二日号 | 大宅壮一 | 河野一郎（衆議院議員・自民党） | | | | 日本のフルシチョフ |
| 第6回 | 一九五九年一二月二九日号 | 大宅壮一 | 平林たい子（作家） | 細川隆元（評論家） | | | 一九五九年の十大愚挙 |
| 第7回 | 一九六〇年一月五・一二日合併増大号 | 大宅壮一 | 大川博（東映社長） | 正力松太郎（NTV会長） | | | 一テレ二プロ三映画 |
| 第8回 | 一九六〇年一月一九日号 | 大宅壮一 | 淡谷のり子（歌手） | 今東光（作家） | | | 男の正しい穿き方、脱ぎ方 |
| 第9回 | 一九六〇年一月二六日号 | 大宅壮一 | 阿部真之助（元毎日新聞主筆） | 小汀利得（元日本経済新聞社長） | 御手洗辰雄（元東京新聞主筆） | | 新聞を叱る |
| 第10回 | 一九六〇年二月二日号 | 大宅壮一 | 三木武夫（自由民主党顧問） | 水野成夫（産経新聞社長） | | | 国際政治のセールスマン |

| | | | | | | | |
|---|---|---|---|---|---|---|---|
| 第11回 | 一九六〇年二月九日号 | 大宅壮一 | 中沢不二雄（パ・リーグ会長） | 鈴木竜二（セ・リーグ会長） | | | 輝やかしきストーブ・リーグ |
| 第12回 | 一九六〇年二月一六日号 | | 平林たい子 | 宇野千代 | 円地文子 | | 世界最高井戸端会議 |
| 第13回 | 一九六〇年二月二三日号 | | 三島由紀夫（作家） | 永田雅一（大映社長） | | | 浪費王とニューフェイス |
| 第14回 | 一九六〇年三月一日号 | | 淡島千景（女優） | 今東光（作家） | 森重久彌（俳優） | | こりゃ、ほんまもんや |
| 第15回 | 一九六〇年三月八日号 | | 小畑英介（浜田病院副院長） | 三谷茂（日赤本部産院副院長） | 中島精（慶応病院婦人科部長） | | トップ・ベビー誕生 |
| 第16回 | 一九六〇年三月一五日号 | | 岡部冬彦 | 杉浦幸雄 | 横山泰三 | | アイ・ラヴ・シンスケ |
| 第17回 | 一九六〇年三月二二日号 | | 尾崎士郎（作家・横綱審議会委員） | 阿部真之助（評論家・横綱審議会委員） | 辰野隆（仏文学者・横綱審議会委員） | | 土俵上の〝人生劇場〟 |
| 第18回 | 一九六〇年三月二九日号 | | 今東光（作家） | 西尾末広（民社党党首） | | | 『鬼ガ島』から西尾構想 |
| 第19回 | 一九六〇年四月五日号 | | 細川隆元（政治評論家） | 小汀利得（経済評論家） | 矢次一夫（政治評論家） | 御手洗辰雄（政治評論家） | 政界『猿ガ島』 |
| 第20回 | 一九六〇年四月一二日号 | | 遠藤周作（作家） | 福田蘭童（邦楽家） | 高木健夫（評論家） | | ホラ吹き乗合船 |
| 第21回 | 一九六〇年四月一九日号 | | 武見太郎（日本医師会会長） | 徳川夢声（声優） | | | イモ医者時代 |
| 第22回 | 一九六〇年四月二六日号 | | 浅沼稲次郎（社会党委員長） | 阿部真之助（評論家） | | | マァ、マァ、『三井三池』 |
| 第23回 | 一九六〇年五月三日号 | | 今東光（作家） | 御木徳近（PL教団教主） | | | 人生を芸術にする男 |
| 第24回 | 一九六〇年五月一〇日号 | | 菅原通済（麻薬対策推進委員会会長） | 阿部真之助（評論家） | | | 麻薬の13階段 |
| 第25回 | 一九六〇年五月一七日号 | | 中林洋子（デザイナー） | 徳川夢声（声優） | 大関早苗（東京チャームスクール校長） | | チャーム採集旅行 |
| 第26回 | 一九六〇年五月二四日号 | | 松下幸之助（松下電器社長） | 朝山新一（大阪市大教授） | | | 日曜、金、セックス2倍論 |
| 第27回 | 一九六〇年五月三一日号 | | 北杜夫（作家） | 藤島茂（国鉄職員） | | | トイレット立国論 |
| 第28回 | 一九六〇年六月七日号 | | 阿部真之助（評論家） | 中里恒子（作家） | 平林たい子（作家） | | 『ヤボな女』の幸福 |
| 第29回 | 一九六〇年六月一四日号 | | 奥野信太郎（慶応大学教授） | 池田弥三郎（慶応大学助教授） | | | 「幽霊」品定め |
| 第30回 | 一九六〇年六月二一日号 | 大宅壮一 | 藤原弘達（明大教授） | | | | 民主主義の勤務評定 |

| | | | | | |
|---|---|---|---|---|---|
| 第31回 | 一九六〇年六月二八日号 | 大宅壮一 | 堀江薫雄（東京銀行頭取） | | 〝その日グラシー〟日本 |
| 第32回 | 一九六〇年七月五日号 | 大宅壮一 | 猪木正道（京都大学教授） | | 〝総理大臣〟養成所設立案 |
| 第33回 | 一九六〇年七月一二日号 | 大宅壮一 | 堤清二（西武百貨店社長） | | 〝元全学連〟のデパート経営法 |
| 第34回 | 一九六〇年七月一九日号 | 大宅壮一 | 藤山愛一郎（外務大臣） | | 酋長部落にハンカチをふる |
| 第35回 | 一九六〇年七月二六日号 | 大宅壮一 | 邱永漢（作家） | | 『損得史観』夏季大学 |
| 第36回 | 一九六〇年八月二日号 | 大宅壮一 | 唐島基智三（評論家） | 御手洗辰雄（評論家） | 隼人内閣誕生 |
| 第37回 | 一九六〇年八月九日号 | 大宅壮一 | 中山伊知郎（中労委公益委員） | | 三池タイトル・マッチを預かる |
| 第38回 | 一九六〇年八月一六日号 | 大宅壮一 | 江崎真澄（防衛庁長官） | | 三階級特進長官 |
| 第39回 | 一九六〇年八月二三日号 | 大宅壮一 | 太田薫（総評議長） | | 株式会社「総評」の一等社長 |
| 第40回 | 一九六〇年八月三〇日号 | 大宅壮一 | 永井道雄（東京工大助教授） | | 総合ビタミン国家 |
| 第41回 | 一九六〇年九月六日号 | 大宅壮一 | 小川栄一（東海汽船社長国際観光会館取締役） | | 「こすり産業」振興策 |
| 第42回 | 一九六〇年九月一三日号 | 大宅壮一 | 森下泰（森下仁丹社長） | | 良薬は口に甘し |
| 第43回 | 一九六〇年九月二〇日号 | 大宅壮一 | 荒木万寿夫（文部大臣） | | 荒木一刀流秘伝 |
| 第44回 | 一九六〇年九月二七日号 | 大宅壮一 | 鹿内信隆（ニッポン放送専務） | | 東京オリンピックの演出法 |
| 第45回 | 一九六〇年一〇月四日号 | 大宅壮一 | 司馬遼太郎（作家） | | 「大阪侍」売り出す |
| 第46回 | 一九六〇年一〇月一一日号 | 大宅壮一 | 石田博英（労働大臣） | | 全権政治からジャンケン政治へ |
| 第47回 | 一九六〇年一〇月一八日号 | 大宅壮一 | 丸尾長顕（舞台演出家） | | 実務知識うらばなし |
| 第48回 | 一九六〇年一〇月二五日号 | 大宅壮一 | 三原脩（大洋ホエールズ監督） | | 人生野球の三原作戦 |
| 第49回 | 一九六〇年一一月一日号 | 大宅壮一 | 阿部真之助（NHK会長） | | NHKのべらんめえ会長 |
| 第50回 | 一九六〇年一一月八日号 | 大宅壮一 | 宮城音弥（東京工大教授・心理学者） | | 僕も私も「近道反応」 |
| 第51回 | 一九六〇年一一月一五日号 | 大宅壮一 | 横田喜三郎（最高裁長官） | | 雑音の親玉 |
| 第52回 | 一九六〇年一一月二二日号 | 大宅壮一 | 吉田秀雄（電通社長） | | 〝広告の鬼〟大いに笑う |
| 第53回 | 一九六〇年一一月二九日号 | 大宅壮一 | 阪本勝（兵庫県知事） | | 文化知事の寝物語 |
| 第54回 | 一九六〇年一二月六日号 | 大宅壮一 | 藤原弘達（明大教授） | | 評論家不信任時代 |

| | | | | | | | |
|---|---|---|---|---|---|---|---|
| 第55回 | 一九六〇年一二月一三日号 | 大宅壮一 | 川辺るみ子（バー・エスポワール経営者） | | | | 十五年目の浮気 |
| 第56回 | 一九六〇年一二月二〇日号 | 大宅壮一 | 有吉佐和子（作家） | | | | 男の旅行、女の旅行 |
| 第57回 | 一九六〇年一二月二七日号 | 大宅壮一 | 柳家金語楼（喜劇俳優） | | | | 虚頭《きんごろう》のすす払い |
| 第58回 | 一九六一年一月二日号 | 大宅壮一 | 谷崎潤一郎（作家） | | | | 文豪と舌豪 |
| 第59回 | 一九六一年一月九日・一六日合併号 | 大宅壮一 | 源氏鶏太（作家） | | | | サラリーマンの神様 |
| 第60回 | 一九六一年一月二三日号 | 大宅壮一 | 蘆原英了（音楽評論家） | | | | 1961年度《セックスティ・ファースト》享楽輸出倍増案 |
| 第61回 | 一九六一年一月三〇日号 | 大宅壮一 | 市川崑（映画監督） | | | | 更年期を迎えた映画界 |
| 第62回 | 一九六一年二月六日号 | 大宅壮一 | 謝国権（医学博士） | | | | 男性クッキング教室 |
| 第63回 | 一九六一年二月一三日号 | 大宅壮一 | 三島由紀夫（作家） | | | | 外からみた日本 |
| 第64回 | 一九六一年二月二〇日号 | 大宅壮一 | 高碕達之助（大日本水産会会長） | | | | おじいさん放浪記 |
| 第65回 | 一九六一年二月二七日号 | 大宅壮一 | 今東光（作家） | 寺内大吉（作家） | | | 新版・坊主めぐり |
| 第66回 | 一九六一年三月六日号 | 大宅壮一 | 菊田一夫（東宝演劇担当重役・劇作家） | | | | 歌舞伎の体質改善 |
| 第67回 | 一九六一年三月一三日号 | 大宅壮一 | 藤原あき（秋ずし経営者） | | | | 女のカンと「亭主の秘密」 |
| 第68回 | 一九六一年三月二〇日号 | 大宅壮一 | 川又克二（日産自動車社長） | | | | 車用族からの脱出 |
| 第69回 | 一九六一年三月二七日号 | 大宅壮一 | 太田恵子（クラブ・おおたマダム） | | | | 夜の「商工会議所」 |
| 第70回 | 一九六一年四月三日号 | 大宅壮一 | 滝田実（全労議長） | | | | アメリカのくしゃみと日本 |
| 第71回 | 一九六一年四月一〇日号 | 大宅壮一 | 原文兵衛（警視総監） | | | | 警視総監、大いに苦笑いす |
| 第72回 | 一九六一年四月一七日号 | 大宅壮一 | A・バルジャン（全ソ・サーカス連盟総裁） | | | | 「芸術」という名の紐つきサーカス |
| 第73回 | 一九六一年四月二四日号 | 大宅壮一 | 岸道三（日本道路公団総裁） | | | | 「ゴネ得」にっぽん |
| 第74回 | 一九六一年五月一日号 | 大宅壮一 | 牛山善政（ヤシカ株式会社社長） | | | | 写真も「インスタント」時代 |
| 第75回 | 一九六一年五月八日号 | 大宅壮一 | 江田三郎（日本社会党書記長） | | | | 「幸せ」を売る社会党 |
| 第76回 | 一九六一年五月一五日号 | 大宅壮一 | 小田実 | 高橋雄次 | | | 衣食足ってオンナを知る |

## 調査協力者一覧（五十音順、敬称略）

家族　大宅（枝廣）映子（現・公益財団法人大宅壮一文庫理事長）

元秘書　奥田史郎　西澤昌司

公益財団法人大宅壮一文庫　糸川英穂　大場誠　鴨志田浩　田中繁行　富田明生　羽田忠彦

大宅壮一東京マスコミ塾　岩堀安三（現・公益財団法人大宅壮一文庫監事）　植田康夫　大下英治　岡橋葉子　周藤敏雄　相馬計二（現・公益財団法人大宅壮一文庫監事）　佃竜二（ビッグ錠）　鳥山輝（現・公益財団法人大宅壮一文庫専務理事）　藤田武司　水上寛裕　南川三治郎　森詠　森川宗弘　森田政江　山本幸子

文藝春秋　新井信　上野徹　斎藤禎　鈴木經太郎　田中健五　半藤一利

中央公論新社　笠松巌　木佐貫治彦　三枝佐枝子　三木哲男　水口義朗

週刊誌研究会　柿沼康隆　木村英生　坂本怡代子　髙野明　深沢俊介

国立映画アーカイブ　岡田秀則　とちぎあきら

近藤愛子関係　草苅正　草苅千春　近藤容子　髙橋和子

他　井内秀明　井家上隆幸　石川次郎　今井照容　大原泰雄　岡﨑守夫　金谷幹夫　木滑良久　小石原昭　山口美佐子

# あとがき

本書は、私にとって『『平凡』の時代――1950年代の大衆娯楽雑誌と若者たち』（昭和堂、二〇〇八年）に続く二冊目の単著である。一冊目の本は〝雑誌の家〟マガジンハウスの最初の雑誌を研究対象としたものであったが、二冊目の本書は、〝雑誌の図書館〟大宅壮一文庫の礎を築いた大宅壮一を研究対象としたものとなった。

明年二〇二〇年一一月の大宅壮一没後五〇年の一年前に本書を出せることに、ほっとしている。大宅没後五〇年は、言うまでもなく、三島由紀夫事件から五〇年目でもある。これをひとつの節目に大宅壮一にまつわる議論が活発になされるのではないかと期待している。本書がそのための何らかのたたき台になれば幸いである。

二〇〇八年五月に『『平凡』の時代』を上梓するのと前後して、『文学』二〇〇八年三・四月号に「大宅壮一研究序説――戦間期と昭和三〇年代との連続性／非連続性――」を発表した。本書は、それ以降この約一〇年間に書いてきた拙論を一冊にまとめたものである。

各章のもとになった拙論は次のとおりである。

第一章　「大宅壮一研究序説――戦間期と昭和三〇年代との連続性／非連続性――」『文学』二〇〇八年三・四月号、岩波書店
第二章　「近現代日本の大衆社会化と活字メディアの読者参加企画――一九五〇年代『週刊朝日』の「表紙コンクール」「文化講演会」を中心に――」谷川建司・須藤遙子・王向華編『東アジアのクリエイティヴ産業――文化のポリティクス』森話社、二〇一五年、第二節
第三章　「大宅壮一――ふたつの大衆社会化状況を生きた、「無思想」の「マスコミの王様」」土屋礼子・井川充雄編著『近代日本メディア人物誌――ジャーナリスト編』ミネルヴァ書房、二〇一八年
第四章　「大宅壮一の戦中と戦後――ジャワ派遣軍宣伝班から「亡命知識人論」「「無思想人」宣言」へ――」『現代風俗学研究』第一六号、一般社団法人現代風俗研究会東京の会、二〇一五年
「没後四十五年「マスコミの王様」大宅壮一の知られざるプロパガンダ映画」『東京人』二〇一六年二月号、都市出版
第五章　「占領期の大宅壮一――「大宅壮一」と「猿取哲」――」『Ｉｎｔｅｌｌｉｇｅｎｃｅ』第一一号、早稲田大学二〇世紀メディア研究所、二〇一一年
第六章　「大宅壮一の「再登場」――一九五〇年刊行の『日本の遺書』『人間裸像』に着眼して――」『出版研究』第四二号、日本出版学会、二〇一二年
第七章　「大宅壮一の「熱い戦争」と「冷たい戦争」――海外ルポルタージュなどの活動をめぐって――」鳥羽耕史・山本直樹編『転形期のメディオロジー――一九五〇年代日本の芸術とメディアの再編成』森話社、二〇一九年
補章　「中学生時代の大宅壮一――時事新報社発行の雑誌『少年』への投稿活動と学業成績――」（口

絵においても資料を紹介）『大衆文化』第一〇号、立教大学江戸川乱歩記念大衆文化研究センター、二〇一四年

単行本化にあたっては、上記の拙論に加えて、次の拙稿を部分的に利用している（発表順）。

「大衆娯楽雑誌『平凡』と評論家大宅壮一――ふたつの研究から見えてくるもの――」『大衆文化』創刊準備号、立教大学江戸川乱歩記念大衆文化研究センター、二〇〇八年

「大宅壮一の対談に関する覚書――『週刊文春』連載「大宅壮一人物料理教室」「大宅対談」を中心に――」『宮崎公立大学人文学部紀要』第一七巻第一号、宮崎公立大学、二〇一〇年

「大宅壮一における多様性について」『世界思想』第三七号、世界思想社、二〇一〇年

「占領期の大宅壮一をめぐる「点と線」」『大衆文化』第六号、立教大学江戸川乱歩記念大衆文化研究センター、二〇一一年

「一九五〇年代『週刊朝日』と大宅壮一――連載「群像断裁」をめぐって――」吉田則昭・岡田章子編『雑誌メディアの文化史――変貌する戦後パラダイム』森話社、二〇一二年（増補版二〇一七年）

「それぞれの一九五〇年代」『東京人』二〇一三年七月号、都市出版

「茨木中学校時代の大宅壮一の成績」『週刊読書人』二〇一三年一一月二二日号

「『茨木中学校生徒日誌』と大宅壮一の生涯」『大宅文庫ニュース』第八四号、公益財団法人大宅壮一文庫、二〇一五年一月二〇日

「旧制茨木中学校における一九二〇年のストライキと大宅壮一」『大衆文化』第一二号、立教大学江戸

川乱歩記念大衆文化研究センター、二〇一五年
「アンケート 大衆文化と乱歩に関する本」『立教大学江戸川乱歩記念大衆文化研究センター センター通信』第一三号、立教大学江戸川乱歩記念大衆文化研究センター、二〇一九年

これらのほか、〝「一億総白痴化」の大宅壮一〟と〝「裏街道」の大宅壮一〟について書いたものとして、「〝「一億総白痴化」の大宅壮一〟と〝「裏街道」の大宅壮一〟――『文化大革命と紅衛兵旋風』をめぐって――」（『文献継承』第三三号、金沢文圃閣、二〇一八年）がある。また、社会的な記憶については、亀山佳明編『記憶とリアルのゆくえ――文学社会学の試み』（新曜社、二〇一六年）の書評を、『フォーラム現代社会学』第一七号（関西社会学会、二〇一八年）に寄稿している。

発表の場をくださった、各媒体に関わられた研究者・編集者の皆様に御礼申し上げたい。

大宅壮一論の構想を練るうえでは、日本マス・コミュニケーション学会、日本出版学会、三田社会学会の各学会おいて口頭発表の機会をいただいた。それとともに、東アジアと同時代日本語文学フォーラム、国際日本文化研究センター井上班研究会、早稲田大学二〇世紀メディア研究所、一般社団法人現代風俗研究会、一般財団法人アジア・ユーラシア総合研究所においても発表をさせていただいた。各組織・研究機関の関係者の皆様、発表時にコメント等をくださった皆様に感謝申し上げたい。

大宅壮一にかんする調査の過程では、大宅壮一東京マスコミ塾一期生であり公益財団法人大宅壮一文庫の役員を務められていた植田康夫先生（上智大学）にまずご助力をいただいた（植田先生は二〇一八年四月八日に逝去された）。

公益財団法人大宅壮一文庫理事長の大宅映子氏、前専務理事の糸川英穂氏、現専務理事で大宅塾第七期生の鳥山輝氏、前事務局長の大場誠氏、前事務局次長の羽田忠彦氏、現事務局長の富田明生氏、現事務局次長の鴨志田浩氏、主任の田中繁行氏にご協力をいただいた。大宅映子氏には、補章で紹介した大宅の成績の公表にあたってご許諾を頂戴した。

大宅壮一東京マスコミ塾の調査ではとりわけ、相馬計二氏・岩堀安三氏・鳥山氏にご協力をいただいた。

資料調査の過程では、桑原涼氏（岩波書店）にご教示をいただいた。

大阪府立茨木高等学校の調査では校長の岡﨑守夫先生にご協力をいただいた。

第四章で紹介した映画『地平線』を東京国立近代美術館フィルムセンター（現・国立映画アーカイブ）で視聴したおりには、とちぎあきら氏、岡田秀則氏にお世話になった。

第二章で紹介した週刊誌研究会『週刊誌――その新しい知識形態』（三一書房［三一新書］、一九五八年）の加藤秀俊先生をはじめとする著者の方々には、当時の貴重なお話をお聞かせいただいた（二〇一三年三月三一日）。

二〇一三年一一月一五日・一六日に青森県八戸市の「劇団やませ」が、大宅壮一の二番目の妻・愛子と川端康成の妻・秀子（ふたりとも八戸市出身で、結婚後偶然隣同士に住んでいたことがある）を描いた「愛子と秀子」を上演した。この前後に八戸市を訪ね観劇するとともに、愛子の父で大実業家であった近藤元太郎ゆかりの場所や、大宅と愛子の交際の舞台となったと考えられる場所を、ご親族の近藤容子氏・髙橋和子氏にご案内いただいた。翌春、近藤元太郎の孫で大宅壮一・愛子と幼少期に同居していた草苅正氏にお話をうかがう機会を得た。このときには草苅千春氏にご協力をいただいた。「愛子と秀子」の脚本を手がけられた佐々木功氏には、ご執筆時に参照された資料についてご教示をいただいた。

前著『『平凡』の時代』の作成過程で調査研究にご協力をいただいた、木滑良久氏（マガジンハウス）、金谷幹夫氏（集英社）、今井照容氏（出版人）には、本書のもとになる調査研究の過程においてもご助力・ご助言を頂戴した。

新井恵美子氏（岩堀喜之助ご息女）・土井藍生氏（花森安治ご息女）にはあたたかい励ましのお言葉をいただいた。

文献調査においては、国立国会図書館・公益財団法人大宅壮一文庫のほか、東京都立中央図書館・同多摩図書館・公益財団法人日本近代文学館・大阪府立中央図書館国際児童文学館・宮崎県立図書館、そして宮崎公立大学附属図書館のＩＬＬサービスを利用した。

研究成果をまとめる段階では、京都大学大学院文学研究科社会学研究室の井上俊先生・宝月誠先生・筒井清忠先生・松田素二先生・落合恵美子先生・田中紀行先生、教育学研究科の竹内洋先生・岩井八郎先生・稲垣恭子先生・佐藤卓己先生に学生時代ご指導をいただいた学恩を感じさせられた。

また、津金澤聰廣先生（関西学院大学）より大学院在学時からたびたびご指導をいただいている。大宅壮一の研究を始めるにあたっては藤井淑禎先生（立教大学）にご教示をいただいた。

脱稿後には、大学院在学時からお世話になっている近森高明氏（慶應義塾大学）に原稿を読んでいただき、コメントを頂戴した。

研究を進めるなかでは、各地の研究者の方々から折に触れて、ご著書やご高論の抜き刷りをご恵贈いただいた。頂戴したご著作をひもとくたびに啓発を受けた。

本書のもとになる拙論を発表していくなかでは、多くの方よりご教示や励ましのお言葉をいただいた。とくに、最初の拙論「大宅壮一研究序説」を、川崎賢子先生（立教大学）が評価してくださった（「高度経済成長期の雑誌メディアと文学ジャンルの再編」『Ｉｎｔｅｌｌｉｇｅｎｃｅ』第一〇号、二〇〇八年）。また共同通信の配信記事で紹介された。「占領期の大宅壮一」の掲載誌を鶴見俊輔先生におおくりしたときには、お葉書を頂戴した。

これらのほか、学会の懇親会や年賀状、メール等で、大宅論が一冊にまとまることを楽しみにしている旨のお言葉をさまざまな方からいただいた。

本研究の遂行の過程では、科学研究費補助金の助成を受けている。具体的には、次のものである。
二〇〇八－二〇〇九年度ＪＳＰＳ科学研究費補助金（若手研究Ｂ）「近現代出版メディアに関する歴史社会学的研究─大宅壮一を中心に─」（研究課題番号２０７３０３４３、研究代表者阪本博志）
二〇一〇－二〇一一年度ＪＳＰＳ科学研究費補助金（若手研究Ｂ）「戦後ジャーナリズムの思想とスタイルに関する研究」（研究課題番号２２７３０４００、研究代表者阪本博志）
二〇一二－二〇一四年度ＪＳＰＳ科学研究費補助金（基盤研究Ｃ）「１９５０年代の雑誌における文化人による言説生産とその受容に関する歴史社会学的研究」（研究課題番号２４５３０６４２、研究代表者阪本博志）
二〇一五－二〇一七年度ＪＳＰＳ科学研究費補助金（基盤研究Ｃ）「近現代日本における大衆社会化とジャーナリズムに関する歴史社会学的研究」（研究課題番号１５Ｋ０３８５５、研究代表者阪本博志）
二〇一八－二〇二一年度ＪＳＰＳ科学研究費補助金（基盤研究Ｃ）「戦後大衆社会の形成と出版メディア─戦時中との連続性と戦後民主主義に着眼して─」（研究課題番号１８Ｋ０２００１、研究代表者阪本博志）

また、二〇〇七－二〇一一年度財団法人宮崎学術振興財団助成金、二〇一二－二〇一四年度宮崎市学術振興助成金をいただいた。

以上、皆様に感謝申し上げたい。

大宅壮一の眠るお墓の前で植田康夫先生と（2012年11月23日）

本の「あとがき」を読んでいると、「この本を書く過程で誰々氏（あるいは何々という文献資料）に出会ったことに運命的なものを感じる」といった文言を目にすることがある。個人的なことに属するが、私にとってのそうした出会いのひとつを、紹介させていただきたい。

『平凡』の時代』の研究の過程で最初に口頭発表の機会を得たのは、二〇〇一年一〇月八日に東京大学で開かれた日本マス・コミュニケーション学会二〇〇一年度秋季研究発表会である。くしくもこの日は、敗戦後『平凡』の刊行を始めた岩堀喜之助の命日であった。学会で口頭発表をしたおりに、植田先生よりお声がけいただいた。そのとき私は植田先生のご著作を拝読してはいたものの、植田先生が大宅塾第一期生でかつ最優秀者として大宅の東南アジア視察に同行されたことを知らなかった。岩堀の命日におこなった一九五〇年代『平凡』の口頭発表の場で、大宅の晩年の一番弟子と面識を得たこと。岩堀が、大宅という研究対象に私を導いてくれたのではないかと思っている。

前著を出してから知り合い二〇〇九年春に結婚した、私にとって「生きていく上での同志」である妻・貴子には、この一〇年間苦楽をともにしてくれたことを感謝したい。

私が初めて買った人文書院の本は、津島美智子『回想の太宰治』（一九七八年）である。浪人して通っていた予備校近くの古書店の本棚にあったものを、受験が終われば買おうと思っていた。大学合格後予備校で開かれたお祝いの行事のあと、まっすぐに古書店に向かい、購入した（蛇足だが、五年後の大学院修士課程在学時に、『平凡』に着眼するきっかけとなったマガジンハウスの社史『創造の四十年』とも、同じ古書店で出会っている）。その人文書院から著書を出せる日が来るとは、『回想の太宰治』を求めたときには夢にも思わなかった。編集をご担当くださった井上裕美氏に厚く御礼申し上げる。それとともに、自身をテーマにした初の学術書が〝サルトルの人文書院〟から出版されると、〝猿取哲〟こと大宅壮一が耳にすれば、何というだろうか。それを聞いてみたいと思えてならない。

二〇一九年九月

阪本博志

## は　行



## ま　行



## や　行



## ら　行



## わ　行

## さ　行



## た　行



## な　行

# 人名索引

**著者略歴**

阪本博志（さかもと・ひろし）

1974年大阪府生まれ。京都大学大学院文学研究科博士後期課程研究指導認定退学。京都大学博士（文学）。
現在宮崎公立大学人文学部准教授。専門は、社会学・メディア史・出版文化論。
著書に、『『平凡』の時代――1950年代の大衆娯楽雑誌と若者たち』（昭和堂、2008年、第30回日本出版学会賞奨励賞・第18回橋本峰雄賞）、『高度成長期の〈女中〉サークル誌――希交会『あさつゆ』』全10巻（金沢文圃閣、2017年～2019年、編集・解題）、谷川建司・須藤遙子・王向華編『東アジアのクリエイティヴ産業――文化のポリティクス』（森話社、2015年、分担執筆）、西村大志・松浦雄介編『映画は社会学する』（法律文化社、2016年、分担執筆）、など。


JIMBUN SHOIN Printed in Japan
ISBN 978-4-409-24127-1　C3036

大宅壮一の「戦後」

二〇一九年一一月二〇日　初版第一刷印刷
二〇一九年一一月三〇日　初版第一刷発行

著　者　阪本博志
発行者　渡辺博史
発行所　人文書院
〒六一二-八四四七
京都市伏見区竹田西内畑町九
電話〇七五（六〇三）一三四四
振替〇一〇〇〇-八-一一〇三

装幀者　間村俊一
印刷・製本　創栄図書印刷株式会社